Fernando Pessoa
ou o Poetodrama

Coleção Estudos
Dirigida por J. Guinsburg

Equipe de realização – Revisão: Plinio Martins Filho; Produção: Ricardo W. Neves e Sylvia Chamis.

José Augusto Seabra

FERNANDO PESSOA
OU O POETODRAMA

EDITORA PERSPECTIVA

Copyright © 1960, by International Universities Press, Inc.

2ª edição

Direitos reservados à
EDITORA PERSPECTIVA S.A.
Avenida Brigadeiro Luís Antônio, 3025
01401 – São Paulo – SP – Brasil
Telefones: 885-8388/885-6878
1991

*A Roland Barthes,
em cujo horizonte de leitura
foi escrito este livro.*

*E ainda para Maria Aliete Galhoz,
de um exílio interior,
e em memória de
Adolfo Casais Monteiro,
"estrangeiro definitivo".*

Sumário

INTRODUÇÃO XIII
I. O DRAMA SEM DRAMA 1
   Sujeito plural 3
   O "drama em gente" 9
   "Fausto" ou o drama frustrado 19
   O "drama estático" 27
II. O POEMODRAMA 35
   A germinação poemodramática 37
   Ser/Não-ser 43
   Tudo/Nada 53
   Dentro/Fora 61
   Sentir/Pensar 67
III. O POETODRAMA 75
   O sistema poetodramático 77
   Alberto Caeiro ou o grau zero da poesia 89
   Ricardo Reis: poeta no segundo grau 109
   Álvaro de Campos ou o excesso de expressão poética .. 121
   Fernando Pessoa "ele mesmo" e o outro 141
CONCLUSÃO 171
APÊNDICE 177
   Diacronia 179
BIBLIOGRAFIA 195
OBRAS DO AUTOR 211

"*A meu ver... a função do crítico deve concentrar-se em três pontos: (1) estudar o artista exclusivamente como artista, e não fazendo entar no estudo mais do homem que o que seja rigorosamente preciso para explicar o artista; (2) buscar o que poderemos chamar a* explicação central *do artista (tipo lírico, tipo dramático, tipo lírico elegíaco, tipo dramático poético, etc,); (3) compreendendo a essencial inexplicabilidade da alma humana, cercar estas buscas de uma leve aura poética de desentendimento.*"

Fernando Pessoa

Introdução

> *"O ponto central da minha personalidade como artista é que sou um poeta dramático; tenho, continuamente, em tudo quanto escrevo, a exaltação íntima do poeta e a despersonalização do dramaturgo. Vôo outro — eis tudo".*
>
> F.P.

Todas as leituras possíveis que uma obra poética solicita, na tendencialidade de uma leitura perfeita e total, em rigor inatingível, não são mais do que perspectivas de acesso a um horizonte que parece ir-se sempre afastando (ilusoriamente?) à medida da nossa aproximação. Do contato silencioso e único de cada leitor com cada poema, até ao comentário crítico, desdobra-se um espaço infinito mas ainda vazio, que o olhar tem de percorrer, tentativa após tentativa, a fim de alcançar uma visão mais justa, permitindo-lhe retornar então, purificado das mediações inevitáveis, a essa percepção originária, princípio e fim da experiência poética. E assim, como o reconhece Heidegger a propósito da sua leitura dos poemas de Hölderlin, o destino do comentário não é outro que o de apagar-se perante a própria obra: "Por amor do que se dá como poema, o esclarecimento deve visar tornar-se ele mesmo supérfluo. O último passo, mas também o mais difícil, de qualquer interpretação, consiste em desaparecer com todos os seus esclarecimentos diante da pura presença do poema" [1].

(1) *Approche de Hölderlin*, Paris, 1962, p. 8.

Acontece, porém, que entre o leitor (o crítico) e a obra se interpõe, por vezes, não um espaço translúcido, mas a refração de sucessivas leituras, que é preciso antes de mais atravessar para nos tornarmos disponíveis a um primeiro olhar "virgem".[2] Eis o que se passa com a poesia de Fernando Pessoa. De tal modo as múltiplas "interpretações" da sua obra a foram envolvendo que para chegar a esse contato humilde, que toda a fruição poética implica, há que romper através de verdadeiras camadas — dir-se-ia geológicas — sobrepostas. Não deixa de ser de resto curioso que, preventivamente, já o próprio Pessoa se tenha apercebido do risco de tais refrações interpretativas, ao recomendar quanto à leitura dos heterônimos: "Não há que buscar em quaisquer deles idéias ou sentimentos meus, pois muitos deles exprimem idéias que não aceito, sentimentos que nunca tive. Há simplesmente que os ler como estão, que é aliás como se deve ler".[3]

Ora tem sido precisamente o problema dos heterônimos — essa estranha pluralidade de poetas num só — que ao quase monopolizar a atenção dos exegetas de Pessoa tem contribuído em grande parte para os distrair desta primeira leitura a que o poeta os convidava. Raramente, com efeito, ela foi abordada em função da estrutura da obra poética em si mesma.[4] As "explicações" de fundo psicológico, sociológico ou filosófico, como as de tipo impressionista ou mais elaboradamente temático (não falando já nas de matiz ideológico ou polêmico) trouxeram com certeza, aqui e ali, contribuições parciais à abordagem da obra. Mas, na sua maior parte, não foram exatamente senão uma abordagem, ficando quase sempre nas fronteiras do fenômeno poético. Só a intuição penetrante de alguns críticos, que eram não raro também poetas (estamos a pensar por exemplo, num Casais Monteiro, num Jorge de Sena e num Octavio Paz), lhes permitiu apontar ao essencial: o estudo da *linguagem*, ou antes das *linguagens* poéticas de Pessoa, quer ao nível da estrutura

---

(2) É neste sentido que importa compreender a observação de Roland Barthes: "A versão primeira duma leitura deve poder ser a sua versão última", assim como a sua recomendação de que é preciso "aceitar uma derradeira liberdade: a de ler o texto como se ele tivesse já sido lido". *S/Z*. Paris, 1970, p. 22

(3) *Obra Poética*. Rio de Janeiro, Ed. Aguilar, 1960, p. 131. Todas as citações dos poemas de Fernando Pessoa se reportam aqui à esta edição.

(4) Manuel Antunes distinguiu muito justamente, quanto à leitura da obra de Pessoa, três gêneros possíveis de atenção: uma *"atenção essencial"* que "nasce no espaço de relação de uma percepção ao seu objeto", isto é, na hipótese, "a idéias, temas, motivos, símbolos, imagens, ritmos, expressos em palavras"; uma *atenção marginal*, que incidiria sobre as circunstâncias (biográficas, sociais e histórico-literárias) em que ela se insere: e uma *atenção dialética*, que procuraria relacionar as duas outras. O Platonismo de Fernando Pessoa. *Brotéria*, LXXVIII, fev. 1964. Nós situamo-nos aqui na perspectiva de uma "atenção essencial" (que se poderia designar hoje por uma leitura *sincrônica* da obra) e não "marginal", recorrendo somente a esta na medida em que formos por vezes conduzidos a uma "atenção dialética" (*diacrônica*) que está todavia fora do nosso propósito central.

global da obra, quer da estrutura específica de cada heterônimo.⁵

Com a pressa de encontrar uma "chave" interpretativa, nas gavetas onde se costumam arrumar as análises críticas de uma obra (gavetas tantas vezes metodologicamente em desordem) acaba por esquecer-se, afinal, que a chave está ali bem à vista, na própria "fechadura" (ou abertura) da mesma obra. No caso de Pessoa, entre as várias pistas que ele não deixou de indiciar — algumas delas, talvez, para despistar os mais apressados — encontramos elementos que nos permitem detectar, precisamente no plano da linguagem poética, a gênese e a estrutura da obra heterônima. Esses elementos, dispersos não só pelos seus poemas mas também pelas reflexões estéticas e críticas que o poeta escreveu em contraponto, fornecem-nos, desde que integrados numa visão compreensiva coerente — coerência mesmo provisoriamente necessária —, uma chave, senão "interpretativa", pelo menos apta a abrir-nos a sua leitura — e a abrir-nos às outras leituras possíveis.⁶

Num comentário que se apresenta como uma introdução às *Ficções do Interlúdio* — título sob que projetava publicar a poesia heterônima — Fernando Pessoa, ao distinguir as "figuras" criadas em prosa e em verso, umas assinadas com o seu próprio nome e outras atribuídas a personalidades fictícias diferentes da do autor, escreve: "Os tipos de figuras distinguem-se do seguinte modo: nas que destaco em absoluto, *o mesmo estilo me é alheio*, e se a figura o pede, contrário, até, ao meu; nas figuras que subscrevo *não há diferença do meu estilo próprio*, senão nos pormenores inevitáveis, sem os quais elas se não distinguiriam entre si". E acrescenta: "Nos autores das *Ficções do Interlúdio* (os heterônimos) não são só as idéias e os sentimentos que se distinguem dos meus: a mesma técnica de composição, o mesmo estilo é diferente do meu. Aí cada personagem é criada integralmente diferente e não apenas diferentemente pensada. Por isso nas *Ficções do Interlúdio* predomina o verso. Em prosa é mais difícil de se outrar."⁷ E numa carta inserta em *Páginas de Doutrina Estética*, ao descrever a gênese da escrita dos heterônimos, Pessoa remata com

---

(5) Consideraremos como heterônimos não apenas Alberto Caeiro, Ricardo Reis e Álvaro de Campos (aos quais há que acrescentar o heterônimo filosófico Antônio Mora, o "semi-heterônimo" Bernardo Soares e as "personalidades literárias" Vicente Guedes e Barão de Teive, além dos embriões de outros heterônimos menores e ocasionais, como C. Pacheco, mas também Fernando Pessoa "ele mesmo", por razões a aduzir.

(6) A bibliografia crítica sobre a obra de Pessoa é já vasta (cf. bibliografia final). Ir-lhe-emos fazendo referência ao longo deste estudo, sempre que uma aproximação se revele necessária ou fecunda, do ponto de vista da nossa própria leitura, quer se trate de uma convergência ou de uma divergência. O "espaço literário" é feito do diálogo da obra com as suas várias leituras: "A obra não é obra senão quando se torna a intimidade aberta de alguém que a escreve e de alguém que a lê". Maurice Blanchot, *L'Espace Littéraire*, Paris, 1967. p 31.

(7) *Páginas Íntimas e de Auto-Interpretação*, textos estabelecidos e prefaciados por Georg Rudoff Lind e Jacinto do Prado Coelho, Lisboa, 1966, pp. 103-106.

esta observação, a propósito da diferença entre a prosa e a poesia de Ricardo Reis e Álvaro de Campos: "A simulação é mais fácil, até porque mais espontânea, em verso" [8].

A lucidez de Fernando Pessoa, ao refletir sobre a sua própria criação, fá-lo pôr o dedo no essencial do fenômeno poético dos heterônimos: o que há de específico em cada um deles é o que o poeta chama o "estilo" e que nós designaremos muito simplesmente por estrutura da linguagem poética. E a prova de que Pessoa identifica "estilo" (ou, como também lhe chama, "técnica de composição") com linguagem poética, está em que só a esta, e não à prosa, atribui a plena potencialidade de criação heteronímica.

Sem embargo da compreensão do sentido que o termo assume em Fernando Pessoa, a nós não nos parece rigorosamente lícito falar de "estilo" para relevar a originalidade, ou melhor, a unicidade da linguagem de um poeta. O conceito de estilo não se pode compreender senão em relação ao de uma linguagem-norma (ou linguagem "normal") de que ele representaria um "desvio" diferencial — o que geralmente se denomina como a *maneira* de um escritor. De fato, só no caso em que o código da língua funciona como critério de leitura das diversas "falas" (em sentido saussuriano), permitindo identificar as diferenças significativas de mensagem para mensagem, de discurso para discurso, será possível determinar o que constitui a especificidade de um "estilo". Ora, a linguagem poética, contrariamente ao que se tem por vezes pretendido demonstrar, ao analisá-la como "antiprosa" [9], não pode ser referida, mesmo negativamente, ao código geral da língua. A poesia implica uma verdadeira "modificação da língua", como bem o mostrou Carlos Bousoño. [10] Cada poeta cria a sua própria língua, ao dar vida aos seus poemas: em poesia, código e mensagem confundem-se. Assim, o poeta não tem estilo; ou, como lapidarmente escreve Octavio Paz: "Quando um poeta adquire um estilo, uma maneira, deixa de ser um poeta e converte-se num construtor de artefatos literários". [11]

Mas pouco importa neste caso o termo: a consciência criadora de Fernando Pessoa, ao falar de "estilo", fá-lo essen-

---

(8) "Carta a Adolfo Casais Monteiro". In: *Páginas de Doutrina Estética*. Seleção, prefácio e notas de Jorge de Sena, Lisboa, 1946, p. 268.

(9) Cf. por exemplo Jean Cohen. *Structure du Langage Poétique*, Paris, 1966, p. 51. A objeção fundamental que se pode opor a esta concepção é de que a poesia se identifica com a linguagem originária (cf. Vico), ao passo que a prosa não surge senão numa frase posterior de evolução da língua, como resultado da codificação normativa do discurso. Seria pois antes a prosa que deveria ser considerada como antipoesia. Como escreve Gerard Genette, em crítica a Cohen, "na verdade, o que se deixa mais justamente definir pelo desvio, como desvio, não é a linguagem poética, mas sim a prosa"."Langage poétique, poétique du langage". In: *Figures II*. Paris, 1969, p. 152.

(10) *Teoría de la Expresión Poética*, Madrid, 1966, p. 66: "a *língua* não pode elevar-se à poesia (. . .). Portanto, para converter a língua num instrumento poético é preciso fazê-la sofrer uma transformação".

(11) *El Arco y la Lira*, México, 1956, p. 17.

INTRODUÇÃO   XVII

cialmente vislumbrar a natureza da sua obra poética numa pluralidade de linguagens e não numa simples multiplicidade de formas de pensar e de sentir. [12] Querer reduzir as diferenças entre os heterônimos às concepções do mundo e da vida que neles estão explícitas ou implícitas — e que se revelam ora contraditórias dentro de cada um deles, ora convergentes de heterônimo a heterônimo — é passar tangencialmente, senão ao lado do verdadeiro problema poético de Pessoa, transferindo-o para o plano da razão reflexiva, que não constitui senão uma matéria de que se nutre, entre outras, a sua poesia. E ainda aqui a auto-interpretação do poeta se revela, ela sim, justa, ao afirmar: "Fui um poeta animado pela filosofia e não um filósofo com faculdades poéticas". [13]

Também erra, quanto a nós, noutro sentido o alvo a tese de que a linguagem poética dos heterônimos não é mais do que o revestimento exteriormente diverso de uma temática que, sob a pluralidade dos significantes, se revelaria ela mesma *una*. [14] A expressão não é algo como uma forma que recobre um conteúdo, para opor dois termos infelizes, que fizeram data. Empregando aqui a terminologia de Hjelmslev, a linguagem é sim uma forma, mas tanto no plano da "expressão" como no do "conteúdo". [15] E no caso da linguagem poética, em que uma dicotomia hierárquica do significado e do significante é inapta à apreensão da multiplicidade de relações entre as estruturas semânticas e fônicas, torna-se tanto mais lícito falar de uma "forma do sentido" (Valéry), como de uma forma verbal. Se toda a linguagem, enquanto significante (expressão), pressupõe um significado (conteúdo), este não lhe preexiste, como o explicitou A.J.Greimas, senão como uma potencialidade que se atualiza no "acontecimento-comunicação". [16] Em poesia poderá mesmo dizer-se que o significante cria o seu significado

---

(12) No seu livro *Diversidade e Unidade em Fernando Pessoa*, 2ª ed. Lisboa, s.d., Jacinto do Prado Coelho, ao falar ora de "estilos diversos" (p. 126), ora de um "estilo único" (p. 158) nos heterônimos, põe em questão as diferenças essenciais entre as suas linguagens poéticas. A sua tese da existência de um "denominador comum estilístico" na poesia de Pessoa baseia-se todavia na simples constatação da coincidência de certos elementos e figuras retóricas, independentemente da sua articulação sintagmática nos poemas e da sua função na diversidade de atitudes poéticas de cada heterônimo. Ora, como o releva Leo Spitzer, "toda a marca de estilo é, em si mesma, neutra; ela não adquire uma eficácia particular senão pela sua relacionação com tal ou qual atitude particular". *Lingüística e História Literária*, Madrid, 1961. p. 251.

(13) Cit. por G. R. Lind, pref. a *Páginas Íntimas e de Auto-Interpretação*, p. XIX. Mais do que analisar os "fundamentos filosóficos" da poesia pessoana, como o fez Antônio Pina Coelho num livro recente *(Os Fundamentos Filosóficos da Obra de Fernando Pessoa*, 2 vols. Lisboa, s.d.), importaria pois estudar os fundamentos *poéticos* das "filosofias" heteronímicas.

(14) Esta parece ser a posição de Cleonice Berardinelli, na sua tese (copiografada) *Poesia e Poética de Fernando Pessoa*, Rio de Janeiro, 1958, que por dificuldade de acesso não conhecemos senão em segunda mão: "Quando estudamos os temas e as constantes, isto é, a matéria da poesia pessoana, timbramos em mostrá-la comum aos quatro nomes com que se apresenta o poeta, pois que é *um* só; ao iniciarmos, porém, os nossos comentários sobre a forma, não podemos de modo algum ignorar as profundas diferenças que existem entre um poema de Campos e uma ode de Reis entre os redondilhos de Pessoa e os versículos de Caeiro..." Cit., por J. P. Coelho. *Op. cit., p.* 226.

(15) *Prolégomènes à une Théorie du Langage*, Paris, 1968, p. 71 e ss.
(16) *Sémantique Structurale*. Paris, 1966, p. 30.

(sendo ao mesmo tempo dele criação); ou melhor ainda, que o significante *é* o seu significado. [17] E este, como Dâmaso Alonso finamente mostrou, na esteira da crítica de Emile Benveniste a Saussure sobre a arbitrariedade e motivação do signo lingüístico [18], não se reduz a um conceito mas constitui uma estrutura complexa em que coexistem elementos conceptuais, sensoriais e afetivos, que estabelecem entre si e com o significante uma pluralidade de relações recíprocas. [19]

De tudo isto decorre que a análise temática, sendo como é necessária para a apreensão da poesia de Pessoa, não ganha todo o seu relevo senão enquanto integrada na análise da linguagem dos heterônimos. E a admissão de uma multiplicidade de linguagens poéticas põe em termos novos o problema da diversidade, não propriamente de Pessoa, mas da sua obra.

A fim de surpreender a gênese da poesia ortônima e heterônima (as designações generalizaram-se, embora do nosso ponto de vista Fernando Pessoa "ele mesmo" se deva considerar no mesmo plano dos heterônimos), partiremos das reflexões críticas de que o poeta dobrou os seus poemas (deles). Não para as aceitar nos seus mais imediatos termos, mas desenvolvendo-os até às últimas conseqüências, assumidas no processo de criação.

Insistentemente se referiu Pessoa ao caráter "dramático" da sua poesia. Mas o acento posto no que ele chamou o "drama em gente" — fórmula célebre e ritual, que é uma das falsas pistas a que se têm atido tantos críticos — fez concentrar a atenção sobre a hipótese de um drama da personalidade psicológica (os "desdobramentos de personalidade" de que o poeta se reclamava) e não sobre a natureza dramática da própria poesia. [20] E, entretanto, têm sido mantidas na sombra outras pistas que, ao contrário, situando-se não já ao nível psicológico mas poético, rasgam uma abertura que nos permite uma aproximação mais fecunda.

Numa das suas numerosas notas acerca dos heterônimos, Pessoa atribui cada uma das respectivas obras a uma "individualidade completa fabricada por ele (Fernando Pessoa) como o seriam os *dizeres* de qualquer *personagem* de qualquer *drama* seu". E acrescenta: "Forma *cada uma delas* (individualidades) uma espécie de *drama;* e *todas elas juntas*

---

(17) Hugo Friedrich fala a este respeito do "princípio fundamental formulado por Poe, segundo o qual o poema deve esboçar-se a partir do poder sonoro da linguagem, anterior ao significado, para lhe dar em seguida um significado". *Die Struktur der Modernen Lyrik*, Hamburgo, 1956, p. 153.

(18) *Problèmes de Linguistique Générale*, Paris, 1968, p. 49 e ss.

(19) *Poesía Española-Ensayo de Métodos y Límites Estilísticos*, Madrid, 1957, p. 599 e ss.

(20) A tese da origem psicológica da despersonalização poética de Pessoa foi sobretudo sustentada por João Gaspar Simões no seu livro *Vida e Obra de Fernando Pessoa (História de uma Geração)*, Lisboa, 1951, que continua a ser a principal fonte de referência para o estudo da biografia do poeta, com as correções propostas por Eduardo Freitas da Costa. In: *Fernando Pessoa — Notas a uma Biografia Romanceada*, Lisboa, 1951.

formam *outro drama*" 21. Os grifos, da nossa responsabilidade põem em evidência, por um lado, a comparação da poesia dos heterônimos com os "dizeres", isto é, a linguagem das personagens de um drama: e, por outro, a sobreposição de dois tipos de drama: um constituído pela obra de cada heterônimo, outro pelo conjunto da obra heteronímica. Estamos, como se vê, simultaneamente perante um *drama em poemas* e perante um *drama em poetas:* o que designaremos, pela nossa parte, respectivamente por um *poemodrama* [22] e um *poetodrama*.[23] Mas o que importa fundamentalmente salientar é que o drama em poetas, o poetodrama, se reconduz, na sua essência, ao poemodrama, não sendo mais do que a conseqüente proliferação numa pluralidade de sujeitos poéticos da estrutura dramática da obra, nas suas partes e no seu todo.

Quando falamos de estrutura dramática é evidente que não nos situamos ao nível dos "gêneros" literários: e o que se nos revela, precisamente, de mais original em Pessoa é, como veremos, o paradoxo aparente de enquanto poeta lírico, que ele é por natureza intrínseca, assumir no seu lirismo uma forma dramática, sem que a sua obra se vaze no gênero "drama" (o seu projeto do *Fausto* não é mais do que um drama poético frustrado, ao passo que *O Marinheiro* se apresenta, significativamente, como um "drama estático").

É com efeito alhures que temos de detectar o drama: ele reside, mais propriamente, no diálogo das linguagens poéticas no interior da obra (das obras) dos heterônimos. Um recenseamento minucioso dos germes e temas polares da sua poesia revela-nos as suas múltiplas correspondências (identidades, oposições), numa rede de relações que é como a de múltiplos ecos que se vão repercutindo e entrecruzando: palavra a palavra, verso a verso, poema a poema, texto a texto. Este diálogo entre linguagens poéticas é por sua vez acompanhado de um diálogo entre linguagens críticas: assistimos deste modo a um debate estético entre os heterônimos, que se vão lendo sucessivamente a si mesmos e uns aos outros. [24] A nossa

---

(21) Tábua Bibliográfica, publicada no número 17 de *Presença*, de dezembro de 1928.
(22) Como o observa justamente Roland Barthes, "*drama* e *poema* são palavras muito próximas, ambas são procedentes de verbos que significam *fazer*". Esta proximidade de origem semântica, se ela funda a sua identidade inicial, bifurca-se contudo em seguida em dois sentidos opostos, instituindo assim uma diferença na identidade: "o *fazer* do drama é interior à história, é a ação prometida à narrativa (...) O *fazer* do poema (...) é pelo contrário exterior à história, é a atividade de um técnico que agrupa elementos a fim de construir um objeto". "Drame, Poème, Roman". In: *Théorie d'Ensemble*, Paris, 1969, p. 25. Ao justapor as duas palavras numa só, pretendemos deste modo restituir a sua diferença e a sua identidade: o poemodrama é, simultaneamente, o drama no poema e o poema no drama. No próprio seio do objeto a-histórico que é o poema instaura-se com Pessoa o germe dramático dos heterônimos: e inversamente: a diacronia dos heterônimos cristaliza-se, finalmente, na sincronia dos seus próprios poemas.
(23) Estes neologismos parecem-nos lícitos, a exemplo de mimodrama, psicodrama e sociodrama.
(24) A concepção dialógica da linguagem poética como "escrita-leitura" encontra nos heterônimos de Pessoa (mostrá-lo-emos mais adiante) uma ilustração particularmente significativa. Cf. a este respeito Julia Kristeva, "Pour une Sémiologie des Paragrammes". In: Σημειωτική, *Recherches pour une Sémanalyse*. Paris, 1969, p. 174 e ss. Tornou-se-nos patente, à luz da nossa própria perspectiva de análise da poesia dos

pesquisa consistirá aqui em estabelecer as diferenças estruturais entre as linguagens dos heterônimos a estes diversos níveis, dentro do poemodrama, o que nos permitirá desembocar enfim sobre a caracterização de cada um dos poetas que formam o sistema poetodramático.

Tornar-se-á assim visível que há em Pessoa uma transferência da dramaticidade para o lirismo, do "poeta dramático" para os poetas líricos que são afinal os heterônimos. [25]

No mesmo texto decisivo, por nós já referido, de introdução às *Ficções do Interlúdio*, Fernando Pessoa, ao criticar a classificação aristotélica da poesia em lírica, elegíaca, épica e dramática, defendendo a idéia de que "da poesia lírica à poesia dramática há uma gradação contínua", estabelece uma sutil hierarquia dos "graus" da poesia lírica. Mais do que uma concepção puramente teórica, parece-nos ser este apontamento um esforço de clarificação da sua própria poesia. Segundo Pessoa, da poesia lírica estreme, caracterizada pelo subjetivismo do sentimento e da expressão, até à poesia dramática, haveria uma progressiva despersonalização do "temperamento" e do "estilo" do poeta. Em conclusão, reportando-se nitidamente ao seu caso pessoal, escreve: "Dê-se o passo final, e teremos um poeta que seja vários poetas, um *poeta dramático escrevendo em poesia lírica*. Cada grupo de estados de alma mais aproximados insensivelmente se tornará um *personagem, com estilo próprio*, com sentimentos porventura diferentes, até opostos, aos típicos do poeta na sua pessoa viva. E assim se terá levado a poesia lírica — ou qualquer forma análoga na sua substância à poesia lírica — até à poesia dramática, *sem todavia lhe dar a forma de drama*, nem explícita nem implicitamente" [26].

A exegese deste texto, e mais do que a sua exegese a determinação das conseqüências que dele decorrem para a compreensão da poesia de Pessoa, requer como que um teste de aplicação ao processo, e aos resultados, da criação do poetodrama. Ele põe, na verdade, o problema central do sujeito poético.

Os heterônimos aparecer-nos-ão, nos seus próprios termos, não como personagens de um drama poético, mas como "simples personagem (s), sem drama" — e apenas na medida

---

heterônimos, em grande parte anterior ao conhecimento dos trabalhos de Julia Kristeva, que o nosso modelo do *poemodrama* e do *poetodrama* era, no essencial, extraordinariamente convergente com o desta investigadora, quando ela escreve por exemplo que "... a linguagem poética escapa à linearidade (à lei) para se viver em três dimensões como drama; o que mais profundamente significa também o contrário, isto é, que o drama se instala na linguagem". *Op. cit.* p. 161.

(25) Sem desenvolver, como aqui o fizemos, a análise do caráter dramático do lirismo de Pessoa, A. Casais Monteiro intuiu perfeitamente a essência deste, ao afirmar: "poderíamos chegar, porventura, desmentindo Pessoa, teórico da poesia, ao reconhecimento de que a "sua" poesia dramática é, afinal, lirismo". *Estudos sobre a Poesia de Fernando Pessoa*, Rio de Janeiro, 1958, p. 171. De realçar também a sua antecipação de uma visão estrutural da obra de Pessoa, ao pôr uma ênfase na "arquitetura" global da sua poesia como resultante de um "contraponto das músicas diversas dos heterônimos". *Ibidem*, p. 169.

(26) *Páginas Íntimas e de Auto-Interpretação*, p. 107. (Grifos são nossos.)

em que eles mesmos são, simultaneamente e cada um deles, um poeta: o "drama em gente" traduz-se mais exatamente num drama em poetas. E assim, se Pessoa, enquanto "poeta dramático" (irrealizado), cria os heterônimos, estes, enquanto poetas-outros-que-Pessoa, criam as respectivas obras poéticas. Não é pois, em rigor, o "poeta dramático" que escreve "em" poesia lírica, mas sim os poetas líricos que escrevem, não "em", mas poesia lírica. De fato, não dando Pessoa à poesia dramática " a forma de drama, nem explícita nem implicitamente", restam os poetas líricos a que deu nascença através da sua frustração enquanto "poeta dramático". Pode dizer-se, metaforicamente, que é a morte do poeta dramático que está na origem da sua metamorfose nos poetas líricos, os quais se nutrem da substância do seu corpo múltiplo.

Se quisermos seguir na sua coerência extrema a lógica, não somente da teoria poética, mas da poesia de Pessoa, teremos numa palavra que tomar à letra (que neste caso, e como em poesia sempre acontece, coincide com o seu espírito) o "fingimento" dos heterônimos enquanto verdadeiro sujeitos poéticos. Estamos perante o que poderíamos chamar, com Lacan, uma descentração do sujeito. Nesse sentido, não é em verdade o "poeta dramático" que fala através dos poetas líricos, mas sim os poetas líricos que falam o "poeta dramático", que Pessoa não é, ou melhor, que falam o poeta lírico que Pessoa dramaticamente é. A multiplicidade dos sujeitos poéticos — o poetodrama — é aqui a condição da realização do lirismo dramático — do poemodrama.

Entre uma poesia pessoal e subjetiva em crise e a poesia impessoal e objetiva de que falava Mallarmé, estamos com Pessoa perante uma poesia multipessoal, plurissubjetiva. E é esta, quanto a nós, a sua verdadeira revolução poética.

I. O DRAMA SEM DRAMA

O Sujeito Plural

> "*O objeto próprio da poesia é o que não tem só um nome, o que em si provoca e exige mais do que uma expressão*".
>
> PAUL VALÉRY

Poeta plural, poeta em poetas, se não houvesse em Pessoa senão uma diversidade onomástica, através da qual os heterônimos se singularizam, o seu caso não se diferenciaria essencialmente do de outros poetas que recorreram ao mesmo expediente de identificação literária. Ele próprio aliás reconhece, numa nota acerca da obra heteronímica, que esta constitui "não um processo novo em literatura, mas uma maneira nova de empregar um processo já antigo"[1]. A simples multiplicidade de autores num só poderia, com efeito, traduzir-se no uso clássico do pseudônimo, recobrindo ou não o anonimato (hipóteses que Pessoa chegou um momento a considerar, afastando-as embora). Mas o que dá toda a sua dimensão à obra de Pessoa é não somente a diversidade de assinaturas em que se manifesta, mas, rigorosamente, dos sujeitos poéticos na pluralidade da própria poesia [2].

---

(1) *Páginas Íntimas e de Auto-Interpretação*, p. 100.

(2) Nisto se distingue Pessoa dos poetas que, embora adotando vários nomes fictícios, conservam através deles uma unidade de linguagem. Tal é o caso, por exemplo, de Antônio Machado — freqüentemente citado a propósito de Pessoa — e dos seus "poetas apócrifos" Abel Martin e Juan de Mairena. Parece-nos que se, ao nível da *concepção*, estes se podem aparentar aos heterônimos de Pessoa ("Pensais — dizia Mairena — que um homem não pode levar dentro de si mais do que um poeta? O difícil seria o contrário, que não levasse senão um"), ao nível da *criação* eles não chegam a atingir a autonomia e a diferenciação de linguagens que há entre Pessoa-Caeiro-Reis-Campos. Como escreve Octavio Paz, "um texto de Machado não é distinto de um de Mairena. Além disso, Machado não está possuído pelas suas criações, elas não são criaturas que o habitam, o contradizem ou o negam". "El desconocido de si mismo". In: *Cuadrivio*, México, 1965, p. 144.

Esta pluralidade aparece variamente expressa nas reflexões de cada heterônimo acerca da sua identidade poética, em relação com a dos outros.

Assim, Pessoa "ele mesmo" interroga-se:

> "Serei eu, porque nada é impossível,
> Vários trazidos de outros mundos, e
> No mesmo ponto espacial sensível
> Que sou eu, sendo eu por 'star aqui?"[3]

E Álvaro de Campos:

> "Ou somos nós todos os Eu que estive aqui ou estiveram,
> Uma série de contas-entes ligadas por um fio-memória,
> Uma série de sonhos de mim de alguém fora de mim?"[4]

Ou ainda Alberto Caeiro:

> "Para que me movo com os outros
> Em um mundo em que nos entendemos e onde coincidimos,
> Se por acaso esse mundo é o erro e eu é que estou certo?"[5]

Para Ricardo Reis, enfim,

> ". . . . . a vida
> É múltipla e todos os dias são diferentes dos outros
> E só sendo múltiplos como eles
> 'Staremos na verdade e sós".[6]

A pluralidade é, por outro lado, repetidamente referida como o fundamento da concepção do mundo dos heterônimos. Nesse sentido, o heterônimo filosófico Antônio Mora, teórico do neopaganismo, insiste em que "a realidade, para nós, surge-nos diretamente plural"[7]. E é ainda da pluralidade do real que Pessoa faz decorrer a pluralidade dos sujeitos: "Como o panteísta se sente árvore e até flor eu sinto-me vários seres. Sinto--me viver vidas alheias, em mim, incompletamente, como se o

---

(3) *Pessoa*, p. 91.
(4) *Campos*, p. 321.
(5) *Caeiro*, p. 181.
(6) *Reis*, p. 218.
(7) *Páginas Íntimas e de Auto-interpretação*, p. 241.

meu ser participasse de todos os homens, incompletamente de cada um, por uma suma de não-eus sintetizados num eu postiço" [8].

Nesta proliferação do eu numa multiplicidade de "não-eus", implicando a concepção de um "eu postiço", reside todo o processo de criação heteronímica.

A identidade supõe assim, segundo Pessoa, a alteridade: "Para se sentir puramente si-próprio, cada ente tem que estar em relação com todos, absolutamente todos, os outros entes; e com cada um deles na mais profunda das relações possíveis. Ora, a mais profunda das relações possíveis é a relação de identidade. Por isso, para se sentir puramente si-próprio, cada ente tem que sentir-se todos os outros, e absolutamente consubstanciado com todos os outros" [9].

É dentro desta concepção generalizada da pluralidade dos entes que a diversidade dos sujeitos poéticos tem, em Pessoa, que ser compreendida. Se não se trata, com efeito, de um "processo novo" de criação, o fenômeno heteronímico assume entretanto um sentido e um alcance mais profundos: não é já como "processo" que ele se dá, mas como uma visão ontológica da poesia enquanto manifestação plural do Ser.

Poeta plural, poesia plural portanto. À pluralidade das linguagens, das *escritas* poéticas de cada heterônimo, corresponde mesmo uma pluralidade de *leituras* possíveis. E Pessoa pode escrever num dos seus poemas:

> *"Seja eu leitura variada*
> *Para mim mesmo!"* [10]

Estamos, na verdade, perante uma criação poética que se desdobra num duplo espaço de "escrita-leitura".

> *"Depois de escrever, leio..."* [11].

escreve Álvaro de Campos. Este verso condensa perfeitamente, na sua simplicidade lapidar, o movimento da escrita que se volve sobre si mesma como seu próprio código.

O heterônimo Ricardo Reis define melhor ainda a alteridade que a linguagem poética deste modo supõe:

> *"Assim quisesse o verso: meu e alheio*
> *E por mim mesmo lido".* [12]

---

(8) *Idem*, p. 94.
(9) *Textos Filosóficos*, I, estabelecidos e prefaciados por Antônio de Pina Coelho, Lisboa, s.d. p. 37.
(10) *Pessoa*, p. 520.
(11) *Campos*, p. 361.
(12) *Reis*, p. 238.

No próprio ato de escrever, o poema aparece ao poeta como *outro* (de outrem) e como tal lido pelo seu autor enquanto texto exterior a um sujeito poético ele mesmo descentrado. [13]

Pessoa:

> "Não meu, não meu é quanto escrevo.
> A quem o devo?" [14]

Campos:

> "Seremos nós apenas canetas com tinta
> Com que alguém escreve a valer o que nós aqui traçamos?" [15]

Caeiro:

> "Vou escrevendo os meus versos sem querer,
> Como se escrever não fosse uma coisa feita de gestos.
> Como se escrever fosse uma coisa que me acontecesse,
> Como dar-me o sol de fora". [16]

À relação dialógica que se estabelece entre a pluralidade dos heterônimos sobrepõe-se pois o diálogo de cada heterônimo consigo mesmo:

> "Fantasmas sem lugar, que a minha mente
> Figura no visível, sombras minhas
> Do diálogo comigo". [17]

eis como Fausto visualiza os seus "fantasmas", ou espectros, que encarnarão nos heterônimos.

De igual forma, uma das Veladoras, do drama *O Marinheiro*, ao falar de um sonho que está a contar, exclama: "À medida que o vou contando é a mim também que o conto..." E acrescenta: "São três a escutar... Três não... Não sei... Não sei quantas..." [18]

---

(13) Como escreve Julia Kristeva, "o interlocutor do escritor é portanto o próprio escritor enquanto leitor de um outro texto. O que escreve é o mesmo que lê. Se o seu interlocutor é um texto, ele não é ele próprio senão um texto que se lê ao reescrever-se". *Op. cit.* p. 170.
(14) *Pessoa*, p. 96.
(15) *Campos*, p. 361. Estes versos de Campos parecem levantar-se pela sua alusão à escrita enquanto *traço*, o problema posto por Jacques Derrida quando escreve que "para arrancar o conceito de *traço* ao esquema clássico que o faria derivar de uma presença ou *não-traço* originário é necessário falar de *traço* originário ou de *arquitraço*". *De la Grammatologie*, Paris, 1967, p. 90.
(16) *Caeiro*, p. 164
(17) "Primeiro Fausto". In: *O.P.* p. 426
(18) "O Marinheiro". In: *O.P.* p. 145.

O sujeito dramático (poético) aparece pois ao mesmo tempo como o seu próprio interlocutor e como o interlocutor de uma infinidade de destinatários, num diálogo permanente e múltiplo. E Campos pode efetivamente dizer de si mesmo:

> "Eu, enfim, que sou um diálogo contínuo".[19]

como qualquer um dos outros heterônimos o poderia facilmente fazer.

O diálogo é pois indissociável do monólogo, e reciprocamente, como nestes dois belos versos de um poema à memória de Mário de Sá-Carneiro:

> "Como éramos só um, falando! Nós
> Éramos como um diálogo numa alma".[20]

Diálogo de cada heterônimo consigo mesmo, diálogo entre heterônimos, ele vai-se delineando quer através das trocas e ressonâncias de linguagens que, numa migração mútua dos germes poéticos, se cruzam na cena do poemodrama, quer através das discussões críticas que, acerca da poesia de uns e outros, lhes servem de contraponto, numa espécie de diálogo concomitante e paralelo.

Pessoa concebe este diálogo, vimo-lo já, não como independente da obra poética mas como a sua dobragem, o seu eco prolongado. Ao projetar a série de livros que iriam constituir as *Ficções do Interlúdio*, ele fala mesmo de "um (livro), curioso mas muito difícil de escrever, que contém o debate estético entre mim, o Ricardo Reis e o Álvaro de Campos, e talvez, ainda, outros heterônimos"[27]. De um tal debate produziu Pessoa inúmeras notas dispersas (rascunhos de prefácios, esboços de ensaios, alusões ocasionais), em que os heterônimos analisam ou comentam as artes poéticas respectivas, o que dá por vezes lugar a uma viva polêmica quer acerca da natureza da poesia em geral, quer das teorias propugnadas por cada um, ou imanentes às suas obras.

É este último um dos aspectos essenciais em que a interpenetração da linguagem poética e da linguagem crítica se traduz.[22] Veremos ao estudar a inserção da poesia dos vários he-

---

(19) *Campos*, p. 306.
(20) *Pessoa*, p. 579. Estamos perante um exemplo frisante da "transposição do diálogo em monólogo", de que fala E. Benveniste a propósito do sujeito da enunciação, indicando que ela "se presta a figurações e transposições psicodramáticas". *Langages*, 7, Paris, março, 1970. Nós diríamos, quanto a nós, que ela assume em Pessoa figurações *poemodramáticas*.
(21) *Cartas de Fernando Pessoa a João Gaspar Simões*. Lisboa, 1957. p. 118.
(22) Embora a intencionalidade estética seja por vezes ostensivamente exibida pelo poeta e muitos dos seus poemas apareçam como exemplificativos de técnicas poéticas que, aparentemente, foram *a priori* definidas (caso do *paùlismo*, do *interseccionismo*, etc.), não nos parece que se possa considerar a gênese

terônimos no sistema de relações do poetodrama, como se estabelecem as correspondências entre as "escolas" poéticas que, no âmbito do grupo de "Orpheu" ou restritamente para uso particular, Pessoa prolificamente elaborou, e a sua prática de poeta. Cada movimento por ele proposto nos surge sempre associado a um determinado heterônimo ou conjunto de heterônimos, senão ao todo global do poetodrama. Se, por exemplo, o *paùlismo* se inscreve numa das vertentes da poética ortônima e o *interseccionismo* se distribui por Pessoa "ele mesmo" e por Álvaro de Campos, já o *neopaganismo* filosófico de **António** Mora inspira a poesia de Alberto Caeiro e de Ricardo Reis, enquanto o *sensacionismo* parece ramificar-se, com *nuances*, pelos vários heterônimos. [23]

Melhor, todavia, do que ver apenas em que medida a poesia de cada um destes se adapta exatamente ou não às concepções estéticas-literárias de Pessoa, como se de meros modelos (ou moldes) de escrita se tratasse, por onde aferirmos caso a caso o grau de realização ou de frustração poemática das teorias, melhor do que isso será antes tomá-las como outros tantos códigos poéticos, que por sua vez são pelos poemas descodificados, num movimento de im-plicação e de ex-plicação recíprocas. Isto é, tanto as teorias poéticas como os heterônimos constituem, simultaneamente, um horizonte e uma perspectiva de *"escuta-leitura"*. Ou mais claramente ainda: se os poemas dos heterônimos são escritos e lidos em função das teorias, eles escrevem e lêem também, inversamente, as mesmas teorias.

Deste modo se nos abrem vários caminhos através dos quais poderemos explorar a pluralidade das linguagens e das poéticas de Pessoa, partindo destas para aquelas ou daquelas para estas, numa alternância de oposições e convergências de focagem. Mais do que a uma diversidade de exegeses, intentaremos proceder aqui a uma detectagem dos elementos disseminados que, desde que identificados e postos face a face, nos permitirão reconstituir a multiplicidade de escritas e de leituras dos heterônimos. O nosso trabalho será, em suma, o de contrastar, numa *encenação intertextual*, as réplicas dos diálogos poéticos do poemodrama, enquanto estes se personalizam no poetodrama, isto é, nos vários heterônimos.

da criação em Pessoa como de índole "programática", pelo menos no sentido voluntarista do termo, como propende a pensar Georg Rudolf Lind, no seu livro *Teoria Poética de Fernando Pessoa* 1970. Na verdade, haverá necessariamente uma anterioridade (lógica e não apenas cronológica) da teoria a criação? Não serão antes, em Pessoa, as duas atividades, criadora e teórica, consubstanciais e intimamente fundidas? Assim o faz crer a coincidência da eclosão dos poemas e dos heterônimos respectivos, descrita por Pessoa numa carta a Casais Monteiro (cf. *infra* p. 21). Dizer pois, como o faz G. R. Lind, que "o nascimento dos heterônimos derivou sobretudo, do propósito de *querer* concretizar certas posições literárias (*op.cit.*, p. 97), grifo nosso) é decididamente reduzir a criação heteronímica a um ato de vontade desencarnada, sem compreender a relação dialógica que entre a linguagem poética de Pessoa e a sua metalinguagem crítica se estabelece.

(23) Desenvolveremos mais adiante, na 3ª parte deste estudo, os princípios estético-poéticos que presidem a estes movimentos.

O "Drama em Gente"

> "*O poeta é o ser menos poético que há, pois não tem nenhuma identidade. Está sempre em vias de tornar-se ou de ser uma outra personalidade*".
>
> KEATS

A fim de apreender a origem e a essência dramática da heteronímia, importa antes de mais nada determo-nos na imagem que Pessoa nos dá das suas "personagens". A partir desta introdução liminar do autor à obra, que intentaremos reconstituir, tornar-se-á então possível caracterizar de perto cada um dos poetas que formam, no seu conjunto, o poetodrama, uma vez situados na cena poemodramática.

Ao buscar uma definição das suas criações literárias, como a sua tentação auto-interpretativa a isso freqüentemente o solicitava, Pessoa divide-as em função de uma dicotomia central: "O que Fernando Pessoa escreve pertence a duas categorias de obras, a que poderemos chamar ortônimas e heterônimas. Não se poderá dizer que são anônimas e pseudônimas, porque deveras não o são. A obra pseudônima é do autor em sua pessoa, salvo no nome que assina; a heterônima é do autor fora da sua pessoa"[1].

Esta distinção terminológica nem sempre, todavia, preocupou o poeta. Com efeito, numa carta datada de 19 de janeiro de 1915 e dirigida a Armando Côrtes-Rodrigues, ele escreve ainda: "Mantenho, é claro, o meu propósito de lançar

---

(1) Tábua Bibliográfica. *Presença*, n. 7.

pseudonimamente a obra Caeiro-Reis-Campos"². E numa nota que se destinava a servir de prefácio à uma edição projetada dos seus livros, Pessoa afirma ter pensado primeiro publicá-los "anonimamente"³. Ele fala por outro lado, numa carta a Casais Monteiro, de um livro que reuniria parte "autônima" da sua obra.⁴

Mas a denominação que, entre todas, melhor inculca uma diferença qualitativa entre a obra ortônima e heterônima, é a que identifica a primeira como pertencente a Fernando Pessoa "ele mesmo", por oposição a um Pessoa outro (outros). Esta denominação, igualmente devida ao poeta, tem sido a mais vulgarizada entre os seus leitores e críticos, precisamente por insinuar a referida oposição identidade-alteridade (embora numa desigualdade de planos ilusória).

Na realidade, porém, como certos apontamentos de Pessoa o deixam pressupor, o poeta ortônimo situa-se ao mesmo nível que os restantes poetas — ele é, em rigor, um heterônimo a que o autor emprestou a sua identidade privada. ⁵ Trata-se, afinal, de um enxerto da homonímia sobre a heteronímia, sem que isso implique qualquer hierarquia originária — e se hierarquia houvesse ela existiria antes entre Alberto Caeiro, que Pessoa sagrou "mestre", e Fernando Pessoa "ele mesmo", o qual escreve: "Sou também discípulo de Caeiro"⁶.

É de notar, entretanto, que o poeta fala ora de F. Pessoa "ele mesmo", ora de F. Pessoa "ele só", ao referir-se à sua individualidade ortônima.⁷ Curiosamente, ele outorga-se ainda a denominação de "Fernando Pessoa impuro e simples"⁸, sugerindo assim uma maior pureza e complexidade dos heterônimos, enquanto criações absolutas, o que implicaria, num certo sentido, a superioridade poética destes.

Num grau de intermédio entre o poeta ortônimo e os heterônimos, Pessoa concebeu, além disso, um "semi-heterônimo, Bernardo Soares, assim como outras "personalidades literárias" menores, a que atribui os textos do *Livro de Desassossego*: "É um semi-heterônimo porque, não sendo uma personalidade minha, é, não diferente da minha, mas uma simples mutilação dela" ⁹. Uma hesitação parece aliás a momentos pairar sobre a

---

(2) *Cartas de Armando Côrtes-Rodrigues*. 2ª ed. Lisboa, s.d., p. 75.
(3) *Páginas Íntimas e de Auto-Interpretação*, p. 99.
(4) *Páginas de Doutrina Estética*, p. 273.
(5) Cf. no mesmo sentido Jorge de Sena, que numa carta imaginária a Fernando Pessoa escreve: "E Você, quando escreveu em seu próprio nome, não foi menos heterônimo do que qualquer deles. . ." *Da Poesia Portuguesa*. Lisboa, 1959, p. 166.
(6) "Carta sobre a gênese dos heterônimos", (a A. Casais Monteiro). In: *Páginas de Doutrina Estética*.
(7) *Idem, ibidem*, p. 264.
(8) *Idem, ibidem*, p. 259.
(9) *Idem, ibidem*, p. 268.

concepção que Pessoa tem acerca da autonomia dos heterônimos: assim, tanto lhes atribui a natureza de "personalidades" como de "subpersonalidades" [10]

Estas flutuações de linguagem não são entretanto necessariamente significativas de uma indeterminação da sua intencionalidade poética: é preciso ter em conta que se trata de reflexões paralelas à gênese dos heterônimos, inevitavelmente oscilantes e transitórias. E se nunca é de aceitar desprevenidamente a interpretação que um autor dá a sua obra, no caso de Pessoa há que atentar constantemente nas ambigüidades (e por vezes nas contradições só aparentes) da metalinguagem crítica de que dobrou a sua poesia.

Na nossa abordagem dos heterônimos tomaremos precisamente como ponto de partida este desdobramento auto-analítico do poeta, abundantemente disperso por cartas, apontamentos e comentários em que, ao procurar desvendar (ou simular fazê-lo) o seu processo de criação, ele descreve minuciosamente as biografias e as concepções filosóficas, estéticas e poéticas de cada um dos autores a que deu nascença. Não buscaremos aí, no entanto, uma explicação toda feita nem uma teoria acabada da heteronímia, mas simplesmente uma referência e indiciação da multiplicidade de que se reclama a poética de Pessoa. Mais do que alguns dos seus exegetas, teve o poeta plena e lúcida consciência do caráter falível (senão da inanidade) de certas interpretações que sobre os heterônimos avançou: "De nada lhe serviria, escravo como é da multiplicidade de si próprio, que concordasse com esta, ou com aquela, teoria sobre os resultados escritos dessa multiplicidade" [11] — diz sibilinamente Pessoa, em reação contra as interpretações de que era (e seria) objeto.

Há pois que tomar a pluralidade de visões que Pessoa nos oferece dos heterônimos não como opiniões do autor enquanto reduzido à sua identidade exterior à criação poética, mas como elementos integrantes desta mesma criação: "Algumas das teorias, que o autor presentemente tem, foram-lhe inspiradas por uma ou outra destas personalidades que, um momento, uma hora, uns tempos, passaram consubstancialmente pela sua própria personalidade, se é que esta existe" [2]

A problematização da personalidade é, na verdade, implicada como pano de fundo da invenção de "personalidades fictícias". Ela constitui, por assim dizer, o negativo da face positiva da heteronímia: "Hoje já não tenho personalidade; quanto em mim haja de humano, eu o dividi entre os autores vários de

---
(10) *Idem, ibidem*, p. 268.
(11) *Páginas Íntimas e de Auto-Interpretação*, p. 196.
(12) *Idem, ibidem*.

cuja obra tenho sido o executor"[13]. Daqui decorre o fenômeno da dramatização do sujeito: "O autor destas linhas — não sei se o autor destes livros — nunca teve uma só personalidade, nem pensou nunca, nem sentiu, senão dramaticamente, isto é, numa pessoa, ou personalidade, suposta, que mais propriamente do que ele próprio pudesse ter esses sentimentos"[14]. E, em conseqüência, é daí que emerge o reverso da subjetividade — a plurissubjetividade: "Sou variamente outro de que um eu que não sei se existe (se é esses outros)"[15].

Este tema prolifera não só nas notas de auto-interpretação mas também na poesia dos vários heterônimos:

> "Não tenho personalidade alguma", [16]

diz Álvaro de Campos, que exclama num outro poema:

> "Que grande felicidade não ser eu!" [17]

E responde-lhe num eco Fernando Pessoa "ele mesmo":

> "Não pertencer nem a mim!" [18]

Para Alberto Caeiro, só a realidade objetiva é tangível, mas não a subjetividade interior:

> "Da minha pessoa de dentro não tenho noção de realidade.
> Sei que o mundo existe mas não sei se existo". [19]

Por seu lado, Ricardo Reis assume a despersonalização como dúvida da sua própria memória:

> "Não sei de quem recordo meu passado
> Que outrem fui quando o fui, nem me conheço
> Como sentindo com minha alma aquela
> Alma que a sentir lembro". [20]

Este pôr em questão, pela poesia de cada heterônimo, da subjetividade do poeta enquanto tal, revela à evidência que se trata, não de uma simples crise da personalidade psicológica, mas do *sujeito poético* em si mesmo considerado, na sua pluralidade.

(13) *Idem*, p. 95.
(14) *Idem*, p. 95.
(15) *Idem*, p. 93.
(16) *Campos*, p. 257.
(17) *Idem*, p. 358.
(18) *Pessoa*, p. 108.
(19) *Caeiro*, p. 180.
(20) *Reis*, p. 233.

Se a primeira explicação que o poeta dá da gênese dos heterônimos é de ordem psíquica, ou antes, "psiquiátrica", a verdade é que nela podemos detectar os elementos de uma transposição metafórica, que lhes está sobreposta. Segundo Pessoa, seria o traço histérico-neurastênico do seu caráter que estaria na origem da sua "tendência orgânica e constante para a despersonalização e para a simulação"[21] Levando mais longe esta auto-análise, Pessoa descobre em si "a predominância do elemento histérico na emoção e do elemento neurastênico na inteligência e na vontade"[22]. Entretanto, ele tem o cuidado de precisar que tais fenômenos são nele apenas mentais, fazendo "explosão para dentro" (imagem perfeita da cisão interior da personalidade, que poderemos rigorosamente retomar). Uma outra alusão, nós diríamos sutilmente psicanalítica, à feminilidade hipotética do poeta, não é menos sugestiva: "Se eu fosse mulher... cada poema de Álvaro de Campos (o mais histericamente histérico de mim) seria um alarme para a vizinhança". E Pessoa conclui em tom de mistério: "Assim tudo acaba em silêncio e poesia."[23] Estas palavras revelam quanto de poético, e não de puramente psicológico, têm as referidas explicações dos heterônimos.

Entrando precisamente na descrição da gênese do "heteronimismo", Pessoa fá-la remontar à infância, identificando-a com a gênese da apreensão do eu: "Desde que me conheço como aquilo a que chamo eu, me lembro de precisar mentalmente, em figura, movimentos, caráter e história, várias figuras irreais que eram para mim tão visíveis e minhas como as coisas daquilo que chamamos, porventura abusivamente, a vida real"[24]

O seu primeiro heterônimo teria sido "um certo *Chevalier de Pas* dos meus seis anos, por quem escrevia cartas dele a mim mesmo"[25]. Como se pode ver, é já como *escrita*, como linguagem que a heteronímia se manifesta.

Encontramos um eco dessa reminiscência infantil num dos fragmentos do *Primeiro Fausto*:

> "Se a minha infância agora evoco, vejo
> —. Estranho! — como uma outra criatura
> Que me era amiga, numa vaga
> Objetivada subjetividade"..[26]

A criação dos heterônimos seria pois estruturalmente inerente à descoberta da subjetividade pelo poeta, só a sua

---

(21) "Carta sobre a gênese dos heterônimos" (a A. Casais Monteiro). In: *Páginas de Doutrina Estética*. p. 260.
(22) "Carta a João Gaspar Simões". In: *Páginas de Doutrina Estética*. p. 227.
(23) "Carta sobre a gênese dos heterônimos", (a A. Casais Monteiro). In: *Páginas de Doutrina Estética*, p. 260.
(24) *Idem, ibidem*, p. 260.
(25) *Idem, ibidem*, p. 262.
(26) "Primeiro Fausto". In: *O.P.* p. 450.

expressão variando no tempo, no que poderíamos chamar a sua diacronia poética: "Esta tendência, que me vem desde que me lembro de ser um eu, tem-me acompanhado sempre, mudando um pouco a música com que me encanta, mas não alterando nunca a sua maneira de encantar" [27]

Pessoa parece a momentos pressupor uma anterioridade intrínseca da heteronímia em relação à sua criação propriamente literária. Tanto assim que após as afirmações precedentes, que constituem uma espécie de proto-história dos poetas-heterônimos, ele declara ao seu correspondente: "Vou entrar na gênese dos meus heterônimos *literários* que é afinal, o que V. quer saber. Em todo o caso, o que vai dito acima dá-lhe a história da mãe que os deu à luz.[28]".

Simplesmente, em Pessoa, criação e criatura (ou antes criaturas) confundem-se: os heterônimos não nascem verdadeiramente senão com os poemas de que são autores, pondo deste modo em causa a concepção da sua preexistência às suas respectivas obras. Com efeito, ao descrever o aparecimento de cada um dos poetas dados sucessivamente à luz, Pessoa mostra como a sua individualidade literária lhe surge apenas no ato de escrever, ou mesmo subseqüentemente a ele.

Assim, por exemplo, acontece com Ricardo Reis, que teria sido o primeiro embrião de um heterônimo poético: "Aí por 1912, salvo erro (que nunca pode ser grande), veio-me à idéia escrever uns poemas de índole pagã. Esbocei umas coisas em verso irregular (não no estilo de Álvaro de Campos, mas num estilo de maior regularidade) e abandonei o caso. Esboçara-se-me, contudo, numa penumbra mal urdida, um vago retrato da pessoa que estava a fazer aquilo. (Tinha nascido, sem que eu o soubesse, o Ricardo Reis)" [29].

Da mesma forma, a aparição de Alberto Caeiro só é verdadeiramente corporizada com a escrita dos seus poemas, embora o projeto da sua concepção lhes seja (infecundamente) anterior: "... Lembrei-me um dia de fazer uma partida ao Sá-Carneiro, de inventar um poeta bucólico, de espécie complicada, e apresentar-lhe, já não me lembro como, em qualquer espécie de realidade. Levei uns dias a elaborar o poeta mas nada consegui. Num dia em que finalmente desistira — foi em 8 de março de 1914 — acerquei-me de uma cômoda alta, e, tomando um papel, comecei a escrever, de pé como escrevo sempre que posso. E escrevi trinta e tantos poemas a fio, numa espécie de êxtase cuja natureza não conseguirei definir. Foi o dia triunfal

---

(27) "Carta sobre a gênese dos heterônimos", (a A. Casais Monteiro). In: *Páginas de Doutrina Estética*. p. 261.
(28) *Idem, ibidem,* p. 264.
(29) *Idem, ibidem,* p. 263.

da minha vida, e nunca poderei ter outro assim. Abri com um título. *O Guardador de Rebanhos*. E o que se seguiu foi o aparecimento de alguém em mim, a que dei desde logo o nome de Alberto Caeiro". [30]
Quanto a Álvaro de Campos, que como Ricardo Reis — renascido do limbo inicial — deriva de "mestre" Caeiro, também geneticamente coincide com a eclosão repentina de uma das suas odes: "Aparecido Alberto Caeiro, tratei logo de lhe descobrir — instintiva e subconscientemente — uns discípulos. Arranquei do seu falso paganismo o Ricardo Reis latente, e agitei-o a si mesmo, porque nessa altura já o *via*. E, de repente, e em derivação oposta à de Ricardo Reis, surgiu-me impetuosamente um novo indivíduo. Num jato, e à máquina de escrever, sem interrupção nem emenda, surgiu a "Ode Triunfal" de Álvaro de Campos — a ode com esse nome e o homem com o nome que tem" [31].

Mais do que criadores de uma obra, os heterônimos são pois por elas criados: o poetodrama decorre do poemodrama — e não inversamente. Os poetas existem em função dos poemas, que não os poemas em função dos poetas. [32]

E eis-nos chegados ao ponto central da heteronímia, ao cerne da criação dramático-poética de Pessoa. Não lhe resta já senão levar até ao seu termo a gestação deste parto múltiplo em que é simultaneamente progenitor e progenitura: "Criei, então, uma *coterie* inexistente. Fixei aquilo tudo em moldes de realidade. Graduei as influências, conheci as amizades, ouvi, dentro de mim, as discussões e as divergências de critérios, e em tudo, isto me parece que fui eu, criador de tudo o menos que ali houve. Parece que tudo se passou independentemente de mim. E parece que ainda assim se passa" [33].

Estamos assim uma vez mais confrontados com a estrutura dialógica da heteronímia. Entre os autores que constituem a constelação poética de Pessoa estabelece-se um sistema de relações mútuas, em que cada elemento se responde e corresponde, num tecer e destecer sempre retomado de fios que se vão entrecruzando, em planos diversos mas que se interpenetram.

Este processo de construção criadora não é de nenhum modo fechado sobre si, nem se limita a uma pluralidade finita de

---

(30) *Idem, ibidem*, pp. 263-264. A data do aparecimento de Caeiro não parece segura na memória de Fernando Pessoa, pois noutra nota fala de 13 de março de 1914. Cf. *Páginas Íntimas e de Auto-Interpretação*, p. 103.
(31) *Idem, ibidem*, p. 264.
(32) Isto mesmo foi pertinentemente notado por A. Casais Monteiro, quando afirma que "a criação daquelas obras pelas quais os seus heterônimos se afirmaram precedeu o estabelecimento da sua biografia". *Estudos sobre a Poesia de Fernando Pessoa*, p. 83. Mas já nos parece contraditória a sua conclusão de que "não há (...) nada que nos autorize a estabelecer uma ligação real entre as obras de Alberto Caeiro, Ricardo Reis, Álvaro de Campos e as 'pessoas' imaginárias no qual para Pessoa existiam. É ao próprio Pessoa que iremos ligar as obras de cada um deles. Quer dizer: a realidade das suas obras não *cria* a dos seus autores". *Op. cit.*, p. 87. Não arruinarão estas asserções a primeira afirmação de Casais Monteiro?
(33) "Carta sobre a gênese dos heterônimos". In: *Páginas de Doutrina Estética*, p. 265.

sujeitos poéticos: ele é potencialmente aberto e infinito. Pessoa concebe-o mesmo como uma multiplicação de personalidades: "Que cada um de nós multiplique a sua personalidade por todas as outras personalidades" — diz ele à guisa de programa do *Orpheu* e do movimento sensacionista, em resposta a um inquérito literário.[34] A sua ambição é, confessadamente, a de tornar-se "não um só escritor, mas toda uma literatura".[35] Numa outra nota, ele concebe-se mesmo como "o ponto de encontro de uma pequena humanidade" só sua.[36] Mas, mais do que uma humanidade, Pessoa antevê-se como todo um universo: "Sê plural como o universo!"[37]

A melhor imagem de uma tal infinidade possível dá-a o poeta ao comparar-se a uma série de espelhos paralelos: "Sinto-me múltiplo. Sou como um quarto com inúmeros espelhos fantásticos que torcem para reflexões falsas uma única anterior realidade que não está em nenhuma e está em todas"[38].

Da sua pluralidade poética encontra Pessoa inúmeras outras imagens e metáforas. Como metáforas, aliás, se apresentam os próprios heterônimos:

"*Eu, que tantas vezes me sinto tão real como uma metáfora*"[39]

escreve Álvaro de Campos, sem que por isso negue a sua realidade enquanto pessoa, no sentido literal do termo:

"*Eu, enfim, literalmente eu,
E eu metaforicamente também*".[40]

Fernando Pessoa ortônimo visualiza-se também "ele mesmo" como um poeta-metáfora:

"*Fosse eu uma metáfora somente
Escrita nalgum livro insubsistente
Dum poeta antigo...*".[41]

Estes últimos versos pertencem a um dos poemas de Pessoa que relevam do esoterismo. Ora, o ocultismo é precisamente uma das chaves da pluralidade de que ele se reclama: "Todos os que pensam ocultistamente *criam* em absoluto todo um sistema do Universo, que fica sendo real. Ainda que se contradigam: há vários sistemas do universo, todos eles reais".[42] E nós vemos o

---

(34) *Páginas Íntimas e de Auto-Interpretação*, p. 124.
(35) *Idem*, p. 98. Com a sua ironia habitual, que é aqui apontada à mediocridade literária da época, Pessoa justifica assim a desmesura aparente da sua ambição: "Com uma tal falta de literatura, como há hoje, que pode um homem de gênio fazer senão converter-se, ele só, em uma literatura?"
(36) *Idem*, p. 102.
(37) *Idem*, p. 94.
(38) *Idem*, p. 93.
(39) *Campos*, p. 307.
(40) *Idem*, p. 306.
(41) *Pessoa*, p. 53.
(42) *Textos Filosóficos, I*, p. 44.

poeta invocar explicitamente o fenômeno da mediunidade para tentar desvendar o seu caso: "Médium, assim, de mim mesmo subsisto". [43] E ele chega mesmo a fazer apelo a referências astrológicas, a propósito dos heterônimos, de que tem o cuidado de elaborar os respectivos horóscopos. Mas, deixando de parte os aspectos mais aparentes do ocultismo, é o "caminho alquímico" aquele que preferentemente o atrai, precisamente "porque envolve uma transmutação da própria personalidade". [44] Veremos mais adiante como o esoterismo se exprime simbolicamente na obra de Pessoa. Importa compreender desde já, no entanto, que ele aparece antes de mais nada como o próprio fundamento da heteronímia.

Outra das explicações a que recorre o poeta, e que se liga ao veio "patriótico" presente numa parte da sua obra, e sobretudo na *Mensagem*, é a do seu caráter português: "O bom português é várias pessoas (. . .) Nunca me sinto tão portuguêsmente eu como quando me sinto diferente de mim — Alberto Caeiro, Ricardo Reis, Álvaro de Campos, Fernando Pessoa, e quanto mais haja havidos ou por haver". [45] Para lá do que nesta observação possa haver de penetrante acerca da idiossincrasia dos portugueses, ele mostra bem como a cada um dos aspectos em que a personalidade poética de Pessoa se desdobra corresponde uma visão particular dos heterônimos: poderíamos aqui multiplicar os exemplos, encontrando reflexões adaptadas às várias tendências que neles se manifestam.

Em vez de tentar descobrir nas notas de "auto-interpretação" de Pessoa uma concepção privilegiada da heteronímia, cujas ambigüidades nos introduziram aliás num labirinto sem saída visível, ou aberto sucessivamente sobre outros labirintos, tomá-las-emos como simples indicações de leitura, que haveria que explorar exaustivamente, mas que não poderemos percorrer senão em algumas das direções apontadas. Estamos, com efeito, perante uma obra proteiforme, não apenas enquanto criação de uma pluralidade de linguagens, mas pelo seu apelo a uma pluralidade de leituras, tanto dos textos poéticos como dos textos críticos que os prolongam e repercutem. A heteronímia exige acima de tudo uma apreensão desta intertextualidade, que não se pode limitar a uma hermenêutica redutora dos textos uns pelos outros, em que toda e qualquer "interpretação" deve subsumir-se. Neste sentido, as me-

---

(43) *Páginas Íntimas e de Auto-Interpretação*, p. 102. Cf. também pp. 95-96, em que afirma que o autor real (ou porventura aparente, pois não sabemos o que é a realidade", nada tem a ver com as idéias, as emoções e a arte dos heterônimos, "salvo o ter sido, ao escrevê-las, o *médium* de figuras que ele próprio criou".

(44) "Carta a A. Casais Monteiro" (publicada por J. Gaspar Simões). In: *Vida e Obra de F. P.* p. 24

(45) *Páginas Íntimas e de Auto-Interpretação*, p. 94. Cf. ainda esta afirmação de Pessoa: "Quem, que seja português, pode viver a estreiteza de uma só personalidade, de uma só nação, de uma só fé?" Entrevista à *Revista Portuguesa*, cit. por J. Prado Coelho. "O Nacionalismo Utópico de F. P.". *Colóquio*, 31, dez. 1964

talinguagens críticas de Pessoa não podem ser consideradas como elementos subsidiários da sua poesia, mas como participando no conjunto estruturado (e em constante reestruturação) que é sua obra. [46]

Só dentro desta visão global a heteronímia ganha o seu inteiro relevo, revelando-nos a complexidade e a riqueza desse verdadeiro *work in progress* que é a criação poética de Fernando Pessoa.

---

(46) Jorge de Sena observou já penetrantemente que "os poemas e os ensaios dos heterônimos (. . .) fazem parte de um todo". "Fernando Pessoa, Indisciplinador de Almas". In: *Da Poesia Portuguesa*, p. 174.

"Fausto" ou o Drama Frustrado

> *"Em poesia, os iniciados apreciam sobretudo o drama, e com razão, pois ele oferece (ou poderia oferecer) a maior possibilidade de representar o eu como uma multiplicidade".*
>
> HERMAN HESSE

A grande obsessão poética de Fernando Pessoa, que domina toda a intencionalidade criadora subjacente à sua obra, tende para um alvo fixo: a composição de um "poema dramático". Dele nos ficariam, porém, simples fragmentos, agrupados pelo poeta como "notas para um poema dramático sobre o Fausto"[1]. Embora apenas um *Primeiro Fausto* nos apareça aí esboçado, o seu projeto parecia incluir "três Faustos", cujo plano chega a delinear num breve apontamento.[2] Que não se trata de uma preocupação marginal à criação heteronímica prova-o o fato de que ela lhe é anterior (os primeiros fragmentos datam de 1908, enquanto a gênese dos heterônimos se situa à roda de 1914), mantendo-se, intermitentemente, até 1933, data já próxima da morte do poeta.

Mas, mais ainda do que isso, uma análise do drama poético inacabado (ou, mais precisamente, dos poemas inacabados — e quase diríamos "imperfeitos") do *Primeiro Fausto*[3] permite-

---

(1) Estes fragmentos foram publicados por Eduardo Freitas da Costa. In: *Poemas Dramáticos* — I, *Obras Completas*. Lisboa, ed. Ática, 1952. A ordenação dos textos por "Temas" é, no entanto, não de Pessoa, mas do compilador. Cf. *Nota preliminar*, p. 73.
(2) *Idem, ibidem*. Cf. também *O.P.*, p. 760.
(3) A escolha do personagem e do título do drama poético de Goethe como modelo de referência por Pessoa é um dos rastos a explorar no estudo das sugestões que o poeta alemão terá exercido sobre o "Fausto". Não é esse aqui o nosso objetivo, para além dos limites que há que pôr à "literatura comparada". No entanto parece-nos indubitável que, se influência existe, ela se dá no sentido de uma reela-

nos supor que ele aglutinaria o núcleo central da obra poemo-dramática de Pessoa, se ela não se tivesse desintegrado na pluralidade dos heterônimos, no poetodrama. A esta luz, os fragmentos não são meros resíduos da poesia heteronímica, mas verdadeiros indícios da sua origem. Neles detectamos não só os "motivos" polares que se repercutem de heterônimo a heterônimo, mas ainda o fundamento da multiplicidade de linguagens poéticas em que se fixaram. [4]

Foi o próprio Fernando Pessoa que, ao arquitetar o plano do *Primeiro Fausto*, nos revelou, ao mesmo tempo que a estrutura do "poema dramático" previsto, as grandes coordenadas temáticas em que se entrecruzam as tensões essenciais que percorrem a sua poesia.

Ele concebia o desenrolar do drama como uma série de oposições dentro de uma oposição central: "O conjunto do drama representa a luta entre a Inteligência e a Vida, em que a Inteligência é sempre vencida. A Inteligência é representada por Fausto, e a Vida diversamente, segundo as circunstâncias essenciais do drama" [5].

Cada um dos atos em que o drama se desdobraria não seria senão, conseqüentemente, uma particularização das várias formas que tomaria um tal conflito. Assim: "No 1.º ato a luta consiste em a Inteligência querer *compreender* a Vida"; "no 2.º ato a luta passa a ser da Inteligência para *dirigir* a Vida"; "o 3.º ato envolve a luta da Inteligência para se *adaptar* à Vida"; "no 4.º ato a tentativa que falha é a de *dissolver* a Vida"; "no 5.º ato temos, finalmente, a Morte, a *falência final da Inteligência ante a Vida*" [6].

Entre cada um destes atos imaginava Pessoa um "entreato lírico", que constituiria o comentário da ação dramática — o que não deixa de fazer lembrar o coro, nas tragédias gregas.

Mas o poeta, sempre ávido de explicitar e mesmo de esquematizar a sua criação, propõe-nos ainda "outro modo de pôr o *mesmo problema*, ou, antes, *a mesma tese:*

---

boração poética. Como se sabe: há duas versões do *Fausto* de Goethe: o "Primeiro Fausto" e o "Segundo Fausto". Ao pensar, por seu turno em "três Faustos", não terá querido Pessoa insinuar-se como um continuador de Goethe? O número assume aliás uma ressonância esotérica, a que a alquimia de Fausto não deixa, concomitantemente, de emprestar uma significação especial. No plano mais propriamente dramático há que não esquecer que a tradição do Fausto, remontando ao século XV, teve vários avatares, que poderão igualmente ter-se repercutido em Pessoa (cf. Marlowe, Byron, Lessing). Mas não é no quadro da chamada "crítica de influências" que pode situar-se o interesse destas aproximações, mas sim no da originalidade do tratamento de um tema que na literatura contemporânea continua fecundo, desde Paul Valéry a Thomas Mann.

(4) Isto mesmo foi pertinentemente notado por J. do Prado Coelho, ao afirmar que "O *Fausto* (...) seria a concentração num drama estático, reflexivo (tal "O Marinheiro") e de sentido universal, da meia dúzia de temas que o seu autor profundamente viveu e por isso derramou pela sua obra hortônima e heterônima". Obsessão Temática de Fernando Pessoa". In: *Estrada Larga*. I. Porto, s.d. p. 207. Prado Coelho não tira daí, no entanto, as mesmas conseqüências que nós próprios quanto à gênese da multiplicidade de linguagens poéticas dos heterônimos, que como vimos ele nega, identificando assim unidade temática com unidade de "estilo".

(5) *"Primeiro Fausto", "Notas Gerais"*. In: *O. P.* p. 758.
(6) *Idem*, pp. 758-759. (Grifos nossos.)

"1.º ato: Conflito da Inteligência consigo própria.
2.º ato: Conflito da Inteligência com outras inteligências.
3.º ato: Conflito da Inteligência com a Emoção.
4.º ato: Conflito da Inteligência com a Ação.
5.º ato: Derrota da Inteligência"[7].

Temos aqui, exatamente formuladas, algumas das oposições patentes em toda a poesia de Pessoa, cuja rede dramaticamente implícita de contradições poderemos aplicar, como um modelo de compreensão, às faces poliédricas da heteronímia.

Que esta estrutura dramática seja prefigurada mais como um conflito de conceitos abstratos do que como um conflito vivo de personagens em cena, apenas comprova a incapacidade experimentada por Pessoa de exteriorizar o seu projeto dentro da "poesia dramática" propriamente dita. Ele não poderá ganhar corpo senão pelas vias da poesia lírica, isto é, do lirismo dramático, que se manifesta no poemodrama.

A consciência talvez difusa e intuitiva disso parece aflorar na nota que temos vindo a citar, ao escrever Pessoa: "Um dos principais estudos a fazer aqui é o de natureza dos entreatos"[8] A necessidade de tais *intermezzos* líricos (Pessoa acentua o caráter de "comentário lírico que os entreatos constituem"[9]) mostra que ele pressentia perfeitamente que só através da sua metamorfose lírica a dramaticidade do "Primeiro Fausto" atingiria a plenitude de realização poética.

Mas analisemos mais de perto, na complexidade dos seus meandros, a estrutura das oposições definidas esquemàticamente por Pessoa em termos de encenação dramática.

O "tema central" da Inteligência, assimilado ao do "mistério do mundo" ("tema geral, aliás, da obra inteira"[10], observa o poeta), aparece como ponto de irradiação e de interseção dos outros conflitos com as sucessivas encarnações da Vida ao longo do drama. Esta começaria, como vimos, por revestir, no 1.º ato, a forma da própria Inteligência. Haveria, assim, simultaneamente, uma identidade e uma oposição entre a Inteligência e a Vida. A luta emerge no seio de uma e de outra, que contém já em si o germe da sua destruição final, pela eclosão da Morte. Tal seria o epílogo do drama, que se consumaria através do "elemento do Terror de Mistério, que envolve tanto a Vida como a Inteligência".[11] Eis-no no cerne trágico do "Primeiro Fausto", que é no fundo o de toda a poesia de Pessoa:

(7) *Idem*, p. 759.
(8) *Idem, ibidem*.
(9) *Idem, ibidem*.
(10) *Idem*, p. 758.
(11) *Idem*, p. 759.

> "Quero fugir ao mistério
> Para onde fugirei?
> Ele é a vida e a morte
> Ó Dor, aonde me irei?" [12]

Da cisão deste núcleo originário derivam os demais pólos do conflito. Depois de opor-se a si própria, a Inteligência entra em luta com as *outras* inteligências, a fim de dominar a Vida. Ao imaginar personalizá-las nas figuras de "três discípulos ou outras pessoas", discutindo com o "mestre", Pessoa dá-nos mais uma abertura para a abordagem do problema dos heterônimos. É, com efeito, facilmente transponível para estes a referência: sabe-se como Pessoa concebeu uma relação de magistério entre Alberto Caeiro ("mestre Caeiro") e os restantes heterônimos, incluindo Fernando Pessoa "ele mesmo".

O conflito de identidade e da alteridade é, de fato, para o Fausto como para Pessoa, o drama de ser *ele mesmo* e *o outro:*

> "Mas o que vi então — essa nudez
> Da consciência em mim, como relâmpago
> Que tivesse uma voz e uma expressão
> Gelou-me para sempre em outro ser (. . .)" [13]

Estes versos condensam, essencialmente, o próprio fundamento da heteronímia.

Falhada a tentativa da Inteligência para compreender e dirigir a Vida, uma nova alternativa se lhe apresenta, dentro do conflito polar que agora a opõe à Emoção: adaptar-se à Vida, simbolizada desta vez pelo amor e encarnada numa personagem feminina, Maria. A frustração é aqui, segundo Pessoa, "mais amarga" [14] do que as precedentes: ela toca numa das feridas mais sensíveis do drama da incomunicabilidade — a incapacidade de amar:

> "Não me concebo amando, nem dizendo
> A alguém "eu te amo" — sem que me conceba
> Com uma outra alma que não é a minha.
> Toda a expansão e transfusão de vida
> Me horroriza (. . .)" [15]

Esta alergia ao amor não é mais do que uma das faces do horror do outro [16], pateticamente expresso nestes versos:

> "O horror metafísico de Outrem!
> O pavor de uma consciência alheia
> Como um deus a espreitar-se!" [17]

---

(12) *"Primeiro Fausto", "Primeiro Tema".* I. In: *O.P.* p. 423.
(13) Idem, "Segundo Tema", p. 444.
(14) Idem, "Notas Gerais", p. 759.
(15) Idem, "Terceiro Tema", p. 452.
(16) Segundo Gilberto de Mello Kujawski a "incapacidade de se conceder autenticamente ao outro" seria "o ponto central da organização psicológica de Pessoa". Fernando Pessoa, o Uno e o Múltiplo. *Convivium,* n. 5, p. 43. A nós, interessando-nos não o estudo da personalidade psicológica do poeta, mas o seu "drama" poético, importa-nos apenas salientar a irradiação deste motivo dominante do "Primeiro Fausto" para os heterônimos.
(17) *"Primeiro Fausto", "Terceiro Tema".* In: *O.P.* p. 452.

Ela é mesmo o reverso indissociável da tendência à alteridade, que na heteronímia busca como vimos coexistir com a identidade, como tão bem o proclama Fernando Pessoa "ele mesmo":

> *"Ah, ser os outros! Se eu o pudesse*
> *Sem outros ser!"* [18]

É de salientar, como já o fizeram vários críticos, que este tema antecipa um dos aspectos mais típicos do existencialismo sartriano [19] ("o inferno são os outros"), de que sob vários ângulos Pessoa pode considerar-se um precursor, sobretudo através do heterônimo Álvaro de Campos.

Após a tentativa de adaptação à Vida, Fausto, perante este novo fracasso, procura "dissolver a Vida" na Inteligência. Aqui intervém, por intermédio do entreato lírico, o que Pessoa chama a "tendência dionisíaca da Inteligência". [20] A presença do antagonismo apolíneo — dionisíaco transparece, com efeito, na poesia de Pessoa, com a predominância de um ou do outro pólo, conforme os heterônimos e até dentro do mesmo heterônimo. [21] Se o pólo dionisíaco se encontra acentuado no *Fausto*, é apenas na medida em que, dramaticamente, as forças de desintegração da Inteligência, ao agir sobre a Vida, acabam por ser por esta vencidas.

O resultado de uma tal derrota é a recaída da Inteligência no "Hábito", no "Prazer mais próximo", na "Indiferença entre os grandes fins" [22] Na descrição deste ato, bem como em vários dos fragmentos que a ele provavelmente se agregariam, recorta-se o perfil do heterônimo Ricardo Reis:

> *"E morrerei e deixarei*
> *Neste mundo isto apenas: uma vida*
> *Só prazer e só gozo, só amor,*
> *Só inconsciência em estéril pensamento*
> *E desprezo (. . .)"* [23]

E eis-nos próximos ( ) desfecho do drama: a agonia do Fausto, que sela a "falência final da Inteligência ante a Vida" [24]. Como conclusão deste último ato previa apenas Pessoa uma "canção simples e fria", a "Canção do Espírito da Noi-

---

(18) *Pessoa*, p. 111.
(19) Cf. neste sentido J. Prado Coelho. *Diversidade e Unidade em Fernando Pessoa*, nota de p. 110, e Oscar Lopes, "Fernando Pessoa". In: *História Ilustrada das Grandes Literaturas*, Lisboa, s.d., p. 656.
(20) *"Primeiro Fausto", "Notas Gerais"*. In. *O.P.*, p. 759. Pessoa parece no entanto experimentar uma certa perplexidade, ao buscar definir a natureza deste entreato lírico. Há mesmo uma contradição flagrante entre dois passos do apontamento em questão: Pessoa ora escreve que "não deve ser este sem dúvida o entreato dionisíaco (??)" — os pontos de interrogação são significativos —, ora afirma mais adiante que "o 3º entreato é sem dúvida o dionisíaco".
(21) Cf. a este respeito Jorge de Sena. *O Poeta é um Fingidor*, nota 38 da p. 55, em que a filiação do "drama em gente" na antinomia Apolo-Dionisio é finamente elucidada.
(22) *"Primeiro Fausto", "Notas Gerais"*. In: *O.P.* p. 759.
(23) *Idem*, "Terceiro Tema", p. 448.
(24) *Idem*, "Notas Gerais", p. 759.

te"[25] (que não chegou a compor, mas de que poderíamos aproximar algumas odes de Álvaro de Campos). E é no mistério noturno que se resolve o *pathos* trágico do drama: Dioniso consuma o seu triunfo sobre Apolo.

Mas Fernando Pessoa concebia ainda, como vimos, uma continuação para o *Primeiro Fausto*[26]. Assim, o *Segundo Fausto* seria centrado em torno da "oposição entre o Desejo e a Realidade", e o *Terceiro Fausto* à volta da "Oposição entre Não-Ser e Ser"[27]. E Pessoa resume deste modo o encadeamento lógico dos "três Faustos".

> *"A Inteligência busca compreender.*
> *O Desejo busca possuir (compreender de perto).*
> *O Não-Ser busca Ser.*[28]

O projeto faustiano repercutiria, portanto, as ressonâncias filosóficas (ontológicas e metafísicas) que ecoam por toda a poesia de Pessoa, em antinomias múltiplas e sucessivas, como haveremos de mostrar mais adiante. Mas se a sua transposição num poema dramático constitui a preocupação obsessiva deste "poeta animado pela filosofia", a verdade é que o próprio excesso de racionalização do projeto o leva à impotência da passagem da concepção ao ato criador. As "disquisições intelectuais e abstratas" de cujo desenvolvimento Pessoa esperava extrair a matéria dramática do *Fausto* não dariam de si mais de uma série de solilóquios — as falas de Fausto[29] — que oscilam entre as meditações filosóficas desgarradas e os poemas embrionários.

Do conglomerado de fragmentos que resta podemos em compensação isolar um conjunto de elementos germinais (temas, figuras) que irão proliferar dramaticamente (dialogicamente) nos poemas dos heterônimos.

Se assim nos demoramos na análise do projeto do "Fausto" é porque ele constitui, visivelmente, a referência estrutural que nos permite apreender a gênese e a organização da poesia de Pessoa, cuja intencionalidade dramática, irrealizada ao nível do gênero literário prosseguido pelo poeta, isto é, do objeto de criação obsessivamente buscado, encontra nesse fracasso o ponto de partida para a emergência de uma dramaticidade intrínseca à própria linguagem poética.

---

(25) *Idem, ibidem.*

(26) Contrariamente ao que aventa Eduardo Freitas da Costa, *op. cit.* p. 73, não parece tratar-se de um projeto "acidental". Ele articula-se claramente num tríptico de que só a primeira parte teve começo de realização. Acresce que alguns dos fragmentos se poderiam aproximar do "Segundo" e do "Terceiro Fausto". É curioso constatar que Paul Valéry, cujos 'esboços' de dois Faustos não chegaram à conclusão, projetava igualmente três Faustos. C. *Mon Faust*. In: *Oeuvres* t. II, Paris, Pléiade, 1960 p. 277.

(27) *"Primeiro Fausto", "Notas Gerais".* In: *O.P.* p. 760.

(28) *Idem, ibidem.*

(29) Os dois únicos diálogos que chegam a ganhar forma (entre Fausto e o Velho e entre Fausto e Maria) são ainda no fundo monodiálogos, em que as respostas dos dois interlocutores apenas fornecem um pretexto às efusões meditativas do protagonista do drama.

Enveredamos, assim, por uma via próxima da que é tentada por Umberto Eco, quando alarga a noção de "poética" ao "projeto" de formação e estruturação da obra . O que implica, segundo ele, que "o estudo do projeto primitivo se prossegue através da análise das estruturas definitivas do objeto artístico, consideradas como significativas de uma intenção de comunicação"[31]. E Eco acrescenta: "O resultado de um projeto fascinante revela simultaneamente o seu desequilíbrio estrutural e essa oportunidade falhada que foi a intenção inicial".[32]

Ora, precisamente, a "oportunidade falhada" de Pessoa (a construção de um poema dramático) está na origem da sua metamorfose nos heterônimos, que do poemodrama o conduz ao poetodrama. Há nele uma verdadeira transferência do projeto inicial: o seu fracasso é a condição mesma da realização da obra (das obras) em que se desintegra.

(30) *L'Oeuvre Ouverte*, Paris, 1955, p. 11.
(31) *Idem, ibidem*.
(32) *Idem, ibidem*.

O "Drama Estático"

> "*A emoção trágica, ou antes, a emoção dramática, tem um caráter estático*".
>
> JAMES JOYCE

Se o *Primeiro Fausto*, enquanto drama poético frustrado, nos revela negativamente, pela sua própria natureza fragmentária, a exasperação de uma contradição íntima entre o projeto inicial e a inerente incapacidade de estruturação dramática, tentaremos buscar agora a contraprova positiva dessa mesma inadequação intrínseca. Ela é-nos dada pelo drama. *O Marinheiro*, publicado por Pessoa no primeiro número de *Orpheu*.

À primeira vista, temos aqui um desmentido da impotência experimentada pelo poeta dentro do gênero dramático. Não estamos, precisamente, perante uma das raras obras perfeitas e acabadas que de Pessoa nos ficaram? É ele mesmo que disso parece orgulhar-se, embora em tom de modéstia, ao escrever a Armando Côrtes-Rodrigues: "O meu drama estático *O Marinheiro* está bastante alterado e aperfeiçoado: a forma que V. conhece é apenas a primeira e rudimentar. Não ficou, talvez, uma cousa *grande*, como eu entendo as cousas grandes, mas não

---

(1) Lançado, com um escândalo literário que ficaria histórico, em abril de 1915 (Cf. *Diacronia* em Apêndice). Há uma reedição recente do 1.º e do 2.º número de *Orpheu*, Lisboa, ed. Ática, s.d., precedida de um estudo de Maria Aliete Galhoz, "O Momento Poético do Orpheu". Por outro lado, "O Marinheiro" foi incluído por E. Freitas da Costa in *Poemas Dramáticos*, ed. Ática, figurando igualmente em *Obra Poética*, ed. Aguilar, por nós aqui citada.

é cousa de que me envergonhe, nem — creio — me venha a envergonhar"[2]

Mas a realização formal da obra, apesar da sua designação de "drama", não permite enquadrá-la exatamente dentro da tipologia dramática tradicional. Não parece, com efeito, possível incluir em rigor *O Marinheiro* em nenhuma das espécies em que costumam diversificar-se as estruturas do dramático: o "drama de ação" e o "drama de personagem".[3]

A designação de "drama estático" é desde logo reveladora: trata-se, na ocorrência, de um "drama" sem ação, sem movimento. Pessoa caracteriza, aliás, perfeitamente a sua concepção desta outra espécie de "drama" numa das suas notas: "Chamo teatro estático àquele cujo enredo dramático não constitui ação — isto é, onde as figuras não só não agem porque nem se deslocam nem dialogam sobre deslocarem-se, mas nem sequer têm sentidos capazes de produzir uma ação; onde não há conflito nem perfeito enredo"[4]. Melhor ainda: nós diríamos que, em lugar de uma ação, de um movimento de personagens em cena, é a própria linguagem que se dramatiza. E o poeta não deixa de claramente o explicitar na continuação do texto já citado: "Creio que (...) o enredo do teatro é, não ação nem a progressão e consequência da ação — mas, mais abrangentemente, a revelação das almas *através das palavras trocadas* e a criação de situações"[5].

Não parece, sequer, que Pessoa tenha concebido este drama como representável: ele destina-se mais a ser lido do que a ser visto, ou antes a ser visualizado através das palavras. Imediatamente as breves indicações cênicas iniciais o insinuam: elas dirigem-se, até pela sua forma sugestiva e poética, não a um encenador virtual mas à imaginação ideal do leitor.

O drama situa-se, assim, fora do espaço e do tempo, ou pelo menos de um tempo e de um espaço referenciáveis: "Ainda não deu hora nenhuma" — eis as primeiras palavras do drama[6]. Mais adiante, uma das três "Veladoras" — únicas "personagens" em cena — interroga-se: "Quem sabe se nós poderíamos falar assim se soubéssemos a hora que é?"[7] E numa réplica a outra que lhe sugere que passeiem, uma delas pergunta com espanto: "Onde?"[8], como se para ela não existisse senão o espaço das próprias palavras.

---

(2) *Cartas a Armando Côrtes-Rodrigues*. pp. 102-103.
(3) Nem ainda, segundo outra classificação proposta por alguns teóricos da literatura, dentro do "drama de espaço" Cf. Wolfang Kaiser, *Análise e Interpretação da Obra Literária*, Coimbra, 1963, vol. II, p. 276 e ss.
(4) *Páginas de Estética e de Teoria e Crítica Literária*. Lisboa. s.d., p. 113.
(5) *Idem, ibidem*. (O grifo é nosso.)
(6) "*O Marinheiro*". In: *O.P*. p. 409.
(7) *Idem*, p. 410.
(8) *Idem, Ibidem*.

As três Veladoras só aparentemente são personagens distintas. As suas falas retomam-se uma às outras ao longo do drama, numa espécie de solilóquio obsessivo, reduzindo-se a três vozes que entre si se ecoam, até que a sua própria identidade se dissolve: "Quem é que eu estou sendo?... Quem é que está falando com a minha voz?"[9]

Esta ausência de elementos considerados como essenciais ao gênero dramático implica, em compensação, uma transferência da "ação" para um plano de ficção dentro da ficção do drama: "Contemos contos uma às outras" — propõe uma Veladora.[10] Decorrentemente, o espaço onde se situa a "ação" é sempre um espaço *outro:* "Só o mar das outras terras é que é belo. Aquele que nós vemos dá-nos sempre saudades daquele que não veremos nunca".[11] O tempo é vivido como passado, mas como um passado igualmente imaginário: "Falemos, se quiserdes, de um passado que não tivéssemos tido".[12]

Se as Veladoras não são elas mesmas personagens, mas simples vozes, há no entanto no interior do drama um "personagem" simbólico e mítico, evocado através do sonho: o "marinheiro" desterrado numa ilha longínqua e sonhando ele próprio "uma pátria que nunca tivesse tido".[13] Mas nem a ficção onírica é assumida enquanto tal: "Será absolutamente necessário, mesmo dentro do vosso sonho, que tenha havido esse marinheiro e essa ilha? — Não, minha irmã, nada é absolutamente necessário" — dialogam estranhamente duas das Veladoras.[14]

De resto, a distinção entre o real e o sonho é radicalmente posta em questão: "Sei eu ao certo se o não continuo sonhando, se o não sonho sem o saber, se o sonhá-lo não é esta coisa vaga a que eu chamo a minha vida?"[15] Mais ainda, a relação sonho-realidade torna-se mesmo reversível: "Por que não será a única coisa real nisto tudo o marinheiro, e nós e tudo isto aqui apenas um sonho dele?"[16]

O mistério do Ser, tema central do *Fausto* e de toda a poesia de Pessoa, aparece como essencialmente subjacente ao drama: "O que é qualquer cousa? Como é que ela passa? Como é por dentro o medo como ela passa? (...) Há alguma razão para qualquer cousa ser o que é?"[17] Deste mistério decorre o terror do Nada, que parece percorrer como um arrepio as falas

---

(9) *Idem.* p. 419.
(10) *Idem.* p. 410.
(11) *Idem. ibidem.*
(12) *Idem.* p. 409.
(13) *Idem.* p. 414.
(14) *Idem.* p. 416.
(15) *Idem. ibidem.*
(16) *Idem.* p. 418.
(17) *Idem.* p. 411.

das Veladoras: "Se nada existisse minhas irmãs?... Se tudo fosse, de qualquer modo, absolutamente cousa nenhuma?"[18]

A preencher o abismo de vazio que assim se cava, só as palavras restam: "Ah, falemos, minhas irmãs, falemos alto, falemos todas juntas... O silêncio começa a tomar corpo, começa a ser cousa... Sinto-o envolver-me como uma névoa... Ah, falai, falai!..."[19]

Mas as falas das Veladoras despegam-se da boca que as pronuncia, tornam-se independentes e com uma vida em si: "As minhas palavras presentes, mal eu as digo, pertencerão logo ao passado, ficarão fora de mim, rígidas e fatais... Falo, e penso nisto na minha garganta, e as minhas palavras parecem-me gente..."[20]

No centro da linguagem irrompe assim uma ruptura: "Entre mim e a minha voz abriu-se um abismo".[21] Tal ruptura introduz-se não apenas entre o sujeito e a linguagem, mas no âmago do próprio discurso, entre o que chamaríamos o significante e o significado: "Contáveis e eu tanto me distraía que ouvia o sentido das vossas palavras e o seu som separadamente. E parecia-me que vós, e a vossa voz, e o sentido do que dizíeis eram três entes diferentes, como três criaturas que falam e andam".[22]

Tocamos aqui o cerne do drama e uma vez mais da obra de Pessoa: a desintegração da linguagem numa pluralidade de linguagens (o poemodrama) do sujeito numa pluralidade de sujeitos (o poetodrama).

Mas uma questão se levanta, perante esta aparente contradição nos próprios termos — um drama "sem drama": qual a essência do dramático em Fernando Pessoa?

Um pressentimento de resposta decorre de uma consideração desprevenida de O Marinheiro. Se nos deixarmos impregnar das falas das Veladoras ao longo do "drama", do tecer e destecer da trama do diálogo à volta de uma ação que nunca chega a acontecer, a delinear-se em personagens movendo-se no espaço e no tempo, o que escutamos afinal senão um coro e várias vozes, que se confundem numa só, como nas tragédias gregas? A atmosfera que assim progressivamente nos envolve é a de um *climax* criado apenas pelas palavras respondendo às palavras, que desemboca num *pathos* da linguagem: "Oh, que horror, que horror íntimo nos desata a voz da alma, e as sensações dos pensamentos, e nos faz falar, sentir

(18) *Idem*, p. 418.
(19) *Idem*, p. 411.
(20) *Idem*, p. 412.
(21) *Idem*, p. 418.
(22) *Idem*, p. 419.

e pensar quando tudo em nós pede o silêncio e a inconsciência da vida" [23].

Pessoa não deixou de sugerir o caráter trágico de *O Marinheiro*, num dos seus comentários escritos em inglês, que aqui traduzimos: "Começando de uma forma muito simples, o drama evolui gradualmente para um cume terrível de terror e de dúvida, até que estes absorvem em si as três almas que falam e a atmosfera da sala e a verdadeira potência do dia que está para nascer. O fim desta peça contém o mais sutil terror intelectual jamais visto. Uma cortina de chumbo tomba quando elas não têm mais nada a dizer uma às outras nem mais nenhuma razão para falar". [24]

Este elemento de terror ligado ao "coro" das Veladoras situa indubitavelmente o "drama" no plano da tragédia, tomada no seu sentido originário.

Segundo Nietzsche, na sua gênese dionisíaca, "a tragédia é inicialmente um coro e não um *drama*". Este não seria mais do que "a encarnação apolínea das idéias e paixões dionisíacas". Assim, "as partes corais de que a tragédia é entretecida constituem de qualquer forma o germe de todo o diálogo, isto é, do mundo da cena, do drama propriamente dito". Isto permitiria compreender como "o coro trágico dos gregos (. . .) podia ser mais antigo, mais fundamental, mais importante mesmo do que a ação" [25].

A concepção nietzschiana da tragédia parece ajustar-se perfeitamente ao "drama" de Pessoa, em que as ressonâncias dionisíacas, no seu conflito com as tendências apolíneas, acabam sempre por vir à superfície.

O Marinheiro ilumina-se-nos deste modo enquanto "drama estático" e projeta ao mesmo tempo uma nova luz sobre a natureza dramática, ou melhor, invertendo a citação de Joyce em epígrafe, *trágica* da poesia de Pessoa.

Na aproximação que tem sido feita por vários críticos entre *O Marinheiro* e o teatro simbolista, sobretudo o de Maerterlinck, [26] e que é bem visível se tomamos como referência um drama como "Les Aveugles", não foi todavia ainda sublinhada precisamente a comunidade de raízes dos dois "dramaturgos" no fundo trágico grego. A mesma busca de um teatro sem ação, sem personagens movendo-se sobre a cena, reduzidas à imobilidade de onde apenas emergem as palavras, é concebida por Maeterlinck como um regresso às antigas máscaras da tragédia:

23) *Idem*, p. 420.
(24) *O.P.* p. 757.
(25) *La Naissance de la Tragédie*, Paris. Ed. Gonthier,1964, pp. 58 e 59.
(26) Cf. João Gaspar Simões, *Vida e Obra de Fernando Pessoa*, p. 216, e Óscar Lopes, *História Ilustrada das Grandes Literaturas*, p. 565.

"Seria talvez necessário — escreve — afastar inteiramente o ser vivo da cena. Não está dito que não regressaríamos assim a uma arte dos séculos muito antigos, de que as máscaras das tragédias gregas conservam talvez os últimos vestígios" [27].

Como máscara se poderão enfim compreender, no sentido etimológico da palavra *persona* [28], os heterônimos de Pessoa. Máscaras sucessivas, que se sobrepõem, máscaras de máscaras, que o poeta experimenta uma após outra, com desespero, como confessa o Fausto:

> "Todas as máscaras que a alma humana
> Para si mesma usa, eu arranquei
> A própria dúvida, trementemente.
> Arranquei eu de mim, e inda depois
> Outra máscara..." [29]

E o heterônimo Álvaro de Campos:

> "Depus a máscara, e tornei a pô-la.
> Assim é melhor.
> Assim sem a máscara.
> E volto à personalidade como a um términus de linha". [30]

É sempre em vão, com efeito, que o poeta tenta arrancar a máscara:

> "Quando quis tirar a máscara,
> Estava pegada à cara" [31]:

Não há para ele outra saída senão a de assumir e de representar infinitamente este "drama em gente" (em pessoas), este drama em máscaras, que não é sequer um drama: os heterônimos.

Desta forma se manifesta a natureza essencialmente trágica não apenas de *O Marinheiro* e do *Fausto*, mas do conjunto da obra de Pessoa. É nesse sentido originário que deve ser entendida a dramaticidade da sua poesia (o poemodrama), enquanto se traduz necessariamente no poetodrama.

Uma última questão pode no entanto levantar-se a propósito de *O Marinheiro:* como compreender que em contraste com o *Primeiro Fausto* ele nos apareça como uma obra bem estruturada e construída, senão rigorosamente realizada?

Para responder a esta pergunta importa ainda uma vez recorrer à metalinguagem crítica de Pessoa. Na sua concepção da "literatura dramática" ele reservava a plenitude do gênero

---

(27) Citado por Roger Bodart, *Maurice Maeterlinck*, col. "Poetes d'Aujourd'hui", Paris, p. 35.
(28) Octavio Paz observa sugestivamente que o próprio nome do poeta se identifica com este sentido etimológico, "El desconocido de si mismo". In: *Cuadrivio* México, 1965 p. 133.
(29) *"Primeiro Fausto"*. In: *O. P.* p. 444.
(30) *Campos*, p. 359.
(31) *"Primeiro Fausto"*. In: *O.P.*, p. 326.

ao drama poético em verso: "Por ser em verso atinge o máximo da expressão verbal de um temperamento, que em verso se acentua muito mais do que em prosa" [32]. E, numa nota sobre as espécies dramáticas, Pessoa aproxima do "drama em verso" o "drama simbólico", na medida em que ambos interessam apenas "como literatura", embora diferenciando-os na sua especificidade: "Um subordina a ação à intensidade da poesia e à veemência da dicção. Outro a subordina ao sentido oculto, que a ação serve de figurar". [33] Não recobrirá esta distinção precisamente o *Primeiro Fausto* e *O Marinheiro*?

Ora, se Pessoa ressente, como vimos, uma incapacidade de atingir no "drama em verso", enquanto tal, a forma poética adequada, dir-se-ia que no "drama simbólico" em prosa ele encontra com mais felicidade a "expressão verbal" do seu "temperamento". Este paradoxo explica-se, segundo cremos, pelo fato de que o projeto do *Primeiro Fausto*, conforme mostramos, pressupõe um desdobramento do "drama" numa ação e em passagens a que as falas em verso deveriam, na concepção de Pessoa, emprestar uma maior acuidade expressiva; mas, na medida em que faltava ao poeta a imaginação dramática correspondente, a própria forma poética em verso se torna, não um elemento de acentuação da sua dramaticidade, mas justamente uma revelação da sua inviabilidade enquanto drama, não subsistindo senão enquanto poesia lírica, que cada fragmento do *Fausto* no fundo é.

Na verdade, como bem o revela T.S. Eliot num ensaio célebre, na poesia dramática "o verso não é meramente uma formalização, ou uma decoração acrescentada, mas intensifica o drama". [34] Ao *Fausto* de Pessoa faltou exatamente essa consubstanciação do verso com o drama, sobrepondo-se aquele ostensivamente a este. Já *O Marinheiro*, pela ausência explícita de uma ação e de uma multiplicidade real de personagens, permite ao poeta, mesmo usando a forma em prosa, uma maior concentração expressiva e portanto poética. Como diz ainda no ensaio citado T.S. Eliot: "para ser poético em prosa um dramaturgo tem que ser tão consistentemente poético que o seu escopo é muito reduzido". [35] E o poeta inglês conclui daí que "o drama poético em prosa é mais limitado pelas convenções poéticas, ou pelas nossas convenções acerca do que é uma matéria poética, do que o drama poético em verso". [36]

---

(32) *O.P.* p. 397.
(33) *Páginas de Estética e de Teoria e Crítica Literárias.* p. 86.
(34) "Poetry and Drama". In: *On Poetry and Poets.* Londres. Faber and Faber, 1966 p. 77.
(35) *Idem, ibidem.* Observemos que o exemplo dado por T. S. Eliot desta sua afirmação é Maeterlinck. Nós poderemos acrescentar-lhe o de Fernando Pessoa.
(36) *Idem,* p. 78.

Poderemos compreender agora como Fernando Pessoa, ao confinar-se no "drama estático" em prosa, atingiu afinal uma maior intensidade de estruturação dramática e poética do que no seu ambicioso plano de um poema dramático em verso.

Mas se, como diz o poeta numa das anotações insertas por E. Freitas da Costa em "Poemas Dramáticos", "no fundo não há verso nem prosa" [37], teremos de ir ainda mais longe do que esta simples explicação pela estrutura formal dos gêneros. E tanto *O Marinheiro* como o *Primeiro Fausto* nos surgirão, em última análise, como a face positiva e negativa de uma mesma evidência fundamental: a dramaticidade da obra de Pessoa manifesta-se não no gênero dramático propriamente dito mas na sua transposição lírica para os heterônimos. Ou, como diria o próprio poeta: "Trata-se simplesmente do temperamento dramático elevado ao máximo; escrevendo em vez de dramas em atos e ação, dramas em almas" [38].

---

(37) "Poemas dramáticos", "Notas Gerais". In: *O.P.* p. 756.
(38) *Páginas Íntimas e de Auto-Interpretação* (rascunho de uma carta a Casais Monteiro), p. 102.

II. O POEMODRAMA

A Germinação Poemodramática

> *"Germinação, disseminação (...) A semente está antes de mais dispersa".*
>
> JACQUES DERRIDA

Mesmo se uma análise do *Fausto* e de *O Marinheiro* nos fez já descobrir alguns dos elementos embrionários da poesia de Pessoa, eles não ganham todo o seu sentido nem assumem toda a sua expressão senão ao proliferar na pluralidade de linguagens dos vários heterónimos, tomando formas diferentes em cada um deles. Tais elementos são constituídos quer pelos temas ou *leitmotive* dominantes, quer por conjunto de figuras ou sintagmas poéticos de que detectamos inúmeras variações dispersas pela obra heteronímica. O seu processo de irradiação aparece-nos como uma germinação contínua, a partir de núcleos originários que se ramificam e entrelaçam numa rede múltipla e intricada de relações mútuas.

A fim de melhor seguirmos os seus meandros, apanhando as várias pontas que a essa teia nos dão acesso, tentaremos identificar alguns dos germes mais simples, bem como alguns dos nós de intersecção mais visíveis, que poderão servir-nos de referência na nossa leitura (nas nossas leituras). Tendo sempre presente, como diz Pessoa, que

"O segredo da Busca é que não se acha"[1],

pois ele próprio nos desilude do que na sua proliferação se nos furta:

---

(1) *"Primeiro Fausto", "Primeiro Tema"*. In: *O.P.* p. 425.

> "Não, não vos disse ... A essência inatingível
> Da profusão das coisas, a substância
> Furta-se até a si mesma. Se entendestes
> Neste ou naquele modo o que vos disse,
> Não o entendestes, que lhe falta o modo
> Porque se entenda". [2]

O que significa que mais do que um imenso e vão trabalho de Sísifo de decifração da sua poesia, no escopo de "interpretá-la", é mister mais humildemente aprender a percorrê-la através da metamorfose das linguagens em que se desdobra:

> "Do eterno erro na eterna viagem
> O mais que (exprime) na alma que ousa.
> É sempre nome, sempre linguagem,
> O véu e a capa de uma outra cousa". [3]

Esta metamorfose opera-se de heterônimo a heterônimo (e também, por vezes, dentro do mesmo heterônimo) num movimento dramático que se vai tecendo em torno dos elementos germinais disseminados pelos poemas numa só aparente desordem e dispersão caótica. [4] A originalidade de cada heterônimo, a especificidade da sua linguagem, reside na integração e ordenação destes elementos numa estrutura coerente, quer ao nível dos significantes quer dos significados poéticos. É o que Pessoa pressente, como vimos, quando afirma que, na gestação do seu lirismo dramático, "cada grupo de estados de alma mais aproximados insensivelmente se tornará uma personagem, com estilo próprio" [5] isto é, um heterônimo. Se quiséssemos estabelecer uma correspondência entre "estados de alma" e elementos do significado, entre "estilo" e elementos do significante — uns e outros aliás inseparáveis e reversíveis [6] — teríamos assim delineado o modo de aglutinação dos germes originários da poesia heteronímica.

Se partimos aqui dos elementos do significado (ou do plano do "conteúdo", na designação de Hjelmslev) para os elementos do significante (plano da "expressão") é apenas por uma questão de método de análise. [7] Com efeito, num poeta como

---

(2) *Idem, ibidem*, p. 426.
(3) *Idem, ibidem.*
(4) Como o nota Roland Barthes, esta aparência de dispersão é inerente à primeira fase da análise estrutural, a da "delimitação" das unidades significativas: "A operação de delimitação produz assim um primeiro estado disperso do simulacro, mas as unidades da estrutura não são de nenhum modo anárquicas: antes de ser distribuídas e encerradas no *continuum* da composição, cada uma delas forma com a sua própria reserva virtual um organismo inteligente, submetido a um princípio motor soberano: o da mais pequena diferença" "L'activité structuraliste". In: *Essais Critiques*. Paris, 1966, p. 217
(5) Cf. *supra*, p. 8.
(6) Segundo Tzvetan Todorov, "os aspectos estilístico e temático dum texto podem confirmar-se mutuamente, sendo cada um deles simultaneamente o "significante" e o "significado" do outro. Les études du style. In: *Poétique*, 2, p. 227.
(7) Na verdade, como o acentua Hjelmslev, "expressão e conteúdo são solidários e pressupoem-se necessariamente um ao outro. Uma expressão não é expressão senão porque ela é a expressão dum conteúdo, e um conteúdo não é conteúdo senão porque ele é o conteúdo duma expressão". *Prolégomènes à une Théorie du Langage*. Paris, 1968, pp. 72-73. Nisto se opõe Hjelmslev, na esteira de Saussure, à teoria tradicional segundo a qual "o signo é uma expressão de um conteúdo exterior ao próprio signo". *Idem*, p. 71

Pessoa em que a "forma do sentido" é determinante, a discriminação dos germes temáticos permitir-nos-á, numa primeira leitura ao nível da estrutura global da obra, fixar as coordenadas paradigmáticas que encontraremos depois distribuídas sintagmaticamente ao nível da "forma verbal", quando procedermos, numa segunda leitura, que não é senão a outra face da primeira, a um estudo individualizado de cada heterónimo. Poderemos então seguir o movimento inverso, iluminando assim reciprocamente estes dois planos da linguagem poética. [8]

A germinação emerge dramaticamente através de uma das formas nucleares da poesia de Pessoa: a contradição. Não a contradição da lógica formal, nem mesmo dialética, em que os dois termos opostos (tese e antítese) ou são incompatíveis ou se superam por negações e sínteses sucessivas [9]; mas a que contém em si a coexistência desses dois termos, e portanto supõe a essencial identidade deles, apenas variando as suas relações recíprocas: e é essa *variação* que dá precisamente origem à proliferação das linguagens poéticas em Pessoa. Estas não podem pois ser analisadas através das categorias lógicas clássicas, como o têm tentado algumas leituras críticas redutoras, preocupadas no fundo mais com as interpretações *ideológicas* do que com a apreensão da lógica poética de Pessoa, senão da lógica poética em geral.[10]

Numa das suas notas filosóficas, Pessoa define deste modo a sua "lógica" da contradição: "Toda opinião é uma tese, e o mundo, à falta de verdade, está cheio de opiniões. Mas a cada opinião compete uma contra-opinião, seja crítica da primeira,

(8) Ao distinguir, nas relações entre o significante e o significado, o que ele chama a "forma externa" e a "forma interna", Dámaso Alonso concebe duas perspectivas possíveis de análise da obra poética: uma que procede do significante para o significado e outra que parte do significado para o significante. É esta última a que, num primeiro momento, aqui seguimos, para depois a percorrer num sentido inverso, tendo sempre em conta que, como o salienta Dámaso Alonso, há que "atender de igual modo a estas duas perspectivas: a da forma externa e a da forma interna". *Poesía Española. Ensayo de Métodos y Límites Estilísticos*, p. 33.

(9) Num dos seus aliciantes mas por vezes aleatórios textos críticos, Oscar Lopes parece vislumbrar, por um momento, a irredutibilidade da lógica poética de Pessoa à lógica dialética, mas pára imediatamente, alargando as margens desta, nela a tentar recuperar: "Naquilo em que teimo em considerar o *drama de cada heterónimo*, e o de todos, e em cada poema independentemente considerado, Pessoa põe, é certo, a tese e a antítese, e não a síntese *lógica*. Mas, no plano da expressão poética, não é efetivamente sintética, portanto *dialética*, a consciência de uma primeira negação onde ela não existia ainda?" *Ler e Depois*. Porto, 1965, p. 245. Poder-se-á, no entanto, a não ser através de uma espécie de cavalo de Tróia lógico (e dialético), subentender uma negação da negação como intrínseca *ab initio* à oposição inscrita na linguagem poética? É o que, como veremos, a poesia de Pessoa põe precisamente em causa.

(10) Mário Sacramento viu com justeza que "Pessoa ambicionava uma superlinguagem que traduzisse, numa insofismável coerência *sui generis*, a 'essência' do antagónico *ele próprio* e desse uma ordem de verdade — ambivalente — à aparência que, quanto a ele, a linguagem tradicional se via obrigada, à míngua de meios, a ir mantendo ao postular que no contraditório só um dos termos é válido — quando ambos não passam de faces da 'verdade' ". *Fernando Pessoa, poeta da Hora Absurda*, Lisboa, 1959, p. 90. Mas já revelou uma total incompreensão da natureza *poética* dessa lógica *sui generis* ao reduzi-la à busca de um "nexo transracional com base no absurdo", *Idem*. p. 89. Na verdade, na linguagem poética a incompatibilidade entre a razão e o absurdo não existe pois a identidade dos contrários é uma evidência para o poeta. Como escreveu Paul Eluard, ". . . o desregramento da lógica até ao absurdo, o uso do absurdo até à razão indomável, é isso (...) que contribui para a harmonia dum poema". *(Donner à voir)*

seja complementar dela. Na realidade do pensamento humano, essencialmente flutuante e incerto, tanto a opinião primária, como a que lhe é oposta, são em si mesmas instáveis; não há síntese, pois, nas coisas da certeza, senão tese e antítese apenas. Só os Deuses, talvez, poderão sintetizar" [11]

É na sua poesia que, afinal, esta lógica plenamente se consuma, pela simultaneidade da presença, na unidade do significante e do significado poemático, de ambos os pólos da contradição. E não é essa, no fundo, a base de toda a lógica poética? [12]

Poderíamos indicar um sem-número destas contradições germinais, que se reproduzem pelos heterônimos numa fecundação múltipla. Será simplesmente a título exemplificativo que privilegiaremos certas oposições dominantes, às quais consagraremos alguns dos capítulos deste estudo.

A oposição fundamental, em que vêm repercutir-se todas as outras, pois lhes está subjacente e constitui ao mesmo tempo o seu horizonte, é a do Ser e do Não-Ser, que pudemos já identificar no *Fausto* e em *O Marinheiro*. Ela dá à poesia de Pessoa a dimensão de uma "aventura ontológica", como lhe chama Eduardo Lourenço. "Aventura ontológica negativa", logo precisa com acuidade de visão este ensaísta, na medida em que a experiência ontológica é assumida no poema na sua dupla face: o Não-Ser é pressuposto e implicado pelo Ser, enquanto revelação da sua ausência. [13]

Da apreensão desta reversibilidade, que é tendencialmente a busca de uma identidade recuperada, se nutre a germinação poética em Pessoa, a qual poderá ser concebida como a eclosão do Ser no Não-Ser e do Não-Ser no Ser, como uma vez mais estas palavras de um dos seus textos filosóficos tão significativamente o exprimem: "À medida que o Ser se vai manifestando, vai-se negando; à medida que se vai negando, vai criando o Não-Ser. Como o Não-Ser é anterior ao Ser, essa negação que o Ser faz de si próprio é uma *criação,* se assim se pode falar" [14]. Não será esta criação a da poesia mesma, poema a poema recomeçada? Veremos como nos vários heterônimos ela

---

(11) *Textos Filosóficos,* I, pp. 3-4.

(12) "A poesia é uma *coincidentia oppositorum*" escreve Jean Wahl. *Poésie, Pensée, Perception,* Paris, 1948, p. 21. E, ao analisar a lógica da arte, que encontraria na poesia a sua expressão suprema, Stephan Lupasco observa que ela implica "a coexistência incompatível da tese e da antítese", acrescentando: "tal é a orientação do fenômeno estético lingüístico. Ao invés e contra os dinamismos de fuga da contradição, é a sua busca, a sua prossecução (. . .) que engendra, ainda aqui, a arte" *Logique et Contradiction,* Paris, 1947, pp. 171 e 178.

(13) Cf. "Presença ou a Contra Revolução do Modernismo Português". *A Revista do Livro,* n. 23-24. 1961, p. 24. Nós diríamos, quanto a nós, que o qualificativo de aventura ontológica "negativa" é ele próprio redundante, se considerarmos que a oposição do Ser e do Não-Ser decorre de uma mesma experiência (poética).

(14) *Textos Filosóficos,* I, p. 43. Este texto faz parte do esboço de um "Tratado da Negação", atribuído ao heterônimo ocasional Rafael Baldaia.

se vai delineando em torno desta oposição ontológica central nutrindo assim de ponta a ponta a obra de Pessoa.

A partir daí, encontrar-nos-emos ainda perante uma infinidade de outras oposições *(tudo-nada, dentro-fora, real-irreal consciência-inconsciência, verdade-mentira, realidade--sonho, vida-morte, corpo-alma,* etc), em que não poderemos deter-nos exaustivamente, na sua recensão paradigmática, mas que veremos incidentalmente manifestar-se na sua distribuição sintagmática por cada heterônimo. Estaremos sempre confrontados à mesma estrutura interna, que se traduz quer num face a face dos dois termos opostos (contrários ou contraditórios), quer em formas de oposição implícitas ou subentendidas, como as que existem entre *sentir* e *pensar, vontade* e *desejo, projeto* e *ação,* etc. Poderíamos multiplicar os exemplos mais evidentes: uma análise minuciosa far-nos-ia descobrir um enxame deles, irradiando de poema em poema.

A estas oposições de significados correspondem figuras poéticas determinadas, em cuja estrutura vêm moldar-se ao nível do significante. A mais freqüente é sem dúvida a antítese e, dentro desta, como o notou Roman Jakobson ao estudar um poema de Pessoa, o *oxímóron*, na sua dupla variante de união de um vocábulo ao termo contrário ou contraditório. [15]

Tomemos esta estrofe de um poema de Fernando Pessoa "ele mesmo":

"Mas o olhar, de estar olhando
Onde não olha, voltou;
E estamos os dois falando
O que se não conversou.
Isto acaba ou começou?" [16]

Nada menos de três antíteses se condensam aqui em cinco versos: duas opõem contraditoriamente as formas verbais afirmativas e negativas de *olhar-não olhar* e de *falar-não conversar;* a outra contrapõe dois verbos semanticamente contrários: *acabar* e *começar*. Se bem atentarmos, porém, tais oposições revertem numa identificação, ou indeterminação, dos dois termos em presença, numa sutil e insensível metamorfose mútua. O olhar "olhando onde não olha" é ainda olhar, ou ausência dele? Não será antes, no poema, ambas as coisas — um como olhar cego, vazio, que é afinal mais fundo e luminoso, porque indissociavelmente interior e exterior? E falar não é, para o poeta, dizer acima de tudo o indizível, o que está para além de todas as palavras, isto é, deixar falar o próprio silêncio?

---

(15) *Les oxymores dialectiques de Fernando Pessoa,* em colaboração com Luciana Stefagno Picchio, *Langages,* 12, dezembro de 1968, p. 9 e ss. O que nos parece já de pôr em questão, pelas razões acima aduzidas, é que os vários tipos de negação presentes nos *oxímora* sejam em Pessoa de natureza dialética. No próprio exemplo do poema analisado por Jakobson ("Ulysses"), o "nada" é "tudo": há, pois, mais do que uma unidade de contrários, uma sua perfeita identidade.

(16) *Pessoa,* p 97

Onde começa e acaba algo, na mundividência poética, em que isto se transforma naquilo, sem perder o seu ser próprio? Tal é o sentido da contradição na poesia de Pessoa: a reversibilidade das oposições pela sua subsistência numa só realidade poemática.
Em todos os heterônimos encontramos a mesma obsessão da identidade dos contrários:

> "Verdade, mentira, certeza, incerteza são as mesmas?" [17],

pergunta-se Alberto Caeiro? E não fala, por seu lado, também Álvaro de Campos de

> "Tudo quanto sugere, ou exprime o que não exprime,
> Tudo o que diz o que não diz" [18],

enquanto para Ricardo Reis uma das regras de ouro fundamentais, que o poderia ser de toda a poética de Pessoa, é a do

> ". . . finge sem fingimento"? [19]

Através destas breves amostras vemos desenhar-se a forma de germinação das oposições. Por vezes, a simples aproximação de certas palavras no poema a provoca, quer por um fenômeno de contigüidade, quer de similaridade ou contraste [20]: os pares de termos acima opostos são disso a melhor prova, como teremos ocasião de ver estudando mais de perto alguns deles.

Assim se vai entrelaçando, pouco a pouco, o tecido poemodramático, não apenas através das associações temáticas mas também dos sintagmas verbais em que se organizam. Do plano metafórico as figuras projetam-se sobre o plano metonímico, e é do modo como esta intersecção se realiza que resulta a idiossincrasia poética de cada heterônimo. [21]

---

(17) *Caeiro*, p. 172.
(18) *Campos*, p. 352.
(19) *Reis*, p. 241.
(20) Este fenômeno, que poderíamos designar por contágio verbal, cristaliza-se, mesmo, na recorrência de certos elementos versificatórios, como a rima: Oscar Lopes notou finamente, por exemplo, a tipicidade e freqüência da rima "minto/sinto", que indicia a concepção do "fingimento" poético de Pessoa. Cf. *História Ilustrada das Grandes Literaturas*, p. 633.
(21) Como escreve Jean-Pierre Richard, "há o contexto sucessivo da obra ou contexto metonímico, e o contexto metafórico, que é a totalidade da própria obra. Um tema não ganha todo o seu valor senão numa rede orgânica de relações, que são simultaneamente relações de linguagem e de experiência e que se manifestam nesta espécie de massa de linguagem que é a totalidade da obra. Bem entendido, quando se identificar esta espécie de necessidade metafórica é preciso em seguida tentar reencontrá-la na necessidade metonímica da obra". *Chemins Actuels de la Critique*, Paris, 1967, p. 309-310.

Ser/Não-Ser

> *O Não-Ser e o Ser, saindo de um fundo único, só se diferenciam pelos seus nomes"*
>
> LAO-TSÉ

O germe central da poesia de Pessoa é, vimo-lo já, a oposição e a identidade do Ser e do Não-Ser. Erro fatal seria no entanto, querer reduzi-la a uma problemática filosófica, no sentido mais estrito do termo: a sua ressonância ontológica, como a sua repercussão metafísica, são consubstanciais à própria pulsação poética, fecundando-a sem a absorver. É entre o centro e o limite, e não para lá da poesia, que as "filosofias" dos heterônimos se situam, enquanto espaço de linguagem [1]

Atendemos, por exemplo, neste fragmento do *Primeiro Fausto*

> .... *Ondas de pranto,*
> *Não vos posso chorar, e em mim subis.*
> *Maré imensa, numerosa e surda,*
> *Para morrer da praia no limite*
> *Que a vida impõe ao Ser; ondas saudosas*
> *De algum mar alto onde a praia seja*
> *Um sonho inútil, ou de alguma terra*

---

[1] Sobre a problemática do Ser em Fernando Pessoa, de um ponto de vista predominantemente filosófico, cf. o excelente estudo de Alfredo Antunes. Fernando Pessoa e o Problema do Ser. *Revista Portuguesa de Filosofia.* XVIII, n. 2, 1962, pp. 123-154. Retomando embora aqui certos aspectos da sua análise, fazemo-lo no entanto dentro de uma perspectiva essencialmente poética. Para usar uma expressão de Eduardo Lourenço, a propósito de Antero de Quental, "a *poesia filosófica* (. . .) é um monstro de duas cabeças, cujo único sentido é o de querer dizer que a matéria do Poema é constituída por filosofemas ou aparência de filosofemas; ora o que faz deles poesia é justamente a recusa de os considerar como tais". *Le Destin Antero de Quental. Poésie — Révolution — Sainteté,* Paris, 1971, pp. 45-46.

> *Desconhecida mais que o eterno (amor)*
> *Do eterno sofrimento, e aonde formos*
> *Dos olhos de alma não imaginadas*
> *Vogam, essências (. . .)*"²

Vemos como a emergência do tema ontológico se desenvolve a partir de uma metáfora plena de conotações metafísicas³: o espraiar das ondas de pranto é já em si o espraiar, a eclosão do Ser, do mesmo modo que a reminiscência das "formas", ou "essências" (anote-se, de passagem, a sutil sugestão platônica), aparece como a nostalgia de uma terra ou de um mar desconhecidos e longínquos, de que a praia é apenas um sonho. E toda a reflexão se desdobra através do movimento ondulatório dos versos, desenrolando-se vaga após vaga, sem que o seu significado conceptual e abstrato seja dissociável do significante poético em que se exprime.

O "mistério do Ser" revela-se na poesia de Pessoa, antes de mais nada, como uma perturbação de raiz existencial. Não há nela, no entanto, verdadeiramente, uma diferenciação entre "existir" e "ser":

> *"Mais que a existência*
> *É um mistério o existir, o ser, o haver*
> *Um ser, uma existência, um existir —*
> *Um qualquer, que não este, por ser este —*
> *Este é o problema que perturba mais.*
> *O que é existir — não nós ou o mundo —*
> *Mas existir em si?"*⁴

A linguagem poética, ao incorporar os dois termos filosóficos, fá-los na realidade sofrer uma metamorfose. E a sua repetição alternada no poema é mesmo um meio de que o poeta se serve para criar cumulativamente a suspensão de sentido sobre que a interrogação ontológica se sustenta.

O tema do Ser assume nos heterônimos formas e variantes múltiplas, em que a mesma obsessão diversamente se traduz.

Assim, em Álvaro de Campos, deparamos com esta glosa do fragmento precedentemente citado:

> *"Ah! perante esta única realidade, que é o mistério.*
> *Perante esta única realidade terrível — a de haver uma realidade.*
> *Perante este horrível ser que é haver ser,*
> *Perante este abismo de existir um abismo.*
> *Este abismo de a existência de tudo ser um abismo.*
> *Ser um abismo por simplesmente ser,*
> *Por poder ser.*

---

(2) *"Primeiro Fausto", "Primeiro Tema"*. In: *O.P.* p. 427.

(3) É verdade que, como o mostrou Jacques Derrida, "a metafísica releva da metáfora: (. . .) apagar do rosto do ser, tal seria o retorno insistente daquilo que sujeita a metafísica à metáfora". La Mythologie Blanche la métaphore dans le texte philosophique. *Poétique*, 5, p. 41 e ss.

(4) *"Primeiro Fausto", "Primeiro Tema"*. In: *O. P.* p. 431.

> *Por haver ser:*
> *— Perante isto tudo como tudo o que os homens fazem*
> *(. . .)*
> *Se em pequena!"*

Encontraremos ainda, dentro deste mesmo heterônimo, outras notações desse pasmo essencial perante o Ser. A sua atitude por assim dizer proto-existencialista não deixa de emprestar-lhe uma acuidade particular.

Já para Alberto Caeiro, poeta antimetafísico por excelência ("Metafísica? Que metafísica têm aquelas árvores?"), ser e existir não se dão como estranhos senão na sua própria evidência:

> *"É mais estranho do que todas as estranhezas*
> *E do que o sonho de todos os poetas*
> *E os pensamentos de todos os filósofos,*
> *Que as coisas sejam realmente o que parecem ser*
> *E não haja nada que compreender".*6

E isso porque, para Caeiro, muito simplesmente,

> *"As coisas não têm significação: têm existência".* 7

Quanto a Ricardo Reis, na sua sabedoria epicurista e estóica, também só vagamente o parece aflorar a preocupação metafísica. Ciente de que

> *".................. a vida passa*
> *Entre viver e ser"*8

ele assume com lucidez a resolução do Ser no Nada:

> *".......... Antes sabendo*
> *Ser nada, que ignorando:*
> *Nada dentro de nada"*9

Mas na sua poesia perpassa, por isso mesmo, a obsessão do Ser. Ou melhor, como diria Sartre, nele "o nada obsidia o Ser". 10

A identificação do Ser e do Não-Ser é mais exaustivamente retomada por Fernando Pessoa "ele mesmo", nas suas ruminações poéticas infindáveis. Ela aparece manifesta, em toda a sua evidência, no poema "Ulysses", de *Mensagem,* a que já atrás nos referimos como exemplo da identidade dos contrários na linguagem poética de Pessoa:

---

(5) *Campos,* p. 370.
(6) *Caeiro,* p. 161.
(7) *Idem, ibidem.*
(8) *Reis,* p. 231
(9) *Idem,* p. 223.
(10) *L'Être et le Néant,* Paris, p. 47.

> *"Este, que aqui aportou,*
> *Foi por não ser existindo,*
> *Sem existir nos bastou,*
> *Por não ter vindo foi vindo*
> *E nos criou"*.[11]

O Não-Ser é aqui, na verdade, enquanto condição da "existência" (ou "inexistência") de Ulysses como *mytho* — esse "nada que é tudo" —, a única forma possível do Ser.

E o "semi-heterônimo" Bernardo Soares, no *Livro do Desassossego*, define dum modo impressivo, ainda que desencantado, essa identidade ontológica, em que os heterônimos devem afinal reconhecer-se: "Somos quem não somos, e a vida é pronta e triste".[12]

Podemos agora compreender poeticamente a angústia de Álvaro de Campos em face do Nada em que o Ser se volve:

> *"Se alguma coisa foi porque é que não é?*
> *Ser não é ser?"*.[13]

Do mais fundo desta contradição, desta ferida profunda inscrita no seio do próprio Ser, entreluz a instantes a hipótese metafísica de um ente superior, transcendente ao Ser e ao Não-Ser:

> *"................Ah, deve haver*
> *Além da vida e morte, ser, não-ser,*
> *Um inominável supertranscendente,*
> *Eterno incógnito e incognoscível!"* [14]

É o que parece pelo menos crer (ou *querer* crer?) o atormentado Fausto, num dos seus acessos de conjuração da dúvida e do mistério. Tal ente não poderá, no entanto, identificar-se para ele com o que se chama Deus, pois:

> *"Deus a si próprio não se compreende.*
> *Sua origem é mais divina que ele,*
> *E ele não tem a origem que as palavras*
> *Pensam fazer pensar"*[15].

O problema do Ser situa-se, com efeito, num plano essencialmente superior ao da existência de Deus (ou dos deuses, na sua pluralidade),

> *"... Porque existir é ser possível haver ser*
> *E ser possível haver ser é maior que todos os Deuses"* [16],

como diz Álvaro de Campos, num eco às palavras do Fausto.

---

(11) *Pessoa*, p. 8.
(12) *Livro do Desassossego*, Porto, Ed. Petrus, s. d., p. 24.
(13) *Campos*, p. 370.
(14) *"Primeiro Fausto", "Primeiro Tema"*. In: *O. P.* p. 427
(15) *Idem, ibidem*, p. 428.
(16) *Campos*, p. 371.

E de novo corroído pela dúvida, este acaba por negar qualquer transcedência à pura dimensão ontológica:

> "Além de ti
> Nada há, decerto.
> Nem pode haver
> Além de ti.
> Que (só) tens essência
> Nem tens existência
> E te chamas (...) Ser" 17.

Depois de se ter assim vãmente esgotado em busca de um fundamento último do Ser, pelos domínios da especulação filosófica abstrata, é como se o Fausto descobrisse que esta não lhe poderá jamais fornecer a ansiada resposta, ficando como sempre confrontado ao mistério, domínio mais propício às meditações e efusões poéticas:

> "O abstrato Ser (em sua) abstrata idéia
> Apagou-se, e eu fiquei na noite eterna.
> Eu e o mistério — face a face..." 18

É neste face a face com o mistério que a obsessão do Ser atinge os acentos mais patéticos, transformando-se num pavor quase físico:

> "............. O mistério de tudo
> Aproxima-se tanto do meu ser.
> Chega aos olhos meus d'alma tão (de) perto
> Que me dissolvo em trevas e universo...
> Em trevas me apavoro escuramente" 19.

Pavor que se estende à própria morte, último reduto do mistério que envolve o Ser e o Não-Ser:

> "Gela-me a idéia de que a morte seja
> O encontrar o mistério face a face
> E conhecê-lo (...)" 20 :

Ou ainda:

> "Medo da morte, não; horror da morte
> Horror por ela ser, pelo que é (...)" 21

A mesma fuga angustiada diante da revelação do mistério, identificada à morte, vamos encontrá-la em Álvaro de Campos:

(17) *Primeiro Fausto*, "Primeiro Tema". In: *O. P.* p. 431.
(18) *Idem, ibidem.* p. 428.
(19) *Idem, ibidem.* p. 423.
(20) *Idem.* "Quarto Tema", p. 458.
(21) *Idem, Ibidem,* p. 459.

> "Não, não, isso não!
> Tudo menos saber o que é o mistério!
> Superfície do Universo, ó Pálpebras Descidas,
> Não vos ergais nunca!
> O olhar da Verdade Final não deve poder suportar-se!
> Deixai-me viver sem saber nada, e morrer sem ir saber
> nada.
> A razão de haver ser, a razão de haver seres, de haver
> tudo,
> Deve trazer uma loucura maior do que os espaços
> Entre as almas e entre as estrelas".22.

Como sempre, em Alberto Caeiro lá temos em contraste a nota de desmistificação do mistério:

> "O mistério das coisas? Sei lá o que é o mistério!
> O único mistério é haver quem pense no mistério"23

A Ricardo Reis nem sequer a morte como hora da verdade minimamente o perturba, pois, como com sageza ele diz:

> "Da verdade não quero
> Mais que a vida" 24

Ora, precisamente, é a partir da evidência da própria vida — como a de um ser irrecusável, embora misterioso — que, de uma ou de outra forma, o terror metafísico permanentemente aflora nos solilóquios de Fausto:

> "O inexplicável horror
> De saber que esta vida é verdadeira,
> Que é uma coisa real, que é (como um) Ser
> Em todo o seu mistério (. . .)
> Realmente real". 25

Mas eis que, revertendo a si, lhe vem por vezes como que um desejo de existir sem viver, tão bem ressentido nestes dois belos versos de Fernando Pessoa "ele mesmo":

> "Fosse eu apenas, não sei onde ou como,
> Uma coisa existente sem viver. . ." 26

Inversamente, Álvaro de Campos interroga-se sobre a sua realidade enquanto ente (poderíamos neste caso dizer, com Heidegger, enquanto *Dasein*), confrontado como está à única certeza vital da sua existência:

> "Que é da minha realidade, que só tenho a vida?" 27

E é Alberto Caeiro quem, desencantadamente, tira ainda aqui a lição antifilosófica, em termos de *primum vivere:*

(22) *Campos*, p. 330.
(23) *Caeiro*, p. 141.
(24) *Reis*, p. 247.
(25) *"Primeiro Fausto", "Segundo Tema"*. In: *O.P.*, p. 437.
(26) *Pessoa*, p. 53.
(27) *Campos*, p. 354.

> "*E se isto é assim na vida, porque será diferente na filosofia?*
> *Vivemos antes de filosofar, existimos antes de o sabermos*" [28].

Somente, apesar de Caeiro, uma maldição parece sempre abater-se sobre o poeta, sobrepondo-se à estesia de viver — a maldição de pensar:

> "*Pensar, pensar e não poder viver*". [29]

A obsessão do Ser tem assim a sua raiz mais profunda nesta espécie de pecado original do pensamento, que é para o Fausto uma tentação constante:

> "............ *Só pensar*
> *Desflora até ao íntimo do Ser*" [30].

E não busca em conseqüência Álvaro de Campos, simultaneamente, a libertação do Ser e do pensamento? Ei-lo que angustiado os interpela:

> "*Cárcere de Ser, não há libertação de ti?*
> *Cárcere de pensar, não há libertação de ti?*" [31]

É no entanto pelo conhecimento, e só através do conhecimento, que inevitavelmente o Ser se vai manifestando:

> "*Que é ser sem no saber?*" [32]

O "horror de conhecer" é pois ele mesmo inerente ao horror de Ser". E isso tanto mais quanto o pensamento, na sua fatalidade intrínseca, se mostra impotente para aceder à revelação da verdade:

> "*Quanto mais profundamente penso, mais*
> *Profundamente me descompreendo.*
> *O saber é a inconsciência de ignorar...*" [33]

Apenas, intermitentemente, num clarão fugitivo, ele chega a tatear o mistério do Ser:

> "......... . *As vezes passam*
> *Em mim relâmpagos de pensamento*
> *Intuitivo e aprofundador,*
> *Que angustiadamente me revelam*
> *Momentos de um mistério que apavora*". [34]

Mas o conhecimento, ao volver-se sobre si mesmo, descobre ironicamente a sua inanidade:

> "*Ironia suprema do Saber:*
> *Só conheço isso que não entendo,*
> *Só entendo o que entender não (posso)*" [35]

---

(28) *Caeiro*, p. 181.
(29) "*Primeiro Fausto*", "*Segundo Tema*". In: *O.P.*, p. 446.
(30) *Idem, ibidem.*
(31) *Campos*, p. 371.
(32) "*Primeiro Fausto*", "*Segundo Tema*". In: *O.P.*, p. 438.
(33) *Idem, ibidem*
(34) *Idem, ibidem*, p. 439.
(35) *Idem, ibidem*, p. 438.

Ao fundo deste impasse a que o pensamento fatalmente conduz, acaba enfim por abrir-se, entre trevas e luz, o abismo do Ser:

> "Abre-se de repente (um largo) abismo
> Perante o qual me cambaleia o ser".36.

Assim se fecha (e recomeça) o círculo infernal do Ser e do pensar. Não é da nostalgia da sua unidade perdida que se nutre toda a poesia de Pessoa? Esse mesmo parece ser o sentido mais explícito destes versos do poeta ortônimo, em que a questão ontológica se põe quanto à própria identidade poética:

> "Sabes quem sou? Eu não sei.
> Outrora, onde o nada foi
> Fui o vassalo e o Rei.
>
> ....
>
> E entre o pensar e o ser
> Senti a vida passar
> Como um rio sem correr".37.

Remontar até a origem de onde emergiu o Ser, como um rio da sua nascente, antes que o pensamento o gelasse — abrindo uma ruptura entre o Ser e o Não-Ser — tal é o destino deste fluir em que aparentemente se move, mas a cada instante cristalizado e exilado no tempo, o próprio poema:

> "Um momento afluente
> Dum rio sempre a ir
> Esquecer-se de ser,
> Espaço misterioso
> Entre espaços desertos
> Cujo sentido é nulo
> E sem ser nada a nada".38

O nada é, numa palavra, o horizonte inicial e final desta poesia impregnada da obsessão do Ser:

> "E tal qual fui, não sendo nada, eu seja!".39

Mas perguntar-se-á: neste vaivém circular de um tema de ressonância ontológica e metafísica não corre o poeta o risco de cair nas aporias que, como ratoeiras, a filosofia a cada passo lhe arma? Ou será precisamente a poesia que lhe permite evitá-las, transcendendo-as? E terá afinal sentido esta pretensa incompatibilidade entre a poesia e a filosofia? Pessoa parece, quanto a nós, pô-la radicalmente em causa, ao mesmo tempo que revela de forma aguda, através da obra heteronímica, a diferença essencial entre uma e outra, na sua fecundação mútua.

(36) *Idem, ibidem.*
(37) *Pessoa*, p. 564.
(38) *Idem*, p. 61.
(39) *Idem*, p. 87.

E é um dos raros filósofos contemporâneos que à poesia acederam e dela insistentemente se inspiraram — referimo-nos a Heidegger — que vem aqui ao nosso encontro, e justamente a propósito da convergência da poesia e da filosofia, em confronto com a ciência, perante o problema do Ser e do Não-Ser: "Só a poesia é da mesma ordem que a filosofia e o pensar filosófico. Mas a criação poética e o pensar não são apesar disso idênticos. Falar do nada será sempre para a Ciência uma abominação e um absurdo. Pelo contrário, além do filósofo, o poeta pode fazê-lo. E isso não em razão de um menor rigor que, segundo o senso comum, seria próprio da poesia, mas sim porque na poesia (a que é autêntica e grande) reina uma essencial superioridade de espírito em relação a tudo o que é puramente ciência. Superioridade em virtude da qual o poeta fala sempre como se o ente *(das Seiende)* fosse pela primeira vez expresso e interpelado".[40]

Não será a poesia de Pessoa a melhor ilustração destas palavras de Heidegger?

---

(40) *Introduction à la Métaphysique*, Paris, 1967, p. 38.

Tudo/Nada

"Núpcias: o tudo e o não-tudo".

HERÁCLITO

Decorrente da oposição do Ser e do Não-Ser, encontramos ainda em Pessoa a do Tudo e do Nada, que constitui outro dos germes temáticos disseminados pelos heterônimos. Ela implica, como sempre, a identidade tendencial dos dois termos, na sua antinomia extrema de conceitos-limite, cuja coexistência a linguagem poética busca conciliar.

Há, assim, alternativamente, uma recondução recíproca do Nada ao Tudo e do Tudo ao Nada, enquanto disjuntivamente reversíveis:

*"Que a morte me desmembre em outro, e eu fique
Ou o nada do nada ou o de tudo"* [1]

diz Fausto num dos seus solilóquios. Este fragmento dá-nos de um modo poeticamente imediato — e não apenas num plano conceptual — uma dupla determinação do Nada, que tanto pode reportar-se ao puro Não-Ser como à totalidade do Ser. [2]

Esta totalização do Nada, ou esta nadificação do Tudo, é assumida de forma diversa por cada heterônimo, numa espécie

---

(1) *"Primeiro Fausto"*, *"Quarto Tema"*. In: *O.P.*, p. 457.
(2) Jacinto do Prado Coelho fala da "identificação paradoxal dos termos polarmente opostos — *tudo, nada*", como constituindo "um dos aspectos que melhor definem o estilo de toda a obra poética de Pessoa:

de vaivém pendular, em que a circularidade dos termos opostos se manifesta.

Detectamo-la, desde logo, em Fernando Pessoa "ele mesmo". Ao "nada que é tudo" do poema "Ulysses" (por nós já referido) corresponde, inversamente, o tudo que é nada destes versos de um poema "ortônimo":

> "Tudo é nada, e tudo
> Um sonho finge ser"³.

E Pessoa retoma ainda a disjunção do Tudo e do Nada nesta outra estrofe da *Mensagem:*

> "Porque é do português, pai de amplos mares,
> Querer, poder só isto:
> O inteiro mar, ou a orla vã desfeita —
> O todo, ou o seu nada"⁴.

A metáfora marítima empresta aqui um sentido mais visível à oposição que ela evidencia: a orla das vagas, vã e desfeita, é a imagem mesma do nada daquilo que já foi tudo. E a própria substantivação do "todo", face ao "seu nada", os coloca um e outro numa posição de paralelismo com os dois membros do verso anterior, a refletir simetricamente a imagem: poderia dizer-se que esses reflexos especularmente se reenviam.⁵

O mesmo paralelismo se revela nesta quadra de um poema de Pessoa "ele mesmo", em que a reversibilidade do Tudo e do Nada é transparente:

> "Tudo isto me parece tudo.
> Mas noite, frio, negror sem fim,
> Mundo mudo, silêncio mudo:
> Ah, nada é isto, nada é assim!"⁶

A estrutura do primeiro verso, em que "tudo" se relaciona com "tudo", como a repetição vocabular do início e do fim do sintagma o sublinha, repercute-se na do último verso, onde o duplo "nada" biunivocamente lhe corresponde. E esta correspondência é ainda acentuada pela rima interior e final do terceiro verso, que torna mais audivelmente próxima a presença do "tudo" ao "nada".⁷

---

o intelectualismo". *Diversidade e Unidade em Fernando Pessoa*, p. 153. Só, como vimos, a uma concepção ainda tradicional da lógica poética a identidade dos opostos poderá aparecer como "paradoxal"; e a redução da linguagem poética de Pessoa a um simples "intelectualismo" não implicará a sua limitação às estruturas do significado, sem as articular devidamente com as do significante?

(3) *Pessoa*, p. 73.
(4) *Idem*, p. 12.
(5) Jacinto do Prado Coelho caracteriza muito justamente o "pensamento" de Pessoa (isto é, a "forma do conteúdo" da sua linguagem poética) como assemelhando-se a "um jogo de espelhos em que as mesmas imagens se vão refletindo indefinidamente". *Op. cit.* p. 154.
(6) *Pessoa*, p. 96.
(7) Como o acentua numa das teses do Círculo Lingüístico de Praga, "a rima está estreitamente ligada (...) com a sintaxe (elementos desta que são opostos em relevo e em face um do outro pela rima), do mesmo

Tal presença manifesta-se noutros poemas de Pessoa "ortônimo", em que como um motivo insistente o Nada e o Tudo emergem, ora unidos ora isolados, mas subentendendo-se sempre reciprocamente.

É no heterônimo Álvaro de Campos que, no entanto, a relação entre Tudo e Nada atinge a sua expressão mais intensa e poderíamos mesmo dizer, nos vários sentidos da palavra, dramática. Ela condensa numa solicitação oposta a ânsia de uma transcendência prosseguida pelo poeta, que por uma vez toma o nome de Deus:

> "*Porque eu, na minha vontade de me consubstanciar com*
> *Deus,*
> *Posso ser tudo, ou posso ser nada, ou qualquer coisa,*
> *Conforme me der na gana*"[8].

A escolha entre as duas vias em que parece poder bifurcar-se o caminho para essa consubstanciação absoluta (a identificação com "tudo", senão indiferentemente com "qualquer coisa", ou a dissolução no "nada") surge-lhe não em termos de uma incompatibilidade radical mas de uma simples indeterminação que, finalmente, poderá mesmo conceber-se como uma essencial equivalência. Não fala o poeta, na verdade, num verso da "Tabacaria", em

> "*o Destino a conduzir a carroça de tudo*
> *pela estrada de nada?*"[9]

Este poema pode considerar-se, todo ele, uma ilustração dessa ambivalência entre o Nada e o Tudo:

> "*Não sou nada.*
> *Nunca serei nada.*
> *Não posso querer ser nada.*
> *À parte isso, tenho em mim todos os sonhos do mundo*"[10]

Assim começa, numa oscilação que vai do niilismo à potencialidade infinita de tudo, esta espécie de epopéia ao avesso em que o herói se define pelo que poderíamos chamar uma disponibilidade negativa:

> "*Falhei em tudo.*
> *Como não fiz propósito nenhum, talvez tudo fosse nada*".[11]

E deste modo o Nada se torna tão real como o Tudo:

---

modo que com o léxico (importância das palavras postas em relevo pela rima e seu grau de parentesco semântico). "Thèse 3. Sur le langage poétique". In: *Change* (3), p. 37. É o que precisamente se verifica nesta estrofe de Fernando Pessoa.
(8) *Campos*, p. 296.
(9) *Idem*, p. 324.
(10) *Idem*, p. 323.
(11) *Idem*, p. 324.

> *"Porque é possível fazer a realidade de tudo isso*
> *sem fazer nada disso"* [12].

O que Campos resume, enfim, nestes versos de um outro poema:

> *"Por isto tudo, ter pensado o tudo*
> *É o ter chegado deliberadamente a nada"* [13].

Em Ricardo Reis, a oposição Tudo-Nada insere-se, evidentemente, dentro da concepção do mundo própria a este heterônimo. Epicurista, Reis sentencia:

> *"Nada se sabe, tudo se imagina.*
> *Circunda-se de rosas, ama, bebe*
> *E cala. O mais é nada"* [14].

Ou ainda:

> *'"Quer pouco terás tudo.*
> *Quer nada: serás livre"* [15]

> *"Mas ao que nada espera*
> *Tudo o que vem é grato"*. [16]

A mesma identidade dos opostos se lhe revela nos deuses pagãos que povoam toda a sua poesia:

> *"Tudo lhe é nada"* [17]

diz ele por exemplo de *Netuno*. E do próprio Cristo, esse "deus a mais (...) que faltava":

> *"Nada mais, nem mais alto nem mais puro*
> *Porque para tudo havia deuses, menos tu"*. [18]

Reis exprime ainda luminosamente, através da inanidade final do Tudo e do Nada, a sua sabedoria suprema da aceitação do Destino:

> *"Aguardo, equânime, o que não conheço —*
> *Meu futuro e o de tudo.*
> *No fim tudo será silêncio, salvo*
> *Onde o mar banha nada"*. [19]

---

(12) *Idem*, p. 326.
(13) *Idem*, p. 360.
(14) *Reis*, p. 225.
(15) *Idem*, p. 234.
(16) *Idem*, p. 240.
(17) *Idem*, p. 216.
(18) *Idem*, p. 218.
(19) *Idem*, p. 242.

Estes dois últimos versos são sobremodo significativos de uma das formas que na linguagem poética de Pessoa assume o processo de identificação dos contrários: a oposição do não--silêncio de nada ao silêncio de tudo, que a preposição "salvo" subentende, ao introduzir através do nexo gramatical de exceção uma falha aparente no Tudo, não faz senão defrontá-lo com o seu próprio Nada: o não-silêncio de nada não é na verdade já inerente ao silêncio de tudo? A estrutura do significante institui assim uma diferença na identidade dos significados: ou, se se quiser, funda esta naquela.

Mas essa identidade na diferença nem sempre se revela transparentemente à superfície do discurso poético de cada heterônimo. É necessário buscá-la nas relações dialógicas que se vão tecendo entre os seus poemas, bem como entre estes e os dos outros heterônimos. Mesmo se a presença de uma oposição não é identificável ao nível das unidades sintagmáticas mais facilmente discerníveis, ela pode reencontrar-se ao nível da estrutura paradigmática, em que as relações entre os termos opostos se manifestam *in absentia*.[20]

É o que se verifica com o heterônimo Alberto Caeiro. À primeira vista não há nele lugar para a oposição Tudo-Nada:

> "Porque tudo é como é e assim é que é".[21]

Ou noutros termos:

> "Isto é o que hoje é.
> E, como hoje por enquanto é tudo, isto é tudo".[22]

Todavia, embora exorcizado, o Nada está sempre latente na poesia antimetafísica de Caeiro:

> "Há metafísica bastante em não pensar em nada".[23]

E, ao atacar-se ao "misticismo" daqueles que crêem na "constituição íntima das coisas", o que é para ele um sem--sentido, o poeta escreve:

> "Tudo isto é falso, tudo isto não quer dizer nada",[24]

pois que, para ele,

> "O único sentido íntimo das coisas
> É elas não terem sentido íntimo nenhum".[25]

---

(20) Como o sublinha Roland Barthes, enquanto que no sintagma "os termos são unidos realmente *in praesentia*", no sistema (plano paradigmático) "os termos são unidos *in absentia*". *Éléments de Sémiologie*. Paris, Ed. Gonthier, 1964, pp. 131 e 132.
(21) *Caeiro*, p. 154.
(22) *Idem*, p. 185.
(23) *Idem*, p. 141.
(24) *Idem*, p. 142.
(25) *Idem, ibidem*.

Este paradoxo aparente de uma ausência de sentido que ela só faz sentido, em que poeticamente o adjetivo indefinido "nenhum" se assimila aqui a um Nada que é o seu próprio Tudo, mostra como em Caeiro a coincidência dos dois termos opostos está potencialmente presente. Na linguagem poética, em verdade, não se pode nunca falar, senão impropriamente, em paradoxo: desde que assumido como tal pelo poema, ele integra-se na sua lógica específica, deixando por isso mesmo de o ser.

A identidade do Tudo e do Nada, que assim pudemos observar nos vários heterônimos, encontra-se *a contrário* confirmada, como acabamos aliás de o constatar em Alberto Caeiro, pelo aparecimento simultâneo, em cada heterônimo, ao lado da relação de igualdade Tudo-Nada, duma equivalência, à primeira vista tautológica, Tudo-Tudo e Nada-Nada.[26]

"Tudo é tudo e mais alto estão os deuses",[27]

escreve Ricardo Reis. E Álvaro de Campos:

"Tudo o que há dentro de mim tende a
voltar a ser tudo". [28]

Fernando Pessoa "ele mesmo", ao comparar Tudo com Tudo ("tudo isto me parece tudo"), introduz como vimos uma diferença na sua identidade, pelo seu próprio confronto com o Nada. [29] E ele pode assim, num outro poema, repetir ainda:

"E tudo é isto, tudo é isto" [30]

num eco ao

"Ah, nada é isto, nada é assim!"[31]

O "semi-heterônimo" Bernardo Soares, no seu *Livro do Desassossego*, fala ainda do Tudo nestes termos ilusoriamente redundantes:

"Estou farto de tudo e do tudo de tudo". [32]

---

(26) Heidegger, ao analisar o princípio da identidade, mostra como a sua formulação habitual esconde de fato a relação entre os dois termos da igualdade posta: "A fórmula A=A indica uma igualdade. Ela não apresenta A como sendo o mesmo. A forma corrente do princípio de identidade esconde precisamente o que o princípio quereria significar, isto é, que A é A, ou noutros termos que todo o A é ele mesmo o mesmo". E este princípio deveria, segundo Heidegger, ser antes enunciado como "todo o A é ele mesmo ó mesmo com ele mesmo", dado que a identidade implica uma relação marcada pela preposição "com". "Identité et Différence". In: *Questions*, I, Paris, 1968, p. 258.
(27) *Reis*, p. 211.
(28) *Campos*, p. 376.
(29) Cf. *supra*, p. 93
(30) *Pessoa*, p. 99.
(31) *Idem*, p. 96.
(32) *Livro do Desassossego*, Porto, s.d., p. 34

Ilusoriamente, dizemos, porque a determinação do Tudo pelo Tudo (como a do Nada pelo Nada) não é poeticamente irrelevante ou, supérflua. Quando Reis escreve:

> "*Nada fica de nada, nada somos*". [33]

ele dá-nos, seríamos tentados a dizer, um Nada que é mais Nada que o Nada: aquele de que nada resta. E o poeta pode daí deduzir, sabiamente, a máxima epicurista, que já lhe conhecemos, do Nada que todos nós somos:

> "... *Antes sabendo*
> *Ser nada, que ignorando:*
> *Nada dentro de nada*". [34]

O que é, indiferentemente, assumido por Pessoa em disjunção com o Tudo:

> "*Nada sou, ou fui de tudo*" [35]

dado que para ele, enfim,

> "*Tudo é sermos quem não somos*". [36]

Ser Tudo no Nada que é — que não é — tal é na verdade a ambição poética de Pessoa, que ele só poderá realizar através dos heterônimos, do poetodrama.

---

(33) *Reis*, p. 239.
(34) *Idem*, p. 233.
(35) *Pessoa*, p. 564.
(36) *Idem*, p. 540.

Dentro/Fora

> *"A nossa vida não tinha dentro.*
> *Éramos fora e outros"*
>
> BERNARDO SOARES

Se há ao longo de toda a poesia de Pessoa uma problematização constante das relações entre o sujeito e o objeto, diversamente presente em cada heterônimo, uma das oposições metafóricas em que melhor ela se manifesta é a que se exprime na dicotomia interioridade-exterioridade. Esta oposição é referida, no entanto, não a um dualismo irredutível dos dois termos no ato do conhecimento, mas a uma identidade já pressuposta dentro de cada um deles. A demarcação do sujeito e do objeto é assim posta essencialmente em questão, não coincidindo, poeticamente, com aquela dicotomia.

A exterioridade tanto pode, com efeito, ser inerente ao mundo exterior como ao mundo interior do poeta. E já vimos como a apreensão do próprio eu enquanto radicalmente estranho a si mesmo, enquanto *outro*, caracteriza justamente a subjetividade em Pessoa, sendo uma das raízes da heteronímia.

Quando o poeta "ortônimo" escreve, num poema do ciclo "Episódios":

> *"Deixo de me incluir*
> *Dentro de mim. Não há*
> *Cá-dentro nem lá fora".* [1]

---

(1) *Pessoa*, p. 60.

é toda a concepção do sujeito como simples interioridade contraposta à exterioridade do objeto que se esboroa, pulverizada pelo conhecimento poético, em que a indeterminação de ambos se consuma.

E num poema pertencente ao mesmo ciclo, Pessoa dá-nos uma imagem vívida e insinuante dessa indeterminação mútua:

> *"De quem é o olhar*
> *Que espreita por meus olhos?*
> *Quando penso que vejo*
> *Quem continua vendo*
> *Enquanto estou pensando?*
> *Por que caminhos seguem*
> *Não os meus tristes passos*
> *Mas a realidade*
> *De eu ter passos comigo?*
>
> *As vezes, na penumbra*
> *Do meu quarto, quando eu*
> *Para mim próprio mesmo*
> *Em alma mal existo,*
> *Toma um outro sentido*
> *Em mim o Universo —*
>
> *É uma nódoa esbatida*
> *De eu ser consciente sobre*
> *Minha idéia das coisas".*2

As interrogações da primeira estância, onde a identidade do sujeito se enxerta numa alteridade suposta, mas nunca definida, não chegam a encontrar uma resposta precisa na estrofe seguinte. E a indeterminação persiste ainda: indeterminação do sujeito, que para si mesmo "mal existe", e indeterminação do objeto, que não é mais do que uma "nódoa esbatida" da consciência difusa que o sujeito tem da sua "idéia das coisas"

O processo de dessubjetivização tende todavia inexoravelmente em Pessoa a uma redução da interioridade à exterioridade, tanto do objeto como do sujeito.

> *"Tudo — eu e o mundo em redor —*
> *Fica mais que exterior".*3

É este mais um dos germes que para os heterônimos (para o poetodrama) transmigrou do *Fausto,* como uma das meditações deste sobre a sua identidade subjetiva o revela:

(2) *Pessoa,* p. 61.
(3) *Idem,* p. 385.

> *"Sou qualquer coisa de exterior apenas.*
> *Consciente apenas de já nada ser. . ."* 4

Assim, a sua própria interioridade se projeta para fora do eu pessoal, tornando-se independente do suporte da subjetividade que a sustentava, o que leva Fausto a afirmar:

> *"Tornei minha alma exterior a mim".* 5

Numa palavra, o sujeito assume-se, afinal, enquanto objeto: o mundo interior confunde-se de modo indissolúvel com o mundo exterior.

Mas não é, desde logo, para Alberto Caeiro, a exterioridade ontologicamente anterior, na sua origem, à interioridade?

> *"Sim, antes de sermos interior somos exterior.*
> *Por isso somos exterior essencialmente".* 6

Indo mais longe, este heterônimo chega mesmo a pôr em dúvida a existência do sujeito:

> *"Da minha pessoa de dentro não tenho noção de realidade.*
> *Sei que o mundo existe mas não sei se existo".* 7

Coerentemente, na sua desmistificação do panteísmo poético saudosista, a cujos desvios subjetivistas polemicamente se opõe, Caeiro reduz a Natureza à simples realidade exterior, manifestação visível e aparente do Ser:

> *"Por mim, escrevo a prosa dos meus versos*
> *E fico contente*
> *Porque sei que compreendo a Natureza por fora;*
> *E não a compreendo por dentro*
> *Porque a Natureza não tem dentro;*
> *Senão não era a Natureza".* 8

Se a exterioridade é deste modo inerente ao objeto do conhecimento, ela é-o por conseguinte ao sujeito que com ele se identifica, privando-o de qualquer interioridade perceptiva: o "objetivismo absoluto" de Caeiro encontra-se aqui perfeitamente definido.

Álvaro de Campos, num tom ora de exasperação ora de desencanto, não deixa também de se ver, e de querer ser visto, na sua face existencialmente exterior, em que a subjetividade nele faz estalar todas as costuras da objetividade:

---

(4) *"Primeiro Fausto", "Terceiro Tema".* In: *O.P.* p. 448.
(5) *Idem, "Primeiro Tema",* p. 432.
(6) *Caeiro,* p. 182.
(7) *Idem,* p. 180.
(8) *Idem,* p. 156.

"Nem sei que existo para dentro"[9].

escreve na "Ode Triunfal", exclamando por outro lado na "Ode Marítima":

"Compondo fora de mim a minha vida interior!" [10]

Hipertrofiado, o próprio excesso de interioridade do sujeito o faz desbordar de si mesmo enquanto objeto, até não lhe restar, dentro e fora, mais do que o vazio.[11]

Por seu turno, Ricardo Reis, na sua concepção pagã do mundo, refere olimpicamente a um dom dos deuses a exterioridade do real:

"Esta realidade os deuses deram
E para bem real a deram externa".[12]

Nele há, ao mesmo tempo, como que uma distância de si a si mesmo, em que não aflora senão uma reminiscência do que Campos chamaria a sua "subjetividade objetiva":

"Nada de verdadeiro a nós nos une —
Somos quem somos, e quem somos foi
Coisa vista por dentro". [13]

É pois ainda em exterioridade, como "coisa", que o sujeito se reconhece, na sua visão interior de si: ele é, simultaneamente, o seu próprio objeto. E não observa Pessoa, numa das suas notas filosóficas, que "o sujeito ao ser pensado como sujeito é objeto"?[14]

Esta sobreposição, ou melhor, esta coincidência do mundo interior e do mundo exterior é ainda mais explicitamente descrita em alguns passos das prosas do *Livro do Desassossego*, de Bernardo Soares:

"Nessas horas lentas e vazias, sobe-me da alma à mente uma tristeza de todo o ser, a amargura de *tudo ser ao mesmo tempo uma sensação minha e uma coisa externa*, que não está em meu poder alterar. Ah, quantas vezes *os meus próprios sonhos se me erguem em cousas*, não para me substituírem a realidade, mas para se me confessarem seus pares em eu os não querer, *em me surgirem de fora*, como o elétrico que dá a volta na curva extrema da rua, ou a voz do apregoador noturno, de não sei que cousa, que se destaca, toada árabe, como um repuxo súbito, da monotonia do entardecer". [15]

Todo este texto, pela sua estranha sugestão poética de uma coisificação das sensações e dos próprios sonhos, põe per-

(9) *Campos*, p. 265.
(10) *Idem*, p. 274.
(11) Deste vazio interior e exterior dá limpidamente conta Jorge de Sena, ao escrever na sua carta imaginária a Fernando Pessoa: "Você não foi um mistificador, nem contraditório. Foi complexo, da pior das complexidades — a sensação do vácuo dentro e fora". *Da Poesia Portuguesa*, p. 166.
(12) *Reis*, p. 209.
(13) *Idem*, p. 233.
(14) *Textos Filosóficos*, I, p. 46.
(15) *Livro do Desassossego*. Ed. Petrus, Porto, s.d., p. 70. (Grifos nossos.)

turbadoramente em causa as fronteiras da interioridade e da exterioridade, não apenas na sua aparição fenomenológica, mas na sua essência, como este outro passo de Bernardo Soares claramente o confirma:

"Não há diferença entre mim e as ruas para o lado da Alfândega, salvo elas serem ruas e eu ser alma, o que pode ser que nada valha, *ante o que é essência das cousas*. Há um certo destino igual, porque é abstrato, para os homens e para as cousas — uma designação indiferente na álgebra do mistério". 16

Essência e aparência, finalmente, correspondem-se e identificam-se, do mesmo modo que a realidade interior e exterior, através da sua indiferenciação na linguagem poética — isso a que Pessoa chama a "álgebra do mistério" 17.

Esta álgebra não é outra senão a própria lógica da poesia, em que a identidade dos contrários torna com efeito "indiferente" a "designação" dada pelo poeta à interioridade e à exterioridade, ao sujeito e ao objeto: não residirá justamente o "mistério" poético nesta *in-diferença*, que longe de eliminar as diferenças as mantém numa mútua coexistência em que a sua reversibilidade se manifesta?

---

(16) *Idem*. (Grifo nosso.)

(17) Analisando as origens lingüísticas da "metáfora" do "mundo interior", Oscar Lopes mostra como há um cruzamento do binário intimidade-exterior com o binário essência-aparência". *Ler e Depois*, p. 42. Ele atribui-lhe todavia um caráter dialético que, como vimos, não existe em Pessoa. Aliás, este mesmo crítico, ao notar a "curiosa álgebra" que constituem os "conceitos negativos" no poeta dos heterônimos, reconhece que o seu núcleo reside na "constante alternativa e equivalência lógica entre os termos antagônicos *tudo-nada* e *real-irreal*". *Op. cit*, p. 235. É justamente essa *"equivalência lógica"* que quanto a nós define a linguagem poética de Pessoa.

Sentir/Pensar

> *"Sim, todos os meus desejos*
> *São de estar sentir pensando."*
>
> F. P.

A dualidade do sentir e do pensar, nas suas ambíguas acepções de emoção e razão, conhecimento e sensibilidade, manifesta-se com insistência na poesia heteronímica, tanto ao nível do poemodrama como do poetodrama. Pode mesmo dizer-se que ela se situa numa das linhas de fratura mais profundas da experiência poética de Pessoa em relação à poesia que lhe é anterior e anterior a *Orpheu*.

Não é no entanto na simples presença dessa dualidade que reside a sua ruptura mais radical. O que há de novo em Pessoa é a superação da irredutibilidade do sentir ao pensar, e reciprocamente. Uma vez mais a oposição reverte numa identidade dos dois termos, através da sua metamorfose poético-dramática.

Assim, ao verso-chave de Pessoa "ele mesmo", tantas vezes citado,

> *"O que em mim sente, 'stá pensando"*[1],

responde, simetricamente, este outro do poeta "ortônimo":

> *"Só meu pensamento sente"*.[2]

E nos demais heterônimos os ecos destes versos repercutem-se variamente:

(1) *Pessoa*, p. 75.
(2) *Idem*, p. 81.

"*Quanto sinto, penso*" [3]

sintetiza Ricardo Reis, na sua concisão lapidar, enquanto pateticamente Álvaro de Campos vive a indeterminação entre

"*O que eu penso ou sinto, que nem sei qual*

é, ó vida". [4]

Mas é em Alberto Caeiro que a identificação entre o pensamento e as sensações mais naturalmente se realiza, no próprio ato da percepção sensorial:

"*Penso com os olhos e com os ouvidos*
E com as mãos e os pés
E com o nariz e a boca.

Pensar numa flor é vê-la e cheirá-la
E comer um fruto é saber-lhe o sentido".[5]

Este ajustamento mútuo do pensar ao sentir e do sentir ao pensar não se traduz, no entanto, senão numa harmonia momentânea e sempre precária de ambos os termos. Há entre eles, ao mesmo tempo, uma tensão (uma dramaticidade) permanente, que toma as mais diversas formas de coincidência e incoincidência, desde a diluição um no outro até à sua irredutível exterioridade.

Se, para Pessoa "ele mesmo",

"*Basta pensar em sentir*
Para sentir em pensar"[6],

numa reversibilidade perfeita, também a momentos ele exclama:

"*Que importa, se sentir*
É não se conhecer?"[7]

Ou então, um instante exausto desse esforço de ajustar o pensamento às sensações, acaba por desalentadamente desabafar:

"*Cansa sentir quando se pensa*".[8]

Senão ainda, numa confissão de incomodidade lúcida de si mesma:

"*No mal-estar em que vivo,*
No mal-pensar em que sinto,
Sou de mim mesmo cativo,
A mim mesmo minto".[9]

(3) *Reis*, p. 238.
(4) *Campos*, p. 301.
(5) *Caeiro*, p. 148.
(6) *Pessoa*, p. 543.
(7) *Idem*, p. 100.
(8) *Idem*, p. 96.
(9) *Idem*, p. 109.

Mas de novo a promessa de uma harmonia possível, e como que preestabelecida, se lhe apresenta:

> "Sereno, acima de ti mesmo, fita
> A possibilidade erma e infinita
> De onde o real emerge inutilmente
> E cala, e só para pensares sente". 10

É nesta alternância entre um desacordo e um acordo absoluto que as relações complexas do sentir e do pensar dramaticamente se entretecem. Assim se forma, pouco a pouco, uma rede cerrada de correspondências, em que os vários fios da linguagem poética vão e vêm de heterônimo para heterônimo.

Só na linguagem poética, com efeito, pode manifestar-se, simultaneamente, essa adequação e inadequação da razão e da sensibilidade. Daí esta exasperada reflexão de Fausto acerca da impotência da linguagem comum precisamente para a comunicação do sentir e do pensar:

> "Desespero de ouvir-me assim dizer
> Isso que n'alma tenho. Sinto-o, sinto-o
> E só falando não me compreendo".|11

Alberto Caeiro põe em termos diferentes, mas afinal idênticos, o mesmo problema da linguagem como ponte entre as sensações e o pensamento:

> "Procuro dizer o que sinto
> Sem pensar em que o sinto.
> Procuro encostar as palavras à idéia
> E não precisar dum corredor
> Do pensamento para as palavras". 12

Os dois primeiros versos desta estrofe revelam-nos o desejo do poeta de colmatar a brecha, a distância que vai da sensação às palavras, sem passar pelo istmo do pensamento. Mas embora o seu sentido aparente seja o da excrescência do pensar perante a pura expressão do sentir, os versos seguintes logo explicitam a verdadeira significação que lhes está pressuposta: o poeta não busca senão "encostar as palavras à idéia", sem necessidade de um "corredor do pensamento para as palavras". Não é pois de uma ablação do pensamento que se trata, mas da sua identificação íntima, na linguagem poética, com a sensibilidade: a "idéia" é finalmente, no poema, sinônimo de sensação, o que está aliás perfeitamente em correspondência com a concepção do conhecimento subjacente à poética de Caeiro.

(10) *Idem*, p. 486.
(11) *"Primeiro Fausto"*, *"Segundo Tema"*. In: *O.P.* p. 440.
(12) *Caeiro*, p. 164.

Esta obsessão do preenchimento desse hiato entre as sensações, o pensamento e as palavras, que aflora a cada passo nos poemas dos heterónimos, é ressentida por uma das Veladoras de *O "Marinheiro"* como a experiência do limite e ao mesmo tempo da necessidade de toda a linguagem: "Não falemos mais Por mim, cansa-me o esforço que fazeis para falar . . . Dói-me o intervalo que há entre o que pensais e o que dizeis . . . A minha consciência bóia à tona da sonolência apavorada dos meus sentidos pela minha pele . . . Não sei o que é isto, mas é o que sinto   Preciso de dizer frases confusas, um pouco longas, que custem a dizer . . . Não sentis tudo isto como uma aranha enorme que nos tece de alma a alma uma teia negra que nos prende?" [13]

A metáfora da aranha tecendo a sua teia é aqui a do poeta criando a sua linguagem, em que apenas pode captar como frágeis sinais as sensações e os pensamentos, que os múltiplos filamentos vão retransmitindo. É esse trabalho de Penélope que cada heterónimo a seu modo poeticamente prossegue.

Como vimos, Alberto Caeiro começa por buscar a identificação do sentir e do pensar num aparente exorcismo deste último:

> *"Penso nisto, não como quem pensa, mas*
> *como quem respira".* [14]

Ou mais sutilmente ainda:

> *"Vou onde o vento me leva e não me*
> *Sinto pensar".* [15]

Não se sentir pensar não será, no entanto, equivalente no fundo a pensar sentindo, numa consubstanciação plena em que o desdobramento da consciência e das sensações inteiramente se anula? É o que noutro poema Caeiro, num dos seus breves devaneios de "pastor amoroso", mais claramente sugere:

> *"E eu quase me esqueço de sentir só de pensar nela"* [16]

Na verdade, o pensamento, mesmo renegado, acaba por reaparecer inevitavelmente assimilado à consciência sensível: não pensa Caeiro, no fim de contas, com os próprios órgãos dos sentidos? Veremos mais adiante como, em certos poemas, o "mestre" viola explicitamente a sua poética das "sensações das coisas tais como são", deixando-se contaminar pela "doença"

---
(13) *O Marinheiro*. In: *O.P* p. 419
(14) *Caeiro*. p. 160.
(15) *Idem*. p. 184.
(16) *Idem*. p. 169.

do pensamento. Ao encontrar para isso uma explicação de ordem patológica, Caeiro não faz senão reconhecer que se trata da paisagem noturna da sua alma, a qual continua a ser pura e simplesmente, nas suas precisas palavras, "a mesma ao contrário"[17]. Sentir e pensar são assim, uma vez mais, o verso e o reverso dessa identidade dos opostos que caracteriza a linguagem poética de Pessoa.

Para Álvaro de Campos, as sensações, levadas ao seu excesso, desembocam também no pensamento, como se este não fosse mais do que um limite para o qual elas tendem:

"*Como à força de sentir, fico só a pensar*". [18]

O que um outro verso seu negativamente confirma:

"*Senti de mais para poder continuar a sentir*". [19]

Veremos, ao estudar a poesia deste heterônimo, como uma das características essenciais da sua linguagem poética é justamente a expressão cumulativa e desbordante do sentir, ou, como Campos escreve na "Ode Triunfal",

"*um excesso de expressão de todas as sensações*". [20]

Tal é o fundamento do "Sensacionismo", de que ele é o principal porta-voz teórico.

Mas se a exacerbação da sensibilidade a leva ao seu prolongamento no pensar, este não pode deixar de a reconduzir, por sua vez, ao sentir:

"*Quero pensar, mas dói-me o que irei concluir.
O sonho pesa-me antes de o ter. Sentir
É tudo uma coisa como qualquer coisa que já vi*".[21]

E a circularidade do processo recomeça sempre e sem fim: a contigüidade das sensações e do pensamento é inerente à essência do que Campos chama a sua "metafísica":

"*Não há sossego de pensar nas propriedades das coisas,
Nos destinos que não desvendo,
Na minha própria metafísica, que tenho porque penso*

e sinto". [22]

---

(17) *Idem*, p. 150.
(18) *Campos*, p. 356.
(19) *Idem*, p. 285.
(20) *Idem*, p. 260.
(21) *Idem*, p. 316.
(22) *Idem*, p. 323.

Importa a este propósito salientar que Campos, num dos seus textos filosóficos, observa que mesmo "o abstrato e o absoluto podem ser sentidos e não só pensados, pela simples razão de que tudo pode ser, e é, sentido"[23].

O heterônimo em que o equilíbrio entre o sentir e o pensar poderia parecer mais perfeitamente estabelecer-se seria Ricardo Reis, já que, como vimos, ele diz pensar quanto sente. Mas importa atentar numa sutil e importante distinção de Reis entre a sensação e o seu objeto, que são para ele independentes:

> "O que sentimos, não o que é sentido.
> É o que temos".[24]

O pensamento aparece-lhe, pois, homologamente, como alheio a esse mesmo objeto da sensação:

> "Tudo, desde ermos astros afastados,
> A nós nos dá o mundo.
> E a tudo, alheios, nos acrescentamos,
> Pensando e interpretando".[25]

Se há, finalmente, como que um acordo mútuo (e diríamos tácito) entre sentir e pensar, ele é feito de uma simples coexistência, em exterioridade a um comum objeto. Só a presença superior de um destino, sobrepondo-se-lhes, vem harmonizá-los na sua fatal inanidade, como nestes definitivos versos de uma ode de Reis:

> "Assim no mundo acima do que sinto
> Um vento faz a vida, e a deixa, e a toma
> E nada tem sentido — nem a alma
> Com que penso sozinho".[26]

Percorrida assim a trama das relações temáticas do germe sentir-pensar nos vários heterônimos, resta ainda ver como ela encontra uma expressão diversificada na linguagem poética de cada um deles. Com efeito, certas coincidências de superfície ao nível dos significados são por vezes enganadoras quanto ao sentido profundo dos pontos de contato entre um e outro heterônimo.[27] Para ver um exemplo frisante, entre dois sintagmas poéticos como "o que em mim sente 'stá pensando" (de Fernando Pessoa "ele mesmo") e "quanto sinto, penso" (de Ricardo Reis) há, para além de uma aparente identidade

---

(23) O que é a metafísica? *Athena* n. 2, citado in: *Textos Filosóficos*. I. p. 15.
(24) *Reis*, p. 233.
(25) *Idem*, p. 236.
(26) *Idem*, p. 231.
(27) Nessa medida nos parece demasiado esquemática uma formalização das relações entre os heterônimos baseada na simples aproximação das unidades temáticas, como a que propõe Mário de Sacramento ao pretender demonstrar a respectiva concordância através de um quadro exemplificativo dos seus principais pontos de contato. *Fernando Pessoa, poeta da hora absurda*. Nota F, p. 153.

semântica, uma heterogeneidade da estrutura lingüística do significante, que nem por ser mais evidente ao nível da expressão deixa de traduzir-se numa diferença quanto às relações dos significados sentir-pensar. Com efeito, enquanto em Fernando Pessoa "ele mesmo" estamos perante a sugestão de uma simultaneidade, ou melhor, de uma fusão íntima dos dois planos — sensorial e racional — da consciência, que se corporiza no ritmo ondulatório do verso, já em Ricardo Reis assistimos a uma simples articulação abstrata de conceitos, que corresponde à relação de exterioridade entre os dois termos por nós constatada na sua poesia. Sentir pensando não é o mesmo que pensar-se o que se sente: no primeiro caso, a consubstanciação é plena e imediata, como a própria intransitividade de ambos os verbos o revela; no segundo, a sua transitividade implica que um deles seja o complemento do outro, tornando-se assim o seu objeto. Por outro lado, à fluidez da expressão poética de Pessoa "ele mesmo" contrapõe-se a condensação verbal de Reis, características que como a seguir mostraremos, ao analisar a sua inserção no poetodrama, definem a originalidade das suas linguagens.

Nelas veremos, sintagmaticamente, proliferar a germinação das oposições paradigmáticas que temos vindo a estudar, prolongadas em todas as outras — não analisadas aqui em detalhe — que delas decorrem. Tal será a forma de existência poética própria a cada heterônimo.

III. O POETODRAMA

O Sistema Poetodramático

> *Esta intenção, chamo-a Transposição, Estrutura — uma outra.*"
>
> MALLARMÉ

Quer o procuremos surpreender na sua gênese, quer o tentemos agarrar na sua estrutura, o poetodrama apresenta-se-nos como um sistema múltiplo de relações entre os heterônimos, em que a individualidade de cada um — o que constitui a sua *diferença* — não só se sustenta sobre o conjunto dos outros mas se define pela sua posição perante um qualquer dentre eles. A obra poética de Pessoa não é pois estruturalmente fixa nem fechada, mas em constante eclosão e circulação dramática. Mais do que o sistema em si mesmo, o que na poesia heteronímica importa é o "jogo do sistema" (o "sistemático"), para usar uma designação de Roland Barthes.[1]

Há assim como que um movimento de imbricação complexa das várias faces do conglomerado poliédrico do poetodrama, tal como o próprio poeta o visualiza:

> "*Tirar da alma os bocados precisos — nem mais nem menos —*
> *Para com eles juntar os cubos ajustados*
> *Que fazem gravuras certas na história*
> *(E estão certos também do lado de baixo que se não vê. . .)*"[2]

---

(1) "Face ao sistema, monológico, o sistemático é dialógico (põe em prática ambigüidades, nada sofrendo com as contradições); (. . .) o sistemático não cura de aplicação (senão a título de um puro imaginário, de um teatro de discurso)". *Sade, Fourier, Loyola*, Paris, 1971, p. 115. É precisamente este "teatro do discurso" (poético) que caracteriza o poetodrama.

(2) *Campos*, p. 328.

A metáfora que melhor poderia sugerir esta interconexão seria talvez, no entanto, a de uma galáxia, em que os diversos astros se moveriam segundo órbitas entrecruzadas. Não se aplicará exatamente ao poetodrama a concepção de um sistema constituído por uma infinidade de sistemas, que Pessoa descreve num dos fragmentos do *Fausto?*

> Nos vários céus estrelados
> Que estão além da razão
> Sob a regência de fados
> Que ninguém sabe o que são
> Há sistemas infinitos
> Sóis centros de mundos seus.
> E cada sol é um Deus.
> Eternamente excluídos
> Uns dos outros, cada um
> É universo".[3]

Se o todo da galáxia ilumina o mínimo dos astros, estes irradiam a sua luz (própria ou refletida) sobre o todo, e portanto uns sobre os outros (inclusive, indiretamente, sobre si mesmos), numa intersecção sem fim de cintilações recíprocas.

Num dos seus textos filosóficos, Pessoa precisa ainda mais claramente a sua visão deste sistema de sistemas: "Todas as coisas adentro de um sistema solar são movimentos em torno a outras coisas, como o próprio exemplo do sistema, o dos vários planetas em torno ao sol. Este nosso sistema solar, obedecendo a essa lei, deve, por sua vez, girar, com todos os seus astros, em torno ao que lhe serve de sol — ele e outros sistemas solares. Procedendo assim indefinidamente, temos que conceber o sistema do universo como, ao mesmo tempo que tende para um centro cada vez mais centro, tendendo ao mesmo tempo para o infinito"[4].

Esta insistência no símile astronômico (ou astrológico?) indica que este deve ter aparecido a Pessoa como o protótipo do sistema poético dos heterônimos, a cuja criação meteu ombros. Poderemos servir-nos pois aqui dele como modelo e ponto de partida para a análise do poetodrama.

Ao descrever a emergência dos heterônimos da nebulosa inicial, Pessoa parece colocar no seu centro Alberto Caeiro. É em função do "mestre" que se determinam, em órbitas poéticas diferentes, os demais elementos da constelação poetodramática: "Este Alberto Caeiro teve dois discípulos e um continuador filosófico. Os dois discípulos, Ricardo Reis e Álvaro de Campos, seguiram caminhos diferentes; tendo o primeiro intensificado e tornado artisticamente ortodoxo o paganismo descoberto por

---
(3) *"Primeiro Fausto", "Primeiro Tema"*. In: *O.P.* p. 425.
(4) "A Metaphysical Theory", *Textos Filosóficos*, I, p. 28.

Caeiro, e o segundo, baseando-se em outra parte da obra de Caeiro, desenvolvido um sistema inteiramente diferente, baseado nas sensações. O continuador filosófico, Antônio Mora (os nomes são inevitáveis, tão impostos de fora como as personalidades) tem um ou dois livros a escrever, onde provará a verdade, metafísica e poética, do paganismo".[5]. Este processo de gestação estende-se ainda de resto ao "ortônimo" Fernando Pessoa, iluminado ele mesmo pelo "mestre": "Assim (Caeiro), operando sobre mim mesmo, me livrou de sombras e farrapos, me deu mais inspiração à inspiração e mais alma à alma"[6].

O magistério de Caeiro é retomado de vários modos em sucessivos apontamentos de Pessoa, como se constituísse uma espécie de tronco comum do que poderíamos chamar a genealogia iniciático-poética dos heterônimos: "Alberto Caeiro, que se tem por nascido em 1889 e morto em 1915, escreveu poemas com uma, e determinada, orientação. Teve como discípulos — oriundos, como tais, de diversos aspectos dessa orientação — aos outros dois: Ricardo Reis, que se considera nascido em 1887, e que isolou naquela obra, estilizando, o lado intelectual e pagão; Álvaro de Campos, nascido em 1890, que nela isolou por assim dizer o lado emotivo, a que chamou sensacionista"[7].

Os textos que acabamos de citar mostram-nos, ao mesmo tempo, como na elaboração desta genealogia intervém, ao lado da filiação poético-pessoal, a filiação por assim dizer estético--filosófica dos heterônimos, como já acima notamos.[8] A trilogia Caeiro-Reis-Campos, a que importa acrescentar sob certos aspectos o poeta "ortônimo", insere-se intertextualmente no plano de uma elaboração teórica a que mais amplamente Pessoa se votou, e de que o "Sensacionismo" e o "Paganismo" são as expressões mais acabadas. Assim, numa nota com a data provável de 1916, ele escrevia: "Se a avaliação dos movimentos literários se deve fazer pelo que trazem de novo, não se pode pôr em dúvida que o movimento Sensacionista é o mais importante da atualidade. É tão pequeno de aderentes quão grande de beleza e vida. Tem só 3 poetas e tem um precursor inconsciente. Esboçou-o levemente, sem querer, Cesário Verde. Fundou-o Alberto Caeiro, o mestre glorioso (. . .). Tornou-o, logicamente, neoclássico o Dr. Ricardo Reis. Modernizou-o, paroxiza-o — verdade que descrevendo-o e desvirtuando-o — o estranho e intenso poeta que é Álvaro de Campos. Estes quatro — estes três nomes valem toda uma época literária"[9]. Por outro lado, num prefácio à edição prevista dos poemas de Alberto Caeiro,

(5) *Páginas Íntimas e de Auto-Interpretação*. pp. 97-98.
(6) *Idem*, p. 110.
(7) Tábua Bibliográfica. *Presença*. n. 17.
(8) Cf. *supra*, p. 15.
(9) *Páginas Íntimas e de Auto-Interpretação*, p. 168.

publicado em 1931 pela revista *Presença*. Álvaro de Campos refere a obra do "mestre" e dos seus discípulos ao "Paganismo": "O meu mestre Caeiro não era um pagão, era o paganismo. O Ricardo Reis é um pagão, o Antônio Mora era um pagão, eu sou um pagão; o próprio Fernando Pessoa seria um pagão, se não fosse um novelo embrulhado para o lado de dentro. Mas o Ricardo Reis é um pagão por caráter, o Antônio Mora é um pagão por inteligência, eu sou um pagão por revolta, isto é, por temperamento. Em Caeiro não havia explicação para o paganismo; havia consubstanciação".[10]

As convergências e as divergências que a partir de uma identidade de origem se manifestam entre os heterônimos, qualquer que seja a "explicação" para isso proposta ou sugerida, traduzem-se neste jogo constante de ações e reações através do qual, ao descreverem as respectivas órbitas, eles vão assumindo e criando os sistemas no sistema que constituem como vimos o poetodrama.

Se bem atentarmos, Alberto Caeiro não é no entanto o germe exclusivo de onde viriam a nascer, por cissiparidade, os outros heterônimos: ele é apenas um pólo mais forte, um sol mais incandescente e vivo, à roda do qual vemos girar os demais astros do sistema.[11] Esta posição nuclear advém-lhe de ser Caeiro a criação por assim dizer mais pura e perfeita de Pessoa, ou, se se quiser, o heterônimo que leva até às últimas conseqüências a sua existência enquanto "pessoa" poética, ou "estética", como também diz. E Pessoa insiste, justamente, na radical "novidade" do poeta de *O Guardador de Rebanhos*: "até a novidade e a maneira de ser novo são novidades em Caeiro".[12]

Para sermos mais rigorosos deveríamos, no entanto, conceber o sistema poético de Pessoa como possuindo dois pólos dominantes, que exercem simultaneamente um efeito de atração e de repulsão, quer um sobre o outro, quer sobre os demais astros que em torno deles gravitam: um desses pólos (privilegiado) encarnaria em Caeiro, o outro em Fernando Pessoa "ele mesmo". O primeiro seria, numa certa medida, o heterônimo mais descentrado em relação à personalidade individual do poeta, mas por isso mesmo o mais central enquanto sujeito poético; o segundo, o mais próximo da sua identidade pessoal — daí que lhe tenha conservado o nome privado — e portanto, poeticamente, "impuro e simples".[13] Por outras

---

(10) *O.P.*, p. 189.
(11) Segundo Òctavio Paz, "Caeiro é o sol e em torno dele giram Reis, Campos e o próprio Pessoa". *"El desconocido de sí mismo"*. In: *Cuadrivio*, ed. cit., p. 145. Esta mesma metáfora solar e planetária se encontra na poesia de Pessoa, mas não apenas centrada à volta de Caeiro. Assim, Campos fala dos "outros satélites da (sua) subjetividade objetiva" *O.P.*, p. 319. Neste sentido, seria pois mais justo dizer que cada heterônimo é simultaneamente um sol e um satélite: é por isso que à metáfora do sistema solar preferimos acima a da galáxia, que engloba uma multiplicidade de sistemas interdependentes.
(12) *Páginas Íntimas e de Auto-Interpretação*. p. 345
(13) Cf. *supra*. p. 17.

palavras: Caeiro poderá ser considerado, tendencialmente, como o pólo objetivo [14], Pessoa "ele mesmo" como o pólo subjetivo do sistema ao mesmo tempo plurissubjetivo e pluriobjetivo do poetodrama. Não tinha Pessoa profetizado, no seu ensaio sobre *A Nova Poesia Portuguesa* — pensando já talvez na sua própria predestinação poética — que "o grande poeta proximamente vindouro realizaria o máximo equilíbrio da subjetividade e da objetividade"? [15]

Veremos como cada um dos heterônimos se poderá definir em função da sua maior ou menor proximidade destes dois pólos, que ao agir em sentidos contrários estão inexoravelmente entre si ligados.

Se as referências de Pessoa às relações entre os vários poetas por ele postos dramaticamente em cena são por vezes cambiantes, elas traduzem-se sempre numa discriminação dos elementos que, dentro da comunidade heteronímica, os diferenciam. Ao descrever, por exemplo, um encontro imaginário com Alberto Caeiro, Campos escreve: "Foi durante a nossa primeira conversa... Como foi não sei, e ele disse: 'Está aqui um rapaz, Ricardo Reis, que há de gostar de conhecer: ele é muito diferente de si'. E depois acrescentou: 'tudo é diferente de nós, e por isso é que tudo existe'". [16]

Pessoa revela deste modo uma consciência aguda do que hoje chamaríamos os fundamentos estruturais da heteronímia: a existência poética dos heterônimos implica a manifestação das suas diferenças mútuas, a partir de um fundo comum de identidade. [17] Só nessa medida poderá determinar-se, para cada heterônimo, através do jogo sistemático do poetodrama, aquilo que Pessoa chama a sua "forma própria".

Esta forma assume diversos níveis de diferenciação, que se situam tanto no "plano do conteúdo" como no "plano da expressão". O que Pessoa bem pressente ao distinguir ele próprio a "substância" da "forma", na obra heteronímica: esta é, segundo ele, "de *substância dramática*, embora de *forma vária*". [17] Temos pois que buscar, segundo ele, a "personalidade" de cada heterônimo tanto nas suas "idéias" e "emoções" como no que chama ainda a sua "índole expressiva". [18]

É o que, pela nossa parte, tentaremos aqui fazer, através de um estudo individualizado dos heterônimos, sem perder nunca de vista que se trata apenas de uma tentativa de os surpreender,

---

(14) Ricardo Reis define o paganismo de Caeiro como um "objetivismo total", ou ainda como uma "tendência constante para um objetivismo total". *Páginas Íntimas e de Auto-Interpretação*, p. 365.
(15) *A Nova Poesia Portuguesa*, 2ª ed., Lisboa Inquérito, s.d.
(16) O.P. p. 188. Como escreve Jacques Derrida, "sem um traço retendo o outro como outro no mesmo, nenhuma diferença se produziria e nenhum sentido apareceria". *De la Grammatologie*, p. 92.
(17) *Páginas Íntimas e de Auto-Interpretação*, p. 95. (Grifos nossos.)
(18) *Idem, ibidem.*

sincronicamente, na conjunção diacrônica das respectivas órbitas.

Enquanto que ao tentar agarrar algumas das pontas que nos permitiram ir desdobando os fios da trama poemodramática procuramos antes de mais partir dos elementos de significado, vendo-os germinar de poeta em poeta, intentaremos agora surpreender também esses germes do lado do significante, analisando a forma da expressão de cada heterônimo. Se o nosso ponto de partida (e de chegada) tende ainda aqui para uma determinação da especificidade das respectivas linguagens poéticas, não poderemos verdadeiramente prossegui-lo senão através do espaço dialógico de escritas-leituras em que essas linguagens dramaticamente se vão tecendo. Eis por que buscaremos, tanto quanto possível, confrontá-las a cada passo na cena do poetodrama.

Uma simples análise de um ponto de vista "estilístico" tradicional não poderia oferecer-nos, no melhor dos casos, mais do que um recenseamento, idealmente exaustivo, do conjunto dos elementos do sistema significante de cada heterônimo; trabalho de exegese útil sem dúvida, mas insuficiente para apreender o jogo das identidades e das diferenças que se manifestam entre as linguagens dos heterônimos.[19] Ao preferir pela nossa parte à noção de "estilo" a escrita-leitura, em que código e mensagem reversivelmente se confundem, abordaremos assim, a nosso ver, segundo uma perspectiva mais fecunda, o sistema plural da poesia heteronímica, na medida em que se traduz numa multiplicidade de formas de aglutinação dos significantes.

Tendo Pessoa concebido, como sabemos, uma poética para cada heterônimo (senão ainda, por vezes, várias poéticas para alguns deles), deixou-lhes tacitamente, do mesmo passo, o cuidado de se lerem eles próprios entre si: e é isso sem dúvida o que de mais significativo se revela nas relações entre a sua poesia e as concepções teóricas ou críticas de que variamente se reclamam. Não temos pois, em verdade, mais do que referir-nos aqui a essas leituras como a outros tantos códigos que às escritas correspondentes nos reenviam.

Se há com efeito uma coerência interna entre os textos que Pessoa consagrou ao fenômeno poético em geral e à sua criação em particular, importa sobretudo detectá-la nesse vaivém das leituras recíprocas dos heterônimos: Caeiro, por exemplo, é diferentemente lido por Ricardo Reis e Álvaro de Campos, e estes lêem-se por sua vez um ao outro em função dos "preconceitos"

---

(19) Roland Barthes observa a este respeito que "a leitura não consiste em fixar a série dos sistemas (. . .); ela consiste em embraiar estes sistemas, não segundo a sua quantidade finita mas segundo a sua pluralidade (que é um ser, não uma contagem)". *S/Z. op. cit.*, p. 18.

estético-poéticos a que aderem. Mas é no fim de contas nos seus próprios poemas que iremos encontrar explicitada (quando não oculta) a leitura que eles propõem (ou subentendem). Como sempre, linguagem e metalinguagem poética interpenetram-se e retomam-se, no jogo do sistema poetodramático.

Servir-nos-ão desde logo de referência liminar as reflexões fragmentárias que Pessoa consagrou ao problema das relações entre a poesia e a linguagem, com uma constância que as repetições e as glosas insistentes não deixam de acentuar.

Assim, num projeto de ensaio com o título *Literatura e poesia,* vemo-lo que escreve: "A poesia é sem dúvida, e no que a boa lógica tem só de boa lógica, uma espécie de gênero de literatura. Esta é a arte que se forma com palavras; aquela a espécie dela que se forma com palavras dispostas de determinada maneira". E Pessoa cita Coleridge: "A prosa é as palavras dispostas na melhor ordem; a poesia as melhores palavras dispostas na melhor ordem". Acrescentando apenas, sibilina e prudentemente: "Assim é, ou quase assim".[20]

Se analisarmos de perto os termos e as implicações deste texto encontraremos aí expressa uma concepção da poesia que é extraordinariamente próxima da que, na esteira dos formalistas russos, Roman Jakobson apresenta como modelo possível da linguagem poética, quando escreve que "a função poética projeta o princípio de equivalência do eixo da seleção sobre o eixo da combinação"[21] Sem recorrer evidentemente a uma terminologia lingüística, Pessoa (como Coleridge) tem a intuição perfeita de que a poesia implica uma transposição do plano paradigmático sobre o plano sintagmático da linguagem. Ele parece pressentir deste modo que, como diz Roland Barthes, "é sempre portanto, segundo parece, nas fronteiras entre esses dois planos que se joga a criação".[22]

Na sua forma de caracterizar as linguagens poéticas dos heterônimos, Pessoa aproxima-as de um ou outro dos dois pólos (a prosa e a poesia) que em seu entender dominam a "arte" da linguagem: "A arte, que se faz com a idéia, e portanto com a palavra, tem duas formas — a poesia e a prosa. Visto que ambas elas se formam de palavras, não há entre elas uma diferença substancial".[23] A diferença ("acidental") que apesar de tudo subsiste reside para Pessoa na organização das palavras, isto é, no que ele chama o ritmo: "Poesia e prosa não se distinguem, pois, senão pelo ritmo (. . .) O ritmo consiste numa distribuição

---

(20) *Páginas de Estética e de Teoria e Crítica Literárias.* p. 79.
(21) "La Poétique". In: *Essais de Linguistique Générale.* Paris, 1969. p. 220.
(22) *Eléments de Sémiologie.* Ed. Gonthier, p. 162.
(23) *Páginas de Estética e de Teoria e Crítica Literárias.* pp. 75-76.

de palavras, que são sons, e de pausas, que são falta de som".[24] E Pessoa compara esta alternância à "graduação do ser e do não-ser" — o que estabelece, como se vê, um acordo entre o princípio que preside à estrutura dos significados e o que rege a forma da expressão, se quisermos reportar-nos à sua própria poesia.

Ora, como escreve por outro lado Pessoa, "há ritmo na prosa e há ritmo no verso. No verso, porém, o ritmo é essencial; na prosa não é, é acessório — uma vantagem, mas não uma necessidade. No fundo não há verso nem prosa . . ."[25] O que equivale, por outras palavras, a afirmar que não se pode caracterizar um qualquer texto literário senão pela sua maior ou menor proximidade de cada um destes dois tipos de discurso que o polarizam. Eles correspondem, tendencialmente, aos pólos metafórico e metonímico da linguagem, sendo a poesia dominada pela metáfora e a prosa pela metonímia.[26]

Os heterónimos situam-se, precisamente, dentro do sistema poetodramático, em função desta bipolarização: Caeiro e Campos tenderiam para a "prosa", Pessoa "ele mesmo" e Ricardo Reis para a poesia. Não vemos nós, na verdade, pela pena crítica deste último, os poemas de Caeiro serem apelidados de "versos sem ritmo", de "prosa falsamente contada"[27], do mesmo modo que para ele "o que verdadeiramente Campos faz, quando escreve em verso, é escrever prosa ritmada (...)".[28]

Que a criação heteronímica gira à roda da oposição da prosa e da poesia temos disso por assim dizer a prova negativa nas "figuras" que, segundo Pessoa, não chegam a destacar-se de si mesmo enquanto verdadeiros sujeitos poéticos, não sendo mais do que "personalidades literárias". É o caso, sabemo-lo já, do "semi-heterónimo" Bernardo Soares, como também o do Barão de Teive e de Vicente Guedes.[29] Estas figuras não se singularizam, em relação à personalidade do poeta, senão por "idéias e sentimentos próprios", sem que o seu estilo se individualize[30]: "Bernardo Soares e o Barão de Teive (...)

---

(24) *Idem, ibidem*. Deparamos ainda aqui com uma convergência entre Pessoa e a concepção de R. Jakobson segundo a qual "a equivalência é promovida à categoria de procedimento constitutivo da seqüência", de tal modo que "em poesia (. . .) pausa sintática iguala pausa sintática, ausência de pausa iguala ausência de pausa (...)" *Essais de Linguistique Générale* p. 220.

(25) Citado por Eduardo Freitas da Costa, In: *Poemas Dramáticos de Fernando Pessoa*, ed. cit., p. 32.

(26) A equivalência metonímia - prosa e metáfora - poesia foi posta em evidência pelos formalistas russos, a partir de um estudo de Boris Eikhenbaum sobre a poesia de Ana Akhmatova (1923), sendo retomada em seguida por R. Jakobson no seu ensaio sobre a prosa de Boris Pasternak (1935). Cf. "Notes marginales sur la prose du poète Pasternak". In: *Poétique*, 7, 1971.

(27) *Páginas Íntimas e de Auto-Interpretação*, p. 352.

(28) *Idem*, p. 397.

(29) Fernando Pessoa tinha pensado atribuir o *Livro do Desassossego* a Vicente Guedes, "empregado de comércio", o que lhe dá uma certa afinidade com Bernardo Soares, que por seu lado era "guarda-livros".

(30) Pessoa distingue ainda dois níveis nestas "personalidades literárias": há, num "grau inferior", as que não se diferenciam de si senão pelas idéias (caso, por exemplo, do autor da novela *O Banqueiro Anarquista*) e, num "grau superior", aquelas em que "a personalidade (se) distingue por idéias e sentimentos próprios" (caso de Bernardo Soares). Cf. *O.P.* p. 130.

escrevem com a mesma substância de estilo, a mesma gramática e o mesmo tipo e forma de propriedade: é que escrevem com o estilo que, bom ou mau, é o meu".[31]

A razão pela qual Pessoa não os insere nas *Ficções do Interlúdio,* volume em que pensava reunir o conjunto dos heterônimos, é todavia ainda mais precisa: eles escrevem somente em prosa, enquanto "nas 'Ficções do Interlúdio' predomina o verso".[32] Pessoa escreve expressamente (e por isso o grifamos) "predomina", o que significa que o verso não é aí exclusivo, mas apenas privilegiado. A tal ponto que o poeta descobre, apesar de tudo, "notáveis semelhanças (...) entre Bernardo Soares e Álvaro de Campos"[33], sendo este, com Caeiro, um dos heterônimos em que o pólo prosaico é dominante. Complementarmente, Pessoa tinha pensado atribuir alguns dos seus poemas ortônimos (como "Chuva Oblíqua" e "Passos da Cruz") a Bernardo Soares, ou ainda a Vicente Guedes ("Visão"). Mas ele observa, numa nota, que "Soares não é poeta" e que "a sua poesia é imperfeita e sem a continuidade que tem na prosa; os seus versos são o lixo da sua prosa, aparas do que escreve a valer".[34]

Essa hesitação, e finalmente a decisão de excluir Bernardo Soares do poetodrama,[35] mostra bem como a criação dos heterônimos está intimamente ligada, em Pessoa, à sua concepção de uma estrutura bipolar da linguagem. Será pois sobremodo significativo pôr em confronto a concepção de Soares acerca da diferença entre a prosa e a poesia com as concepções que a este mesmo respeito têm os vários heterônimos.

Num dos fragmentos do *Livro do Desassossego*[36], Bernardo Soares começa por invocar como justificação da sua preferência pela prosa a sua própria "incapacidade de escrever em verso". Mas a esta motivação, que reconhece ser puramente pessoal, e portanto não suscetível de ser generalizada, ele acrescenta uma outra que, em sua opinião, "toca no sentido íntimo de toda a valia da arte". Ela refere-se ao problema das relações entre o verso, a prosa e a música, com que seremos mais adiante confrontados a propósito da linguagem poética dos heterônimos, e em particular de Pessoa "ele mesmo". Soares escreve a este respeito: "Considero o verso como uma coisa intermédia, uma passagem da música para a prosa. Como a

---

(31) *O.P.* p. 129.
(32) *Idem,* p. 130.
(33) *Idem,* p. 129.
(34) *Idem,* p. 695.
(35) É essa a razão porque, precisamente, fiéis à nossa norma de tomar à letra não só as escritas poéticas dos heterônimos mas as respectivas leituras, não incluiremos também aqui Bernardo Soares e as outras "personalidades literárias" no estudo individual dos poetas que constituem o poetodrama. Parece-nos necessário, no entanto, ter em conta esta diferença estrutural que os opõe aos heterônimos, a fim de melhor apreender os fundamentos do sistema poetodramático.
(36) Cf. *Arte e Cultura.* Porto, Ed. Petrus, s.d., pp. 31-32.

música, o verso é limitado por leis rítmicas, que, ainda que não sejam as leis rígidas do verso regular, existem todavia como resguardos, coações, dispositivos automáticos de opressão e castigo. Na prosa falamos livres. Podemos incluir ritmos musicais, e contudo pensar. Podemos incluir ritmos poéticos, e contudo estar fora deles. Um ritmo ocasional de verso não estorva a prosa; um ritmo ocasional de prosa faz tropeçar o verso"..[37] A prosa torna-se assim, para Bernardo Soares, a arte suprema da linguagem, pela sua própria latitude e liberdade: "Na prosa se engloba toda a arte — em parte porque na palavra se contém todo o mundo, em parte porque na palavra livre se contém toda a possibilidade de o dizer e pensar". E ele reporta em conseqüência sobre a prosa, os caracteres específicos às diversas artes: a "cor" e a "forma" da pintura, o "ritmo" da música, a "estrutura" arquitetural, a "realidade" criada pelo escultor, "a poesia enfim em que o poeta, como o iniciado em uma ordem oculta, é servo, ainda que voluntário, de um grau e de um ritual". [38] Tendencialmente, "em um mundo civilizado perfeito não haveria outra arte que não a prosa". E assim "a poesia ficaria para as crianças se aproximarem da prosa futura; que a poesia é, por certo, qualquer coisa de infantil, de mnemônico, de auxiliar e inicial" [39].

Podemos tentar compreender agora qual o alcance desta exaltação da prosa em relação à poesia, da parte de Bernardo Soares: uma vez que este tinha sido excluído do poetodrama — antipoeta como era — importava necessariamente a Pessoa, por um movimento de contradição inerente à sua lógica própria, levar até ao outro extremo as suas concepções literárias, segundo as quais a prosa absorve finalmente a poesia.

Em boa verdade, no entanto, um estudo minucioso dos textos do *Livro do Desassossego* far-nos-ia descobrir neles uma organização, e mesmo uma orquestração rítmica, que releva não somente — como Pessoa não deixou de o notar — da poesia de um Álvaro de Campos, mas ainda da tonalidade musical dos poemas de Fernando Pessoa "ele mesmo". Não afirma de resto o poeta ortônimo que um dos "acidentes" que "pesam como grandes fardos no (seu) discernimento intelectual" é o de "distinguir tal composição musicante de Bernardo Soares de uma composição de igual teor que é a (sua)"? [40]

Esta dificuldade — se não impossibilidade — de traçar uma fronteira nítida entre a poesia e a prosa, ressentida acerca

---
(37) *Op. cit.* p. 131.
(38) Anote-se, de passagem, a concepção esotérica da poesia, que é essencial para Pessoa. Cf. *infra*, p. 245 e ss.
(39) *Op. cit.* p. 129.
(40) *O.P.* p. 129.

de Bernardo Soares e da sua promoção ou não à categoria de heterónimo (ele fica, justamente, a meio caminho entre a personalidade do seu criador e a de um "poeta" *autónomo,* sendo a prosa um cordão umbilical que não chega nunca a cortar), é intrínseca ao jogo sistemático do poetodrama. Ela manifesta-se no interior de cada um dos heterónimos, do mesmo modo que no debate que entre eles se estabelece acerca da caracterização da poesia de uns e outros. As suas leituras recíprocas são, neste sentido, subsidiárias das suas escritas — e inversamente.

Importa todavia ver, caso a caso, em que medida esse ajustamento entre escritas e leituras se processa e vai estruturando nas linguagens poéticas dos heterónimos. Seria na realidade vão crermos na revelação de uma qualquer correspondência imediata e exterior: toda a leitura de um heterónimo por um outro (ou por si mesmo) é sempre um "fingimento" pressuposto pela sua escrita. Numa palavra: as *leituras* estão, no sentido exato do termo, *escritas* tanto nos comentários críticos como nos poemas a que eles se referem — o que a nossa abordagem intertextual tentará evidenciar.

As relações de oposição e de identidade que poderemos assim constatar no plano da "expressão" poética (e cujos pólos limites Pessoa designa por prosa e poesia) reproduzem, ao nível dos significantes, as que já constatamos no plano do "conteúdo" (significados). Há que tomá-las, pois, como fizemos para os germes temáticos, considerando sempre o jogo funcional que, proliferando, vão exercendo no sistema poetodramático.

Eis todo o segredo da apreensão da pluralidade (e da originalidade) das linguagens poéticas dos heterónimos.

Alberto Caeiro ou o Grau Zero da Poesia

> *"Vou escrevendo os meus versos sem querer,*
> *Como se escrever não fosse uma coisa feita de gestos,*
> *Como se escerver fosse uma coisa que me acontecesse*
> *Como dar-me o sol de fora."*
>
> A. CAEIRO

Do mesmo modo que o ato de nascença dos heterônimos se confunde com a eclosão dos seus poemas, pode dizer-se que os pólos de tensão do poemodrama não se atualizam senão através da sua corporização nos *dramatis personae* do poetodrama. A encarnação física dos vários poetas que o compõem representa, pois, na criação do sistema heteronímico, um papel a que Pessoa atribui uma importância tão grande como a que dá às respectivas concepções do mundo e da vida: "Eu *vejo* diante de mim, no espaço incolor mas real do sonho, as caras, os gestos de Caeiro, Ricardo Reis e Álvaro de Campos. Construí-lhes as idades e as vidas"[1]. Há na minuciosa narração dos incidentes que acompanharam a apresentação aos seus amigos de "Orpheu" desses poetas imaginários, bem como na descrição que deles faz mais tarde a críticos como João Gaspar Simões e Adolfo Casais Monteiro, uma parte fundamental de jogo, mas de um jogo a sério, em cujas malhas se deixa finalmente apanhar.[2] A ficção torna-se realidade, uma realidade tão real

---

(1) "Carta a Adolfo Casais Monteiro". In: *Páginas de Doutrina Estética*, p. 266.

(2) Pessoa chegava a planear, com um *partenaire* cúmplice, as "partidas" que queria pregar aos outros a respeito dos heterônimos. Assim, ele descreve uma dessas *blagues*, de que a vítima foi Antônio Ferro: "Como a única pessoa que podia suspeitar, ou melhor, vir a suspeitar a verdade do caso Caeiro era o Ferro, eu combinei com o Guisado que ele dissesse aqui, como que casualmente, em ocasião em que estivesse com o Ferro, que tinha encontrado na Galiza "um tal Caeiro que me foi apresentado como poeta, mas com quem não tive tempo de falar", ou uma coisa assim, vaga, deste gênero" *Cartas a Armando*

como a sua mentira: "o poeta é um fingidor" ele mesmo fingido por uma pluralidade de poetas. Do imaginário (lúdico) ao real (poético) a gestação poetodramática consuma-se.

As biografias dos heterônimos não têm assim sentido senão em função da própria obra: elas são, como já vimos, inventadas para os próprios poemas [3], como se Pessoa, encenador do drama em poetas, tivesse que os caracterizar ao pô-los fisicamente em cena, enquanto pessoas (enquanto máscaras) viv s. Os seus traços fisionômicos e corporais, bem como as circunstâncias do nascimento, da educação e mesmo da profissão que exercem (ou não), devem ser dramaticamente objeto de uma *leitura* proposta pela *escrita* a que servem de suporte. As criaturas são aqui criadas por e para a criação: o sujeito poético decorre da poesia que ao mesmo tempo o subentende.

Enquanto criação poética pura, "mestre" Caeiro é, de todos os heterônimos, aquele cuja biografia mais se apaga perante a obra: "A vida de Caeiro não pode narrar-se pois que não há nela que narrar. Seus poemas são o que nele houve de vida. Em tudo mais não houve incidentes, nem há história".[4]

E, assim, Caeiro escreve, numa recomendação *post mortem:*

> *"Se depois de morrer quiserem escrever a minha biografia,*
> *Não há nada mais simples.*
> *Tem só duas datas — a da minha nascença e a da minha*
> > *morte.*
> *Entre uma e outra todos os dias são meus".*[5]

O seu testamento poético é pois simples, limitando-se à afirmação de uma confiança humilde na existência própria dos seus poemas, independentemente de si mesmo:

> *"Se eu morrer novo,*
> *Sem publicar livro nenhum,*
> *Sem ver a cara que têm os meus versos em letra impressa,*
> *Peço que, se se quiserem ralar por minha causa,*
> *Que não se ralem.*
> *Se assim acontecer, assim está certo.*
>
> *Mesmo que os meus versos nunca sejam impressos,*
> *Eles lá terão a sua beleza, se forem belos.*
> *Mas eles não podem ser belos e ficar por imprimir,*
> *Porque as raízes podem estar debaixo da terra*

Côrtes Rodrigues, de 4 de outubro de 1914. Mesmo Sá Carneiro era escolhido, por vezes, por Pessoa como objeto das suas "partidas" poéticas — o que aconteceu como sabemos com o projeto inicial de Caeiro. Cf *supra*, p. 21. Mas Sá Carneiro, uma vez iniciado na "ficção", nela conscientemente colaborava; e assim em carta de 27 de junho de 1914, ele felicita Pessoa por ser "muito interessante o *enredo* Alberto Caeiro, Ricardo Reis, e Álvaro de Campos". *Cartas a Fernando Pessoa*, vol. I, p. 163. (Grifos nossos.)

(3) Cf. Adolfo Casais Monteiro, *op. cit., supra*, p. 22, nota 32, embora num sentido diferente do nosso
(4) *Páginas Íntimas e de Auto-Interpretação*, p. 330.
(5) *Caeiro*, p. 178.

Mas as flores florescem ao ar livre e à vista.
Tem que ser assim por força. Nada o pode impedir". 6

No entanto, como não podia deixar de ser, Pessoa é compelido, apesar de tudo, ao conceber a "pequena humanidade" dos heterónimos (como ele diz), a dar de Caeiro alguns elementos biográficos, embora mínimos, que nos permitem visualizá-lo em carne e osso: "Alberto Caeiro nasceu em 1889 e morreu em 1915; nasceu em Lisboa, mas viveu toda a sua vida no campo".[7] Sem profissão, não fez também estudos. Ou mais precisamente: "não teve mais educação que quase nenhuma — só instrução primária", o que convém perfeitamente, vê-lo-emos, a um poeta simples e natural como ele simula ser. Fisicamente, Caeiro era "louro sem cor, olhos azuis", "de estatura média" e "embora realmente frágil (morreu tuberculoso) não parecia tão frágil como era". Da sua vida nada mais sabemos a não ser que, tendo-lhe morrido cedo o pai e a mãe, "deixou-se ficar em casa, vivendo de uns pequenos rendimentos (...), com uma tia velha, tia-avó", no Ribatejo.[8] E assim, como se se tratasse de uma personagem de romance[9], ficamos a conhecer os contornos vagos mas suficientes para formar uma imagem do retrato que, em sobreimpressão, se vai desenhando por detrás e à superfície da poesia de Caeiro, através do que, parafraseando-o, mais nos importa: a vida dos seus poemas. Pois, como diz ainda o poeta, "toda a obra fala por si, com a voz que lhe é própria, e naquela linguagem em que se forma na mente; quem não entende não pode entender, e não há pois que explicar-lhe".[10]

Alberto Caeiro encarna, dentro do poetodrama, o pólo objetivo do sistema heteronímico. A sua poesia tende, no dizer de Ricardo Reis, principal comentador crítico do "mestre", para o "objetivismo total", ou "objetivismo absoluto". Em que se traduz e como se manifesta este objetivismo poético tão insistentemente proclamado?

Caeiro apresenta-se, antes de mais, como o poeta das sensações estremes: "A sensação é tudo (. . .) e o pensamento é uma doença" — diz ele segundo um texto de Pessoa. E este explica que "por sensação entende Caeiro a sensação das coisas tais como são, sem acrescentar quaisquer elementos do

---

(6) *Idem*, p. 177.
(7) Tratando-se de uma ficção poética, são irrelevantes os ilogismos de Pessoa acerca dos dados biográficos dos heterónimos e da sua criação poética. Assim, o fato de um certo número de poemas de Caeiro terem datas posteriores à sua morte é indiferente para a sua biografia de poeta: tais datas apenas interessam à cronologia biobibliográfica, não de Caeiro, mas de Fernando Pessoa.
(8) Estes elementos encontram-se na carta a A. Casais Monteiro sobre a! gênese dos heterónimos. *Páginas de Doutrina Estética*, pp. 266-268.
(9) Neste sentido pôde A. Casais Monteiro falar, com propriedade, de Pessoa como um "romancista em poetas". *Presença*, n. 49; afirmação retomada em *Estudos sobre a Poesia de Fernando Pessoa*, p. 80.
(10) *Páginas Íntimas e de Auto Interpretação*, p. 330.

pensamento pessoal, convenção, sentimento ou qualquer outro lugar da alma". [11] Há nele, em suma, uma identificação das sensações com o seu objeto, por uma redução, que se poderá dizer fenomenológica [12] operada através da eliminação de todos os vestígios da subjetividade:

> "O que nós vemos das coisas são as coisas.
> Por que veríamos nós uma coisa se houvesse outra?" [13]

Conceptual e abstrato como é, o "pensamento" aparece a Caeiro como espúrio e aberrante no ato de percepção:

> "Creio no mundo como um malmequer,
> Porque o vejo. Mas não penso nele
> Porque pensar é não compreender...
> O mundo não se fez para pensarmos nele
> (Pensar é estar doente dos olhos)
> Mas para olharmos para ele e para estarmos de acordo". [14]

Quando na sua poesia, apesar de tudo, o "pensamento" se insinua, ele é, metaforicamente, sinônimo de sensação, como neste poema de *O Guardador de Rebanhos*:

> "Sou um guardador de Rebanhos.
> O rebanho é os meus pensamentos
> E os meus pensamentos são todos sensações.
> Penso com os olhos e com os ouvidos
> E com as mãos e os pés
> E com o nariz e a boca.
>
> Pensar uma flor é vê-la e cheirá-la
> E comer um fruto é saber-lhe o sentido". [15]

As relações entre sentir e pensar, que constituem como vimos um dos germes temáticos que irradiam pelos vários heterônimos, encontram-se pois polarizadas na poesia de Caeiro em torno do termo "sentir". Só através da absorção do pensamento pelas sensações se pode realizar a sua identificação mútua: exterior às sensações, o pensamento é uma excrescência, se não um vírus corruptor, que chega por vezes a perturbar a saúde do poeta, pondo em causa a sua "objetividade"

Caeiro previra, entretanto, estas falhas no seu sistema poético. Apesar de essencialmente baseados nas sensações, os seus poemas são, como diz Ricardo Reis (em contradição aliás com certas afirmações do "mestre"), "rigorosamente unificados por

---

(11) *Idem*, p. 349.
(12) É o que afirma, por exemplo, o ensaísta alemão Bruno Linnartz, ao aproximar o objetivismo de Caeiro da fenomenologia: "O efeito libertador que (Caeiro) sentia ao voltar-se para os objetos foi igualmente sentido pela fenomenologia objetivista nos seus diversos representantes e orientações". "Alberto Caeiro als Antipode Fernando Pessoa". In: *Romanisches Jahrbuch*, XVII, p. 339.
(13) *Caeiro*, p. 154.
(14) *Idem*, p. 139.
(15) *Idem*, p. 148.

um pensamento filosófico que não só os coordena e concatena, mas que ainda mais, prevê objeções, antevê críticas, explica defeitos por uma integração deles na substância espiritual da obra". [16] Com efeito, ele manifesta abertamente as suas próprias contradições: "Assim, dando-se Caeiro por um poeta objetivo, como é, nós encontramo-lo, em quatro das suas canções, exprimindo impressões inteiramente subjetivas. Mas não temos a satisfação cruel de poder supor-nos a indicar-lhe que errou. No poema que imediatamente precede essas canções, ele explica que elas foram escritas durante uma doença, e que, portanto, têm por força que ser diferentes dos seus poemas normais, por isso que a doença não é a saúde". [17] Na verdade, trata-se da outra face, do reverso da "personalidade" poética de Caeiro. E o poeta pode justamente explicar-se, recorrendo à concepção pessoana da identidade dos opostos:

> "Por isso essas canções que me renegam
> Não são capazes de me renegar
> E são a paisagem da minha alma de noite.
> A mesma ao contrário..." [18]

Se as lermos com cuidado, encontraremos com efeito em tais canções, não uma simples exceção ocasional às concepções poéticas de Caeiro, mas um contraponto exato, uma violação dos princípios que as regem, tanto do ponto de vista da "forma do conteúdo" como da "forma da expressão". Essa violação é de resto discernível num certo número de outros poemas (por exemplo na série de "O Pastor Amoroso"), podendo dizer-se que ela espreita e ameaça sempre, a cada passo, por detrás da sua intencionalidade explícita.

Quais são as conseqüências que decorrem, poeticamente, do objetivismo de Caeiro?

Poeta objetivo, ele define-se antes de mais como um poeta da Natureza: "Fui o único poeta da Natureza" [19], chega a dizer de si mesmo. Este naturalismo é ainda um aspecto da sua teoria das sensações:

> "Sou o Descobridor da Natureza.
> Sou o Argonauta das sensações verdadeiras"..[20]

Pessoa insiste na inserção da poesia de Caeiro dentro do "Sensacionismo", apesar dos protestos veementes do "mestre" contra uma tal designação — proposta pelo seu "discípulo" Álvaro de Campos —, o que se traduziria desde logo na sua pró-

---

(16) *Reis*, p. 135.
(17) *Idem, ibidem.*
(18) *Caeiro*, p. 150
(19) *Idem*, p. 178.
(20) *Idem*, p. 164.

pria linguagem: "A sua poesia é, de fato, 'sensacionista'. A sua base é a substituição do pensamento pela sensação, não só como base da inspiração — o que é compreensível — mas como meio de expressão, se assim podemos falar".[21]

Mas entre o "Sensacionismo" de Caeiro e a sua poesia da Natureza um conflito cedo se torna evidente, revelando-se ao poeta como o "Grande Segredo" que persegue:

> "Vi que não há Natureza,
> Que Natureza não existe.
> Que há montes, vales, planícies,
> Que há árvores, flores e ervas,
> Que há rios e pedras,
> Mas que não há um todo a que isso pertença,
> Que um conjunto real e verdadeiro
> É uma doença das nossas idéias".[22]

Caeiro atinge aqui o cerne do seu objetivismo. Referindo-se a este poema, Ricardo Reis sublinha nele "aquela frase culminante de *O Guardador de Rebanhos: A Natureza é partes sem um todo*, onde o objetivismo vai até à sua conclusão fatal e última, a negação de um todo, que a experiência dos sentidos não autoriza sem a intromissão, para o caso externa, do pensamento".[23] Do pensamento e da linguagem. Com efeito, Caeiro atribui apenas à necessidade de utilizar "a linguagem dos homens" a sua concepção da Natureza:

> "Se falo dela como de um ente
> É que para falar dela preciso da linguagem dos homens,
> Que dá personalidade às coisas
> E impõe nome às coisas.
>
> Mas as coisas não têm nome nem personalidade".[24]

Aqui aflora outro dos elementos da teoria do conhecimento poético de Caeiro: a obsessão do nominalismo. A sua fenomenologia da "sensação das coisas tais como são" proíbe-o de recorrer aos universais, que não têm para ele existência senão nominal:

> "Um renque de árvores lá longe, lá para a encosta.
> Mas o que é um renque de árvores? Há árvores apenas.
> Renque e o plural árvores não são coisas, são nomes"..[25]

---

(21) *Páginas Íntimas e de Auto-Interpretação*. p. 348.
(22) *Caeiro*. p. 165. Numa das suas notas auto-interpretativas, Pessoa afirma que "Caeiro perde de vista a Natureza na natureza, perde de vista a sensação nas sensações, perde de vista as coisas nas coisas". *Páginas Íntimas e de Auto-Interpretação*. p. 351. Com efeito, o conceito abstrato da Natureza, como o de sensação e o de coisa, é irreconciliável com a visão poética de Caeiro. Mas poderíamos observar que também num outro sentido Caeiro "perde de vista" a "Natureza na natureza": na verdade, na sua poesia assistimos, mais do que à manifestação da realidade natural, à *proclamação* dessa realidade. E, finalmente, não indicará a afirmação citada a existência em Caeiro do apelo a uma transcendência, pela sua própria negação?
(23) *Páginas Íntimas e de Auto-Interpretação*. p. 365.
(24) *Caeiro*. p. 155.
(25) *Idem*. p. 163.

Caeiro, **poeta** como é, sabe no entanto que em poesia nomear é criar a realidade do que se diz. E assim, por uma condição inerente à linguagem poética, ele não faz mais do que dar vida, através dos seus poemas, às próprias coisas:

> "Tenho escrito bastantes poemas.
> Hei-de escrever muitos mais, naturalmente.
> Cada poema meu diz isto.
> E todos os meus poemas são diferentes,
> Porque cada coisa que há é uma maneira de dizer isto". 26

Num outro poema de *O Guardador de Rebanhos*, Caeiro satiriza, aliás, o "ridículo":

> "De quem, por não saber o que é olhar para as coisas,
> Não compreende quem fala delas
> Com o modo de falar que reparar para elas ensina". 27

"Uma maneira de dizer", "um modo de falar" — eis como, poeticamente, as sensações são assumidas por Caeiro: "Olhar para as coisas" é já falar delas; falar das coisas é sempre, de um certo modo, "reparar para elas".

Cada poema de Caeiro não é mais, afinal, do que uma recriação da visão primitiva das coisas pela linguagem:

> "Vale mais a pena ver uma coisa sempre pela primeira vez
> que conhecê-la.
> Porque conhecer é nunca ter visto pela primeira vez
> E nunca ter visto pela primeira vez é só ter ouvido
> contar". 28

E de tal modo a criação poética se identifica com essa visão originária recuperada, que Caeiro pode assim definir-se:

> "Eu nem sequer sou poeta: vejo". 29

Poema após poema, ele vai desdobrando a gama possível da aparição das coisas aos seus sentidos, através dessa "aprendizagem de desaprender", que é o fundamento da sua antifilosofia:

> "Eu não tenho filosofia, tenho sentidos". 30

---

(26) *Idem*, pp. 175-176.
(27) *Idem*, p. 142.
(28) *Idem*, p. 172.
(29) *Idem*, p. 176. "Ver" significa aqui, metonimicamente, por um lado, a totalidade dos órgãos dos sentidos e, por outro, a sensação. Esta é, mais precisamente, para o poeta, sinônimo de percepção. Jacinto do Prado Coelho sublinha a este respeito em Caeiro "a preponderância da vista sobre os outros sentidos, porque a vista é o menos sensual de todos eles, aquele que pode metaforicamente indicar a percepção (...)". *Diversidade e Unidade em Fernando Pessoa*, p. 24. Guilherme de Castilho, por seu lado, nota que a "visão" de Pessoa é fundamentalmente intransitiva: "Figuremos uma objetiva sempre aberta à luz que lhe depara. Este é o caso de Alberto Caeiro. Ver desalmadamente; ver sem ver — por conseguinte olhar". *Alberto Caeiro, Ensino de Compreensão Poética: Presença*, n. 48, p. 14.
(30) *Caeiro*, p. 139.

E Caeiro responde antecipadamente aos que na sua poesia busquem uma qualquer interpretação filosófica, mesmo materialista:

> "Dizes, filósofo doente, filósofo enfim, que isto é materialismo.
> Mas isto como pode ser materialismo, se materialismo é uma filosofia,
> Se uma filosofia seria, pelo menos sendo minha, uma filosofia minha,
> E isto nem sequer é meu, nem sequer sou eu?"[31]

A "doença" de que para Caeiro são sintomas todas as filosofias, ou parafilosofias, leva-o a repudiar igualmente, no pólo oposto ao materialismo, o misticismo:

> "Os poetas místicos são filósofos doentes
> E os filósofos são homens doidos.
>
> Porque os poetas místicos dizem que as flores sentem
> E dizem que as pedras têm alma
> E que os rios têm êxtases ao luar.
>
> Mas as flores, se sentissem, não eram flores
> Eram gente;
> E se as pedras tivessem alma, eram coisas vivas, não eram
>   pedras.
> E se os rios tivessem êxtases ao luar
> Os rios seriam homens doentes". [32]

A atitude antimística de Caeiro opõe-se, no sistema poetodramático, a todas as poéticas do "mistério" e do "oculto", representadas sobretudo por Fernando Pessoa "ele mesmo":

> "O mistério das coisas? Sei lá o que é o mistério?
> O único mistério é haver quem pense no mistério". [33]

---

(31) *Idem*, p. 182. Curiosamente, mesmo críticos com uma certa finura de análise se deixaram iludir pela aparência do materialismo de Caeiro. Assim, Guilherme de Castilho apoda-o de "espírito materialista", atribuindo-lhe ao mesmo tempo uma dimensão "metafísica" que é igualmente repudiada por Caeiro. (*Cf*. ensaio citado, nota 20.)

(32) *Caeiro*, p. 156. Nestes versos está implícita uma crítica à poesia entre panteísta e vagamente mística então dominante no movimento saudosista, encarnado por Teixeira de Pascoaes, que Pessoa tinha analisado nos seus ensaios sobre *A Nova Poesia Portuguesa*, nela baseando os indícios de uma renascença poética em gestação. Cf. a este respeito Jorge de Sena, "Fernando Pessoa, Indisciplinador de Almas". In: *Da Poesia Portuguesa*, p. 184, e Oscar Lopes, *História Ilustrada das Grandes Literaturas*, p. 366. É interessante notar que Pessoa reconhece ele próprio que Caeiro partiu, como Pascoaes, de uma visão "metafísica" e "mística" da Natureza, mas para dela extrair concepções opostas: "Tanto Caeiro como Pascoaes encaram a Natureza *de um modo diretamente metafísico e místico*, ambos encaram a natureza como o que há de importante, excluindo, ou quase excluindo, o Homem e a Civilização, e ambos, finalmente, integram tudo o que cantam nesse seu sentimento naturalista. Essa base abstrata tem de comum; mas no resto eles são, não diferentes, mas *absolutamente opostos*. Talvez Caeiro proceda de Pascoaes; mas procede por oposição, por reação. Pascoaes virado de avesso, sem o tirar do lugar onde está, dá isto — Alberto Caeiro". *Páginas Íntimas e de Auto-Interpretação*, pp. 336-337. Importa assinalar ainda que Pessoa apresenta Caeiro, numa nota acerca do Sensacionismo, como o "místico puro" deste movimento, relativamente a Ricardo Reis, que seria o seu "espírito religioso normal" e a Álvaro de Campos, "excessivamente ritualista". *Idem*. p. 351. Trata-se, como se vê, de oposições estruturais dentro do sistema heteronímico do poetodrama.

(33) *Caeiro*, p. 141. Poderá perguntar-se no entanto se o "antiocultismo" de Caeiro não será a forma mais oculta do esoterismo poético de Pessoa: "As coisas são o único oculto das coisas", diz Caeiro, p. 161.

Uma vez mais, é o pensamento, e só o pensamento, elemento patológico sempre a insinuar-se, que é responsável pela metafísica do mistério, enquanto para Caeiro o problema nem se chega sequer a pôr:

> *"Para mim pensar nisso é fechar os olhos*
> *E não pensar".*;34.

Pode reconhecer-se nestes versos a fórmula "lógica" da afirmação pela negação, que caracteriza a linguagem poética de Pessoa. Igual fórmula lhe permite destruir a idéia de uma interioridade ou "intimidade" dos entes, que decorreria de uma ontologia espiritualista:

> *"Constituição íntima das coisas...*
> *Sentido íntimo do Universo...*
> *Tudo isto é falso, tudo isto não quer dizer nada.*
>
> ....
> *O único sentido íntimo das coisas*
> *É elas não terem sentido íntimo nenhum".*,35

O que é de aproximar da concepção da exterioridade, própria deste heterônimo:

> *"Sei que compreendo a Natureza por fora;*
> *E não a compreendo por dentro*
> *Porque a Natureza não tem dentro;*
> *Senão não era a Natureza".*,36

Estamos nos antípodas da poesia "ortônima". Enquanto Pessoa "ele mesmo" é "um novelo embrulhado para o lado de dentro", Caeiro desembrulha-se, quanto a ele, em sensações, desembrulhando ao mesmo tempo as próprias coisas, na sua aparição enquanto tais, isto é, na sua "realidade imediata":

> *"Eu nunca passo para além da realidade imediata.*
> *Para além da realidade imediata não há nada".*.37

Este imediatismo da manifestação dos entes implica a sua redução à atualidade da presença:

> *"Isto é o que hoje é.*
> *E, como hoje por enquanto é tudo, isto é tudo".* 38

Não há, pois, para Caeiro, verdadeiro passado, mesmo como memória:

---

(34) *Idem, ibidem.*
(35) *Idem,* p. 142.
(36) *Idem,* p. 156.
(37) *Idem,* p. 179.
(38) *Idem,* p. 185.

> *A recordaçao é uma traição à Natureza.*
> *Porque a Natureza de ontem não é Natureza.*
> *O que foi não é nada, e lembrar é não ver"*.³⁹

Nem igualmente futuro:

> *"Depois de amanhã não há".* ⁴⁰

O próprio presente acaba, logicamente, por ser posto em causa:

> *"O que é o presente?*
> *É uma coisa relativa ao passado e ao futuro.*
> *É uma coisa que existe em virtude de outras coisas exis-*
>   *tirem.*
> *Eu quero só a realidade, as coisas sem presente".* ⁴¹

A poesia de Caeiro visa, em rigor, a abolição do tempo:

> *"Quero as coisas que existem, não o tempo que as mede".* ⁴²

Do tempo e concomitantemente do espaço, enquanto categorias subjetivas do entendimento, como diria Kant. Elas suporiam, na verdade, uma interferência do "pensamento" na visão das coisas pelo poeta:

> *"Eu devia vê-las, apenas vê-las;*
> *Vê-las até não poder pensar nelas.*
> *Vê-las sem tempo, nem espaço.*
> *Ver podendo dispensar tudo menos o que se vê.*
> *É esta a ciência de ver, que não é nenhuma".* ⁴³

Desta aceitação das coisas tais como são decorre, no plano do que se poderia chamar a "razão prática" (se não fôssemos assim contra a antifilosofia de Caeiro), uma ética individual e social (ou antes uma antiética) da aceitação de todas as desigualdades e injustiças "naturais":

> *"Haver injustiça é como haver morte.*
> *Eu nunca daria um passo para alterar*
> *Aquilo que chamam a injustiça do mundo.*
>
> ....
>
> *Aceito a injustiça como aceito uma pedra não ser redonda*
> *E um sobreiro não ter nascido pinheiro ou carvalho".* ⁴⁴

---

(39) *Idem,* p. 163.
(40) *Idem,* p. 184.
(41) *Idem, ibidem.*
(42) *Idem,* p. 183.
(43) *Idem,* p. 184.
(44) *Idem,* pp. 173-174. Tem querido ver-se neste aspecto da poesia de Caeiro (e particularmente para muitos no chocante poema XXXII de *O Guardador de Rebanhos)* uma reação contra a retórica do humanitarismo social dominante na época. Cf. Oscar Lopes e Antônio José Saraiva, *História da Literatura Portuguesa,* 4ª. ed., p. 1011. Sem dúvida que esta atitude ironicamente anti-social está implícita em tal poema, mas ela aparece antes de mais como um elemento interno e coerente do sistema poético de Caeiro, sendo-lhe qualquer intencionalidade exterior, por definição, indiferente, e mesmo contrária a esse sistema.

Finalmente, dentro da lógica do sistema poético de Caeiro, nele deparamos com uma antiestética, que se traduzirá, em suma, numa antipoesia:

> "Às vezes, em dias de luz perfeita e exata,
> Em que as coisas têm toda a realidade que podem ter,
> Pergunto a mim próprio devagar
> Porque sequer atribuo eu
> Beleza às coisas.
>
> Uma flor acaso tem beleza?
> Tem beleza acaso um fruto?
> Não: têm forma e cor
> E existência apenas.
> A beleza é o nome de qualquer coisa que não existe
> Que eu dou às coisas em troca do agrado que me dão". [45]

Esta antiestética encontra-se exatamente assumida, como vamos ver, na obra de Caeiro, e antes de mais pela sua linguagem.

Num fragmento crítico consagrado ao "mestre", Pessoa define de um modo impressivo a sua "poética" a partir da percepção sensorial dos objetos: "A única coisa que uma pedra lhe diz é que nada tem para lhe dizer. Pode-se conceber um estado de espírito parecido com este, mas *não pode conceber-se num poeta*. Esta maneira de olhar para uma pedra pode ser definida como a *maneira totalmente não-poética* de a olhar. O fato estupendo acerca de Caeiro é que produz poesia a partir desse sentimento, ou antes, ausência de sentimento. Sente positivamente o que até aqui só podia ser concebido como sentimento negativo". [46]

Assim, para Caeiro, a objetividade das sensações, aderindo de tal modo às coisas que delas elimina qualquer resquício de subjetividade, aparece à primeira vista como "totalmente não-poética". Acontece, porém, que é dessa matéria não-poética que ele constrói precisamente os seus poemas. O segredo de Caeiro consiste, no fundo, em extrair a sua poesia da ausência de "poesia", através de uma linguagem direta e natural:

> "A minha poesia é natural como levantar-se o vento". [47]

Este verso poderia resumir toda a sua arte poética, se esta não se recusasse entretanto a sê-lo. E Caeiro ironiza, mesmo, acerca dos poetas que se preocupam com a construção paciente e laboriosa dos seus poemas:

---

(45) *Caeiro*, p. 155.
(46) *Páginas Íntimas e de Auto-Interpretação*, p. 346. (Grifos nossos.)
(47) *Caeiro*, p. 149.

"*E há poetas que são artistas*
E trabalham nos seus versos
Como um carpinteiro nas tábuas!...

Que triste não saber florir!
Ter que pôr verso sobre verso, como quem constrói um
                                                    muro
E ver se está bem, e tirar se não está". [48]

O prosaísmo é, numa palavra, para Caeiro, o signo perfeito do poético. Para ele, rigorosamente, poesia e prosa são sinônimos:

"*Por mim, escrevo a prosa dos meus versos*
E fico contente". [49]

Neste sentido, podemos definir a linguagem de Caeiro, empregando uma expressão de Roland Barthes, como o "grau zero" da poesia. [50] Longe de esta buscar um desvio em relação à prosa, é ao contrário a sua identificação com ela que o discurso poético prossegue, através da sua redução a uma pura função denotativa ou referencial, de que seriam tendencialmente ausentes todos os elementos conotativos e retóricos. E dizemos tendencialmente porque, como iremos constatar, esses elementos não desaparecem dos poemas de Caeiro, sendo apenas dissimulados através de uma discrição da linguagem poética que visa restituir-lhes uma espontaneidade "natural" semelhante à da prosa. A linguagem de Caeiro poderá aplicar-se com propriedade a designação de "linguagem prosaica nada prosaica", empregada por Jorge Guillén a propósito de Gonzalo de Berceo. [51]

De resto, como vimos, Pessoa não estabelecia ele próprio uma fronteira nítida entre a poesia e a prosa: "No fundo não há verso nem prosa..." Só o ritmo, que lhes é comum, pode tornar-se um elemento de diferenciação respectiva, conforme for fundamental ou acessório. [52]

Ora, há nos poemas de Caeiro, sob a exterioridade de uma justaposição arbitrária e negligente de versos livres, uma organização rítmica cuidada. E a sua divisão mesma em versos

---

(48) *Idem*, p. 160.
(49) *Idem*, p. 156.
(50) Adotamos aqui esta expressão com o alcance que lhe dá Roland Barthes nos seus *Éléments de Sémiologie*, ao mostrar que "o grau zero não é (...) propriamente falando um nada (...), mas uma ausência que significa". (Ed. Gonthier, p. 151). No caso de Caeiro é precisamente a ausência aparente de elementos ditos "poéticos" que dá toda a dimensão poética à sua linguagem. Como observa ainda R. Barthes, "ao nível da conotação o vazio dos significantes retóricos constitui por sua vez um significante estilístico". (p. 152).
(51) Num estudo sobre este poeta espanhol do séc. XIII, Jorge Guillén mostra que embora este seja habitualmente considerado como "um poeta de valor apesar do seu prosaísmo", "na realidade, poesia e prosa são (para ele) termos inseparáveis". *Poesía y Lenguaje*, Madrid, 1969, p. 11.
(52) Cf. *supra*, p. 83.

(processo que seria paradoxal num prosador) não é evidentemente indiferente. Como num apontamento acerca da técnica versificatória escreve Pessoa, "o discurso poético é exposto em linhas precisamente para que se faça uma pausa, artificial embora, onde a linha termina. A poesia é assim a prosa feita música, ou a prosa cantada; o artifício da música é conjugado com a naturalidade da palavra"..53

Esta última observação de Pessoa revela-nos o segredo da poética de Caeiro: a prosa (linguagem "natural") é combinada com o verso (linguagem "artificial").

Sem discutir aqui os termos desta oposição do natural e do artificial, referida à prosa e à poesia (poder-se-ia, de um outro ponto de vista, inverter essa referência), o que nos importa é ver como, finalmente, ela se anula na poesia de Caeiro. A coexistência dos contrários realiza-se, neste caso, ao nível da "forma da expressão".

Na verdade, quando começamos a ler um qualquer dos seus poemas, a primeira sensação que temos é a de que o fio do discurso se vai espraiando, de verso para verso, com a mesma sucessão frásica de um texto em prosa, geralmente narrativo; mas, progressiva e insensivelmente, a cadência rítmica acaba por impor-se-nos, pela presença de elementos versificatórios recorrentes que se insinuam pouco a pouco até penetrar-nos como uma espécie de música verbal. Ricardo Reis tem, pois, ao menos parcialmente, razão quando observa a propósito do "mestre": "Não há, é certo, em Caeiro aquela última mestria do equilíbrio do espírito, que se revela pela estudada forma do verso. Mas perfeita — quando já não perfeitíssima — é a construção e o desenvolvimento de cada poema".54 Ao menos parcialmente, dizemos, porque o que Reis parece não ver — ou finge não ver, na sua leitura simulada de Caeiro.55 — é que esta construção é justamente perfeita na medida em que se esconde, por uma discrição calculada, a fim de melhor sugerir o efeito de espontaneidade querido pelo poeta: e é aí que reside toda a sua "mestria".

Tomemos, como paradigma do prosaísmo poético, o XX poema de *O Guardador de Rebanhos:*

"O Tejo é mais belo que o rio que corre pela minha aldeia,
Mas o Tejo não é mais belo que o rio que corre pela minha aldeia
Porque o Tejo não é o rio que corre pela minha aldeia.

O Tejo tem grandes navios
E navega nele ainda

(53) *Páginas de Estética e de Teoria e Crítica Literárias*, p. 77.
(54) *Páginas Íntimas e de Auto-Interpretação*, p. 358.
(55) Consideramos, com efeito, que a leitura de um heterônimo por outro é função da respectiva escrita: e, assim, ninguém melhor indicado do que o "artificial" Ricardo Reis para acentuar, por contraste, o "natural" de Caeiro.

> ara aqueles que vêem em tudo o que lá não está,
> A memória das naus.
>
> O Tejo desce de Espanha
> E o Tejo entra no mar em Portugal.
> Toda a gente sabe isso.
> Mas poucos sabem qual é o rio da minha aldeia
> E para onde ele vai
> E donde ele vem.
> E por isso, porque pertence a menos gente,
> É mais livre e maior o rio da minha aldeia.
>
> Pelo Tejo vai-se para o Mundo.
> Para além do Tejo há a América
> E a fortuna daqueles que a encontram.
> Ninguém nunca pensou no que há para além
> Do rio da minha aldeia.
>
> O rio da minha aldeia não faz pensar em nada
> Quem está ao pé dele está só ao pé dele".[56]

Desde logo, a partir da comparação do primeiro verso, ela mesma expressa numa frase prosodicamente banal, se sucedem, por oposição e contigüidade, dois versos em que sob a aparência de uma mesma estrutura sintagmática (com a única modificação sensível da frase afirmativa em duas negativas) se esconde o efeito poético inerente à reiteração. Esta é transposta, em seguida, para o plano das relações interestróficas: e vemos as três estrofes centrais retomar, anaforicamente, o início do poema ("O Tejo...", "O Tejo...", "Pelo Tejo..."), o que corresponde, por homologia, à tripla anáfora da primeira estrofe. Constatamos, ainda, um processo idêntico no interior da terceira estrofe, onde se pode observar a repetição das copulativas, freqüente em muitos poemas de Caeiro. Simetricamente, há no pólo oposto ao das anáforas uma sucessão de epístrofes (repetições de fim de verso: "o rio que corre pela minha aldeia", "o rio da minha aldeia"), que equilibram a arquitetura do poema. E esta encontra o seu fecho supremo no último verso, que se desmembra, enfim, numa duplicação reiterativa. [57]

Estamos, deste modo, confrontados a uma estrutura poemática que da simplicidade dos elementos que a compõem retira, no seu conjunto, uma sensação de naturalidade, embora fingida, através e apesar da complexidade das relações ocultas sobre que se sustenta.

---

(56) *Caeiro*, p. 152.
(57) Carlos Bousoño acentua com razão "o poder emotivo que possui, sem ajuda estranha, o processo da reiteração sintagmática". *Teoría de la Expresion Poética*. p. 257. O que põe em causa a observação de J. Prado Coelho segundo a qual este processo provoca no caso de Caeiro "uma impressão de monótona pobreza". *Diversidade e Unidade em Fernando Pessoa*, p. 128. Pelo contrário, pensamos pela nossa parte que a reiteração enriquece a expressão poética de Caeiro, estimulando a sensibilidade do leitor perante ela.

Esta "poética" antipoética de Caeiro toma ainda outros e múltiplos aspectos, quer de uma perspectiva da "forma do conteúdo" quer da "forma da expressão". Os poemas deste heterónimo são, com efeito, articulados simultaneamente em função do "ritmo das idéias" — como diria Reis — e do "ritmo verbal", que se harmonizam ambos intimamente, dado que, segundo Pessoa, "este ritmo é duplo num só, como os aspectos côncavo e convexo do mesmo arco".[58] O que Caeiro exprime à sua maneira nestes versos:

> "Procuro dizer o que sinto
> Sem pensar em que o sinto.
> Procuro encostar as palavras à idéia
> E não precisar dum corredor
> Do pensamento para as palavras".[59]

Esta adequação das palavras à idéia implica, contudo, ao contrário do que o poeta insinua, não um simples decalque verbal, mas o recurso a uma diversidade de processos retóricos e versificatórios.

Logo no primeiro poema de *O Guardador de Rebanhos* surpreendemos Caeiro a levantar uma ponta do véu que recobre a sua criação poética:

> "Quando me sento a escrever versos
> Ou, passeando pelos caminhos ou pelos atalhos,
> Escrevo versos num papel que está no meu pensamento.
> Sinto um cajado nas mãos
> E vejo um recorte de mim
> No cimo de um outeiro,
> Olhando para o meu rebanho e vendo as minhas idéias,
> Eu olhando para as minhas idéias e vendo o meu rebanho
> E sorrindo vagamente como quem não compreende o que se diz
> E quer fingir que compreende".[60]

Reparemos imediatamente que o poeta se visualiza a si mesmo em termos metafóricos: um pastor, de cajado na mão, guardando o seu rebanho. Caeiro é assim, como os outros heterónimos, um poeta-metáfora. Contiguamente (poderíamos dizer metonimicamente) surge-nos a metáfora da escrita, em que o "pensamento" é o próprio papel em que são traçados (retidos de cor) os versos bucólicos. E o rebanho aparece-nos, por sua vez, como uma metáfora das "idéias", pois ao olhar para aquele são estas que o poeta vê — e reciprocamente —, o que a figura poética do quiasmo sugere de uma forma justa, através da simetria "idéias - rebanho" e "rebanho - idéias". A alusão ao fingimento, à simulação do poeta, no último verso, é

---

(58) *Páginas de Estética e de Teoria e Crítica Literárias*, p. 75.
(59) *Caeiro*. p. 164.
(60) *Idem*. p. 138.

de resto significativa: só os leitores falsamente ingênuos poderão, rigorosamente, aceder a uma leitura que corresponde ao desejo do poeta de que

> "Ao lerem os meus versos pensem
> Que sou qualquer coisa natural". [61]

A predominância do pólo metonímico, correspondente à "prosa", na poesia de Caeiro, não exclui assim de nenhum modo, como à primeira vista poderia parecer, o pólo metafórico.[62] Este é simplesmente absorvido pelo plano sintagmático do discurso, tornando-se a substituição no poema contiguidade.

A teoria antipoética de Caeiro pressupõe, é verdade, logicamente, a antimetáfora. Mas uma metáfora negativa não é ainda, na realidade, uma metáfora? Observemos, por exemplo, esta passagem do poema XXXII de *O Guardador de Rebanhos:*

> "Eu no que estava pensando
> Quando o amigo de gente falava
> (E isso me comoveu até às lágrimas)
> Era em como o murmúrio longínquo dos chocalhos
> A esse entardecer
> Não parecia os sinos duma capela pequenina
> A que fossem à missa as flores e os regatos
> E as almas simples como a minha". [63]

Ao sublinhar ele mesmo no poema a relação de dessemelhança entre dois objetos todavia semelhantes (os chocalhos do rebanho e os sinos de uma capela), o poeta não faz senão aparentemente desaparecer a metáfora: a negação da similitude manifesta só por si a sua presença subjacente. Com mais precisão, os dois termos desta antimetáfora são constituídos, eles próprios, por uma metonímia e por uma metáfora sobrepostas: o som dos chocalhos representa o rebanho, enquanto os sinos são a imagem de um misticismo bucólico exorcizado.

A metamorfose poética que se realiza através da sua negação aparente é ainda visível nesta outra antimetáfora:

> "Aquela senhora tem um piano
> Que é agradável mas não é o correr dos rios,
> Nem o murmúrio que as árvores fazem.

---

(61) Idem, ibidem.
(62) Michel Deguy pôs em causa a distinção entre a metáfora e a metonímia: "Não há metonímia *em poesia* senão tendo como fundo uma metaforicidade em geral (. . .) Metáfora e metonímia pertencem, nas suas diferenças secundárias, a uma mesma dimensão". Vers une Théorie de la Figure Généralisée. *Critique*, 269, out. 1969. Poder-se-ia dizer, todavia, inversamente, que não há metáfora sem um fundo de metonímia. É o caso da poesia de Caeiro.
(63) *Caeiro*, p. 158

> "*Não me importo com as rimas. Raras vezes*
> *Há duas árvores iguais, uma ao lado da outra*" 71

nós surpreendemo-lo a empregá-la numa das canções escritas estando doente

> "*Quem me dera que a minha vida fosse um carro de bois*
> *Que vem a chiar, manhãzinha cedo, pela estrada*
> *E que para de onde veio volta depois*
> *Quase à noitinha pela mesma estrada*". 72

E a repetição das mesmas palavras de verso para verso não exercerá, também ela, uma função idêntica à da rima?

> "*O que quero é um sol mais sol*
> *que o Sol.*
> *O que quero é prados mais prados*
> *que estes prados.*
> *O que quero é flores mais estas flores*
> *que estas flores*". 73

Eis um exemplo típico do rendimento poético que Caeiro sabe tirar da combinação dos elementos de uma matéria verbal reduzida à sua expressão mais simples.

Mas a sua técnica de discrição versificatória apura-se sobretudo quando o poeta consegue sobrepor uma multiplicidade de processos que, pela sua simultaneidade, se ocultam mais perfeitamente uns aos outros. É o que sucede, *maxime* nesta estrofe:

> *O essencial é saber ver,*
> *Saber ver sem estar a pensar,*
> *Saber ver quando se vê,*
> *E nem pensar quando se vê,*
> *Nem ver quando se pensa*". 74

O encadeamento de uma anáfora ("saber ver"... "saber ver"), de uma epístrofe ("quando se vê"... "quando se vê") e de um quiasmo ("nem pensar quando vê/Nem ver quando se pensa"), ligado às aliterações consonânticas e à alternância vocálica dos *a* (abertos) e dos *e* (fechados), torna menos visível a presença de cada um destes elementos retóricos, confundindo-os numa sensação global de embalo auditivo em que a oposição "ver-pensar" acaba por tornar-se indeterminada, ao nível do significado.

É exatamente desta sábia ocultação dos seus próprios meios que a poesia de Caeiro se nutre. Ela não nos aparecerá,

---
(71) *Idem*, p. 149.
(72) *Idem*, p. 150.
(73) *Idem*, p. 183. J.Prado Coelho notou com pertinência que "o retorno e as combinações das mesmas palavras ou série de palavras compensam dalgum modo a falta de rima". *Diversidade e Unidade em Fernando Pessoa*, p. 128.
(74) *Caeiro*, p. 154.

Para que é preciso ter um piano?
O melhor é ter ouvidos
E amar a Natureza". 64

A música do piano não é aqui irredutível ao correr dos rios e ao murmúrio das árvores senão tomando apenas o seu significado conceptual mais imediato: no poema, contudo, a simples referência às imagens que o som do piano sugere, mesmo para as afastar, cria imediatamente um fundo metafórico que fica a vibrar, por contraste, na sensibilidade do leitor.

Do ponto de vista do significante poderemos, por outro lado, observar na poesia de Caeiro uma sutil utilização dos elementos fonéticos da língua.165

Assim, encontramos freqüentemente nos seus poemas aliterações:

"*Leve, leve, muito leve,*
Um vento muito leve passa,
E vai-se, sempre muito leve.
E eu não sei o que penso
Nem procuro sabê-lo". 66

Estas são ora explícitas:

"*Vem um silvo vago de longe na tarde muito calma*" 67.

ora camufladas e quase imperceptíveis:

"*Sinto todo o meu corpo deitado na realidade,*
Sei a verdade e sou feliz". 68

Por vezes, elas confundem-se com a simples reiteração:

"*Passa, ave, passa, e ensina-me a passar*".69

Outras vezes, combinam-se com homofonias vocálicas, como em

"*Uma gargalhada de rapariga na estrada*". 70

Mesmo se Caeiro desdenha da rima, num dos seus poemas antipoéticos:

'64) *Idem*, p. 149.
\65) Não tem pois fundamento a afirmação de A. Coimbra Martins segundo a qual não há na poesia de Caeiro "rimas, nem aliterações, nem assonâncias"; isto após ter observado, justamente, que ele parece medir os seus versos "de ouvido". De Castilho a Pessoa *BULLETIN DES ÉTUDES PORTUGAISES*, XXX, p. 231.
(66) *Caeiro*, p. 149.
(67) *Idem*, p. 160.
(68) *Idem*, p. 148.
(69) *Idem*, p. 163.
(70) *Idem*, p. 173.

por certo, como antipoética, se a considerarmos na sua textura interna, como a disseminação dos elementos *poéticos* que nela detectamos o mostra à evidência; sê-lo-á somente na medida em que procura utilizar esses elementos como forma própria de chegar, tendencialmente, a esse "grau zero" da poesia que seria uma linguagem "natural" (prosaica). Dir-se-ia que os desvios aí são sempre "desvios de desvios", tendendo inevitavelmente a reconduzir todas as conotações a uma pura dimensão denotativa e referencial, exigida pela poética da "sensação das coisas tais como são". E o poeta não se interroga, finalmente, sobre se o fato de "escrever" versos lhe dá uma qualquer superioridade sobre as coisas, a ele que não faz mais do que nomeá-las?

> "*Sim, escrevo versos e a pedra não escreve versos.*
> *Sim, faço idéias sobre o mundo e a planta nenhuma.*
> *Mas é que as pedras não são poetas, são pedras;*
> *E as plantas são plantas só, e não pensadores.*
> *Tanto posso dizer que sou superior a elas por isto,*
> *Como que sou inferior.*
> *Mas não digo isso: digo da pedra, 'é uma pedra',*
> *Digo da planta, 'é uma planta',*
> *Digo de mim, 'sou eu'.*
> *E não digo mais nada. Que mais há a dizer?*"[75]

---

(75) *Idem*, p. 175.

Ricardo Reis, Poeta no Segundo Grau

*"Assim quisesse o verso: meu e alheio
E por mim mesmo lido".*

R. REIS

Apresentado por Pessoa como o "discípulo direto" de Caeiro, Ricardo Reis não deixa de ser, ao mesmo tempo que a sua emanação, um poeta sob muitos aspectos atraído pelo pólo oposto ao do "mestre", dentro do sistema poetodramático. Submetido à tensão das forças contrárias do objetivismo e do subjetivismo, ele mantém-se numa espécie de equilíbrio, em que a presença do sujeito parece sempre investir, sem a renegar mas reintegrando-a, a herança objetiva originária. Vemos assim Reis aproximar-se, por algumas das suas feições e tendências, de Fernando Pessoa "ele mesmo" (e sobretudo da poesia de *Mensagem*), conservando no entanto o cordão umbilical que, através do "Paganismo" e do "Sensacionismo", o liga a Caeiro.

Este equilíbrio sobre que se sustenta a obra de Reis não poderia encontrar uma melhor expressão do que no "neoclassismo" de que poeticamente ele se reclama.[2] Como é que uma tal estética se vem inserir no poetodrama? A biografia

---

(1) *Carta a João Gaspar Simões*, de 28, VIII, 1932.
(2) Num texto de apresentação da revista *Athena*, que dirigiu durante o que se poderia chamar a sua fase "clássica" dominante, Pessoa define o seu ideal estético como sendo justamente o do equilíbrio: "onde não houver harmonia, equilíbrio de elementos opostos, não haverá ciência nem arte, porque nem haverá vida". Cf. *Páginas de Doutrina Estética*, p. 130. E, para ele, seria a concepção apolínea da arte (que convém perfeitamente a Ricardo Reis) a que melhor representaria o "equilíbrio do subjetivo e do objetivo". *Idem, ibidem*.

do poeta dá-nos desde logo uma indiciação dessa sua idiossincrasia cultural e literária.

Contrariamente a Alberto Caeiro, que apenas tinha recebido uma instrução elementar, Reis fora "educado num colégio de jesuítas", símbolo da formação clássica tradicional.[3] "Latinista por educação alheia", ele afirma-se ainda "um semi-helenista por educação própria". Tendo feito estudos universitários, seguiu a carreira, freqüente nas boas famílias portuenses, de que era originário, da Medicina. As suas idéias políticas monárquicas (outro traço tradicionalista da sua personalidade) levaram-no entretanto a expatriar-se voluntariamente para o Brasil. Mas, acima de tudo, Ricardo Reis é por temperamento um esteta, uma espécie de "pagão" que se sente "exilado" no mundo moderno.

Ao descrever o aparecimento deste heterônimo na sua "alma", Pessoa fá-lo precisamente remontar a uma reação sua contra "os excessos, especialmente de realização, da arte moderna"[4], o que marca bem uma oposição diametral ao outro discípulo criado por "derivação" de Caeiro: Álvaro de Campos.[5] E o poeta acrescenta: "Segundo o meu processo de sentir as cousas, sem as sentir, fui-me deixando ir na onda dessa reação momentânea. Quando reparei em que estava pensando, vi que tinha erguido uma teoria neoclássica, e que a ia desenvolvendo. Achei-a bela e calculei interessante se a desenvolvesse segundo princípios que não adoto nem aceito".[6]

Este texto explicita claramente que, partindo embora das sensações, como se se tratasse de Caeiro, Reis faz intervir o pensamento como elemento (subjetivo) determinante da construção de uma teoria estética (objetiva) que leva ao seu controle. Esta teoria decorre antes de mais do "Sensacionismo": Pessoa afirma mesmo que Reis, após a fundação deste movimento por Caeiro, "tornou-o, logicamente, neoclássico".[7] Mas ela decorre, outrossim e sobretudo, do "Paganismo": Reis teria "intensificado e tornado artisticamente ortodoxo o paganismo descoberto por Caeiro".[8]

É efetivamente do seio do "Paganismo" (na sua forma renovada de "Neopaganismo", teorizada pelo "continuador filosófico" de Caeiro, Antônio Mora) que Reis tenta extrair o

---

(3) Cf. "Carta a A. Casais Monteiro" sobre a gênese dos heterônimos, in: *Páginas de Doutrina Estética*, p. 266 e ss. É interessante notar que também fisicamente Reis se opõe a Caeiro: enquanto este era "louro", ele ostenta uma tez "de um vago moreno mate", sendo um pouco "mais baixo, mais forte, mais seco". *Idem, ibidem.*
(4) *Páginas Íntimas e de Auto-Interpretação*, p. 385.
(5) Pessoa escreve alhures que se "Ricardo Reis encontrou enfim a fórmula neoclássica", "Álvaro de Campos revelou o que todos os (...) paroxistas e modernistas vários andam há anos a querer fazer". *Idem*, p. 169.
(6) *Idem*, p. 385.
(7) *Idem*, p. 168.
(8) *Idem*, p. 97.

seu "neoclassicismo". Os modelos ele encontrá-los-á, por um lado, no estoicismo e no epicurismo, enquanto concepções do mundo (que impregnarão a "forma do conteúdo" dos seus poemas); e por outro, ao nível da "forma da expressão", na poética latina de Horácio.

A moral estóica e à filosofia de Epicuro, vai Reis buscar os *leitmotive* que atravessam, de uma ponta a outra, a sua poesia, e que se traduzem, antes de mais nada, numa sabedoria da inanidade e da aceitação de tudo, através de uma indiferença, matizada de um discreto hedonismo, perante um mundo decadente e hostil: "Ao pagão moderno, exilado e casual no meio de uma civilização inimiga, só pode convir uma das duas formas últimas da especulação pagã — ou o estoicismo ou o epicurismo. Alberto Caeiro não foi nem um nem outro, porque foi o Paganismo Absoluto, sem ramificação ou intenção segunda. Por mim, se em mim posso falar, quero ser ao mesmo tempo epicurista e estóico . . ."[9]

É ainda do epicurismo e do estoicismo que Reis recolhe a idéia central de "disciplina", que irá dominar toda a sua arte poética: "A moral epicurista é no fundo a tendência para a felicidade pela harmonização de todas as faculdades humanas — o que é, deveras, uma idéia de disciplina, pois que o é de coordenação".[10] Quanto ao "auge do estoicismo", ele reside na "disciplina de si mesmo" e na "dedicação ao próprio destino".[11] No caso do poeta, tal disciplina consistirá, pois, na "harmonização" e na "coordenação" da linguagem, com vista ao seu fim específico: a criação do poema. Assim se define o equilíbrio, o acordo íntimo entre a "forma do conteúdo" e a "forma da expressão" na poesia de Ricardo Reis.

Se a disciplina constitui a própria essência do Classicismo, ela não deve no entanto para Reis ser reduzida a uma norma, a uma "regra" exterior à criação poética, como acontece no pseudoclassicismo moderno: "A disciplina é natural ou artificial, espontânea ou refletida. O que distingue a arte clássica, propriamente dita, a dos gregos e até dos romanos, da arte pseudoclássica, como a dos franceses em seus séculos de fixação, é que a disciplina de uma esta nas mesmas emoções, com uma harmonia natural da alma, que naturalmente repele o excessivo, ainda ao senti-lo; e a disciplina da outra está em uma deliberação da mente de não se deixar sentir para cima de certo nível. A arte pseudoclássica é fria porque é uma regra; a clássica tem uma emoção, porque é uma harmonia".[12]

(9) *Idem*, p. 323.
(10) *Idem*, p. 249.
(11) *Idem*, pp. 249 e 250.
(12) *Idem*, p. 397.

Em que medida Ricardo Reis foi ele próprio um neoclássico por consubstanciação natural ou por simples veleidade, é o que pode exatamente perguntar-se em face da sua obra. Mas terá esta questão verdadeiramente sentido, senão enquanto referida ao "fingimento" do poetodrama?

Importante será antes de mais observar como o fio condutor da "disciplina" se articula com a concepção da linguagem que, segundo Pessoa, preside à sua bipolarização na prosa ou na poesia. Noutros termos: os poemas de Reis estarão mais próximos de um ou de outro destes dois pólos?

Como vimos, o elemento de diferenciação respectiva é para Pessoa essencialmente o ritmo. Ora, na opinião de Reis, a "disciplina" age precisamente ao nível do ritmo: "A disciplina do ritmo — diz ele numa nota acerca de Álvaro de Campos — é aprendida até ficar sendo uma parte da alma: o verso que a emoção produz nasce já subordinado à sua disciplina. Uma emoção naturalmente harmônica é uma emoção naturalmente ordenada; uma emoção naturalmente ordenada é uma emoção naturalmente traduzida num ritmo ordenado, pois a emoção dá o ritmo e a ordem que há nela a ordem que no ritmo há". [13]

Se o ritmo emana assim duma harmonia própria à emoção — que é, segundo Reis, "tão-somente o meio de que a idéia se serve para se reduzir a palavras" [14] — daí logicamente se infere que a emoção poética, sendo mais intensa do que a que está na origem da prosa, exige uma disciplina mais rigorosa do ritmo: "Como o estado mental, em que a poesia se forma é, deveras, mais emotivo que aqueles em que naturalmente se forma a prosa, há mister que ao estado poético se aplique uma disciplina mais dura que aquela que se emprega no estado prosaico da mente". [15]

Singularmente, no caso de Ricardo Reis, a intensidade da emoção, nascida do que ele mesmo chama a "altura" do seu "pensamento", apresenta-se como "naturalmente" poética, vazando-se espontaneamente no verso. É esse o sentido deste poema-chave, que pode sintetizar e ilustrar toda a sua arte poética:

> *"Ponho na altiva mente o fixo esforço*
> *Da altura, e à sorte deixo*
> *E as suas leis, o verso;*
> *Que, quando é alto e régio o pensamento,*
> *Súdita a frase o busca*
> *E o 'scravo ritmo o serve".* [16]

---

(13) *Idem*, p. 398.
(14) *Idem*, p. 394.
(15) *Idem*, p. 396.
(16) *Reis*, p. 242.

O fato de o poeta ter sentido a necessidade de comentar este poema, através de uma paráfrase que é quase a sua tradução em prosa, mostra contudo como a criação poética é nele pelo menos tão volitiva como "natural", o que trai aliás o verdadeiro alcance da sua concepção teórica do neoclassicismo.

Comparemos, pois, o poema ao comentário: "Na palavra — escreve Reis — a inteligência dá a frase, a emoção, o ritmo. Quando o pensamento do poeta é alto, isto é, formado de uma idéia que produz uma emoção, esse pensamento, já de si harmônico pela junção equilibrada de idéia e emoção, e pela nobreza de ambas, transmite esse equilíbrio de emoção e de sentimento à frase e ao ritmo, e assim, como disse, a frase, súdita do pensamento que a define, busca-o, e o ritmo, escravo da emoção que esse pensamento agregou a si, o serve".[17]

O poeta desmonta neste texto a estrutura do seu próprio poema, como se este precisasse ser "dobrado", explicado por uma metalinguagem crítica que é, no fim de contas, uma sua glosa por vezes literal. Se pela nossa parte retomarmos, intertextualmente (dialogicamente), esta dupla versão da poética de Reis, veremos como ela se desdobra num processo recíproco de escrita-leitura: do mesmo modo que o comentário é uma leitura (reescrita) do poema, este é também já escrito, inversamente, como leitura do comentário.

Segundo Reis, poeticamente, no princípio era o "pensamento" e não o verbo. Tem pois o poeta que concentrar, antes de mais, o seu "fixo esforço" na "altiva mente", abandonando o verso às suas "leis" e à sua "sorte". Ele pode estar seguro de que o "pensamento", se for "alto" e "régio", atrairá a si, inexoravelmente, enquanto significado do poema, a sua expressão (o seu significante). Por outras palavras, o "conteúdo" poético terá desde logo em si uma forma, que irá determinar por seu turno a forma da expressão: a "junção equilibrada" da "idéia" e da "emoção" transmitir-se-á, numa harmonia preestabelecida, à "frase" e ao "ritmo".

Ora, importa salientar que para Reis a emoção aparece ao mesmo tempo como espécie de elo intermediário entre o significado e o significante poemático: "Um poema é a projeção de uma idéia em palavras através da emoção"[18]. Dir-se-ia que a emoção participa tanto do significado como do significante: se aquele não pode reduzir-se a um puro conceito (a "idéia"), este é mais do que uma simples justaposição de "palavras": a "emoção", e só ela, os envolve a ambos no "ritmo". Outra passagem do mesmo texto de Reis é a este respeito ainda mais explícita: "Em tudo que se diz — poesia ou prosa — há idéia e emoção. A poesia difere da prosa apenas em que escolhe um novo meio

(17) *Páginas Íntimas e de Auto-Interpretação*, p. 398.
(18) *Idem*, p. 394.

exterior, além da palavra, para projetar a idéia em palavras através da emoção. Esse meio é o ritmo, a rima, a estrofe; ou todas, ou duas, ou uma só. Porém menos que uma só não creio que possa ser".[19]

Em suma, Reis parte sempre da "forma do conteúdo" para a "forma da expressão". O ritmo existe primeiro que tudo na "idéia" e somente em conseqüência nas palavras: "a poesia é uma música que se faz com idéias, e por isso com palavras"; "a emoção não deve entrar na poesia senão como elemento dispositivo do ritmo (...) e esse ritmo, quando é perfeito, deve antes surgir da idéia que da palavra"[20]

Quais são os elementos que na linguagem poética de Reis permitem estabelecer uma relação entre o ritmo das idéias e o ritmo das palavras? Esses elementos são, a um primeiro nível, a sintaxe, ou o que o poeta chama a "frase"[21]; e, a um segundo nível, o da articulação das frases (dos versos), a "estrofe" cuja ordenação configura o poema.

O modelo sintático que melhor convirá à poética de Reis é o da sintaxe clássica latina, em particular a de Horácio, de quem ele imitará também o sistema estrófico: a ode.[22] Esta *mimesis*, que freqüentemente se manifesta nos seus poemas de modo ostensivo, dá à sua linguagem a forma aparente de um "pastiche estilístico", como lhe chama Oscar Lopes[23], o que parece uma vez mais contradizer a espontaneidade do classicismo de que Reis se prevalece. Há mesmo na sua poesia um duplo "fingimento" (o de Pessoa-Reis e o de Reis-Horácio), que se sobrepõem um ao outro. Relativamente a Caeiro, grau zero da poesia, poderá pois falar-se de Ricardo Reis como um poeta no segundo grau. Nos antípodas do "mestre", a sua poesia manifesta-se ostensivamente enquanto tal, linguagem poética artificial por excelência.

Isso mesmo o compreendeu perfeitamente Álvaro de Campos, ao dirigir ao poeta das odes neoclássicas esta crítica irônica: "Não concebo (...) que as emoções, nem mesmo as do Reis, sejam universalmente obrigadas a odes sáficas ou alcaicas, e que o Reis, quer diga a um rapaz que não lhe fuja, quer diga que tem pena de ter que morrer, o tenha forçosamente que fazer

---

(19) *Idem*, p. 395.
(20) *Idem*, pp. 392 e 393.
(21) A importância da sintaxe como meio de relacionação da semântica e da fonética (do significado e do significante) no poema foi posta em evidência pelos formalistas russos: "Era necessário encontrar algo que estivesse ligado à frase no verso e que, ao mesmo tempo, não nos afastasse do próprio verso, algo que se situasse na fronteira entre a fonética e a semântica. Esse algo é a sintaxe". Cf. Boris Eikhenbaum, *Théorie de la Littérature*, Paris, 1965, p. 58. (Org. por Tzvetan Todorov.)
(22) Sobre a influência de Horácio nas Odes de R.Reis, cf. Maria Helena da Rocha Pereira, *Reflexos Horacianos nas Odes de Correia Garção e Fernando Pessoa (Ricardo Reis)*, Porto, 1958.
(23) *História Ilustrada das Grandes Literaturas*, p. 638. Dizemos pela nossa parte 'pastiche estilístico" *aparente* porque tal designação implica a idéia de um "estilo" a imitar, enquanto para nós se trata antes de uma *linguagem* a re-criar.

em frases súditas que por duas vezes são mais compridas e por duas vezes mais curtas, e em ritmos escravos que não podem acompanhar as frases súditas senão em dez sílabas para as duas primeiras e em seis sílabas para as duas segundas, num graduar de passo desconcertante para a emoção". [24]

A fim de podermos julgar da pertinência (ou não) destas observações de Campos — não esquecendo nunca que se trata de uma leitura crítica feita a partir da sua própria concepção da escrita poética, dentro do jogo sistemático das várias escritas--leituras do poetodrama — vejamos mais de perto como se estruturam a sintaxe e a versificação de Reis.

Um dos seus processos mais típicos, que lhe permite simultaneamente elevar a frase à "altura" do "pensamento" e aproximá-la do padrão clássico latino, consiste na mudança da ordem sintagmática normal dos elementos da proposição na língua portuguesa. Assim, na ode que começa pelos versos:

> "As rosas amo dos jardins de Adônis,
> Essas volucres amo, Lídia, rosas,
>   Que em o dia em que nascem
>   Em esse dia morrem". [25],

temos um exemplo frisante da desarticulação sintática à qual Reis submete a frase. Se, no primeiro verso, há uma inversão do complemento direto em relação ao sujeito (antes e não depois do predicado), que é mais ou menos admissível segundo os cânones estilísticos habituais — da mesma forma que o fato de intercalar o verbo entre o complemento e o seu determinativo aparece como decorrente da figura do hipérbato [26], —, já a verdadeira contorção a que assistimos no segundo verso se revela completamente anormal e estranha. A ordem regular seria com efeito a seguinte: "Amo, Lídia, essas rosas volucres". O poeta permitiu-se, por conseguinte, com uma desenvoltura que faz pensar imediatamente na da sintaxe latina, alterar por completo a sucessão dos membros da frase. Esta violência sintática será mais perceptível se representarmos comparativamente os elementos do sintagma como duas séries de um conjunto, de que a primeira é a forma canônica e a segunda a empregada por Reis:

> A   B   C   D   E
> Amo, Lídia, essas rosas volucres
> C   E   A   B   D
> Essas volucres amo, Lídia, rosas

(24) *Páginas Íntimas e de Auto-Interpretação*, p. 390.
(25) *Reis*, p. 204.
(26) O caráter voluntário desta inversão e deste hipérbato é atestado pela existência de uma primeira variante deste verso, em que a ordem canônica é respeitada: "Eu amo as rosas dos jardins de Adônis". Cf. "Apêndice", "Notas e Variantes". In: *O.P.*, p. 728.

Não se trata apenas, como se pode ver, de uma separação do adjetivo (E) e do substantivo (D), pela interposição do verbo (A) e do vocativo (B). Há uma alteração completa das relações sintagmáticas: o adjetivo demonstrativo (C) é radicalmente afastado do nome correspondente (D), sendo ambos colocados na extremidade da frase, ao mesmo tempo que o qualificativo (E) é atraído da última para a segunda posição; o verbo inicial (A) passa a ocupar uma situação mediana, arrastando consigo o vocativo (B), que se entrincheira na penúltima posição do verso. Em suma, uma nova contiguidade se estabelece entre os diversos elementos do conjunto, repercutindo-se particularmente nos acentos rítmicos.

A sensação que à primeira vista daqui resulta é sem dúvida a de um artifício rebuscado, como um fim em si mesmo, para lá de qualquer função estilística exterior mais aparente. Mas, se bem atentarmos, a sua função é precisamente a de conotar a "elevação", a "nobreza", o "classicismo" da linguagem poética de Reis.

Poderíamos assinalar inúmeros outros exemplos desta de--construção e re-construção sintática. Ela transmite-se freqüentemente do verso à estrofe, quando não é esta que a determina, por razões de equilíbrio arquitetural. As odes de Reis são, com efeito, na variedade dos sistemas métricos em que se modelam (e que incluem desde os versos de duas aos de quinze sílabas, em combinações múltiplas), rigorosamente desenhadas nos seus contornos rítmicos e mesmo gráficos, como poderemos vê-lo através deste poema:

> "*Não consentem os deuses mais que a vida.*
> *Tudo pois refusemos que nos alce*
>   *A irrespiráveis píncaros,*
>   *Perenes sem ter flores.*
> *Só de aceitar tenhamos a ciência,*
> *E, enquanto bate o sangue em nossas fontes,*
>   *Nem se engelha conosco*
>   *O mesmo amor, duremos,*
> *Como vidros, às luzes transparentes*
> *E deixando escorrer a chuva triste*
>   *Só mornos ao sol quente*
>   *E refletindo um pouco*".[27]

Uma tal estrutura estrófica implica uma redistribuição constante da matéria verbal no interior do poema, através de arranjos, articulações e transportes versificatórios, em que se sente que o poeta, para utilizar as expressões de Caeiro, teve que

(27) *Reis*, p. 205.

"pôr verso sobre verso, como quem constrói um muro", de modo a "ver se está bem, e tirar se não está".[28] Nesta ode, mais particularmente, não surpreenderemos nem compreenderemos todo o sentido das transformações sintáticas senão integrando-as dentro do conjunto da economia estrutural do poema.

Deste ponto de vista, não nos parecerá de nenhum modo arbitrário que o poeta escreva, por exemplo: "Tudo pois refusemos, que nos alce / A irrespiráveis píncaros, / Perenes sem ter flores", em vez de, muito normalmente, como seria de esperar: "Recusemos pois tudo o que nos alce / A píncaros irrespiráveis, / Perenes sem ter flores". A separação de "tudo" e "que", além da evidente sugestão de um latinismo, permite pôr em relevo a palavra "refusemos" — forma arcaica de "recusemos", que acentua a "altura" e a "nobreza" do vocábulo.[29] —, colocando-a no centro do verso. Da mesma forma, a situação do substantivo "píncaros", entre os dois adjetivos "irrespiráveis" e "perenes", facilita pela sua transposição para o fim do verso o acordo entre o significado e o significante poético.

Por outro lado, a longa interpolação de uma proposição subordinada temporal, prolongada por uma coordenada copulativa, entre "E" e "duremos", suspendendo o sentido e o ritmo até quase perdermos o pé e o fôlego, não faz mais do que acentuar, versificatoriamente, essa lenta subida aos "irrespiráveis píncaros" do próprio poema, a partir dos quais se assiste, finalmente, ao "escorrer da chuva triste", que é também o da ode no movimento sereno do seu fecho.

Eis-nos pois perante uma ilustração significativa da poética de Reis: se a "frase" é "súdita" do pensamento, e o "ritmo" seu "escravo", pode dizer-se que ambos acabam por modelá-lo, através do trabalho do poeta sobre a escrita.

Este trabalho de construção poética situa-se não só ao nível da frase mas de unidades mais amplas do poema. E vemos assim Reis utilizar blocos estróficos inteiros em poemas diferentes, como se se tratasse de elementos pré-fabricados que bastaria apenas colocar no devido lugar. É o caso das duas últimas estrofes dos poemas [282] e [287] que são retomados quase sem modificações:

Quando acabados pelas Parcas, formos
Vultos solenes de repente antigos,

---

(28) *Caeiro*, p. 160. Cf. *supra*, p. 98.
(29) A preferência de Reis pelas palavras arcaicas e eruditas traduz, ao nível do léxico, como o mostrou J. do Prado Coelho, a obsessão de criar um "clima latinizante" na sua poesia, recuperando ao mesmo tempo o "valor fonético expressivo" de tais termos. *Diversidade e Unidade em Fernando Pessoa*, p. 137.

> *E cada vez mais sombras,*
> *Ao encontro fatal*
> *Do barco escuro no soturno rio,*
> *E os nove abraços do horror estígio,*
> *E o regaço insaciável*
> *Da pátria de Plutão".* 30

Elas encerram, com ligeiras adaptações de detalhe, duas odes diferentes, uma em que o hedonismo epicurista é dominante, outra em que a moral estóica é posta em evidência. Uma mesma conclusão parece com efeito convir-lhes: aquela em que a morte, simbolizada na mitologia clássica pelas Parcas e por Plutão, põe indiferentemente um termo ao prazer e à dor; e uma mesma linguagem, solene e rígida (ainda e sempre "alta" e "nobre"), se harmoniza com o respectivo "conteúdo", no plano da "expressão" poética. Reis não hesita portanto em servir-se, numa e noutra ode, de duas peças estróficas semelhantes, como um arquiteto adaptaria duas pedras idênticas a um idêntico fecho de abóbada.

A concepção do poeta como um artífice é aliás coerente com o classicismo de Reis, para quem a poesia, no sentido de *poiesis*, visa sempre a fabricação, o fazer, de um objeto. Não aponta ele ao seu "mestre" Caeiro a necessidade de este ser lógico consigo mesmo, enquanto poeta objetivista, de forma "a tornar os seus poemas *objetos*, como a pedra, quando cai, obedece à gravidade"[31]? E já o teorizador filosófico do Neopaganismo, Antônio Mora, próximo pelo classicismo de Reis, tinha revelado, a propósito dos gregos, o fato de que estes concebiam a obra de arte como uma "realidade exterior", mas uma realidade exterior que "pertence a determinada categoria — à das cousas exteriores fabricadas pelo Homem", o que implica "fatalmente", "um conceito do artista como sendo *um operário*".[32]

Este construtivismo da linguagem poética não é no entanto, em Ricardo Reis, contraditório com a existência, ao lado dos poemas exteriormente mais "artificiais", de um certo número de odes a que a simplicidade de tom (embora simulada) empresta uma beleza luminosa, no seu rigor perfeito:

> *"Para ser grande, sê inteiro: nada*
> *Teu exagera ou exclui.*
> *Sê todo em cada coisa. Põe quanto és*
> *No mínimo que fazes.*
> *Assim em cada lago a lua toda*
> *Brilha, porque alta vive".*[33]

---

(30) *Reis,* p. 202. No poema (287), de p. 205, há uma variante no primeiro verso da segunda estrofe ("o" em vez de "do") e outra no segundo verso ("frieza estígia" em vez de "horror estígio").
(31) *Páginas Íntimas e de Auto-Interpretação,* p. 360.
(32) *Páginas de Estética e de Teoria e Crítica Literárias,* p. 132.
(33) *Reis,* p. 239.

Reis atinge aqui uma harmonia e um equilíbrio exemplares da sua arte poética, através de uma disciplina da idéia, da emoção e do ritmo que parece, como ele pretendia, "natural" e "espontânea", porque elimina tudo o que poderia mostrar-se como "artificial" ou "refletido".

A partir dos pólos opostos da linguagem (a "prosa" e a "poesia") dir-se-ia que os horizontes de Ricardo Reis e de Alberto Caeiro tendem, ainda que por vias divergentes, a reencontrar-se, finalmente, numa mesma busca de uma linguagem poética "natural". Mas enquanto nos poemas de Caeiro predomina, num verso que se afirma "prosa", o plano sintagmático, sendo nele a metáfora sempre absorvida pelo pólo metonímico do discurso, nos poemas de Reis é pelo contrário a metonímia que é observada pelo pólo metafórico, de tal modo que a organização sintagmática do discurso assinala sempre uma substituição paradigmática, em que a linguagem se designa a si mesma, a cada passo, como "poesia".

Se quiséssemos encontrar uma definição simples da poética de Ricardo Reis, poderíamos sintetizá-la nesta sua frase:

"Deve haver, no mais pequeno poema de um poeta, qualquer coisa por onde se note que existiu Homero".[34]

(34) *Páginas Íntimas e de Auto-Interpretação*, p. 390.

Álvaro de Campos ou o Excesso de Expressão Poética

"Tenho mais sensações do que tinha quando me sentia eu".

A. DE CAMPOS

"Álvaro de Campos — o que é bastante curioso — encontra-se no extremo oposto, inteiramente oposto a Ricardo Reis", escreve Fernando Pessoa numa das suas fichas de identidade dos heterônimos.[1] Mas imediatamente acrescenta que, apesar disso, Campos "não é menos discípulo de Caeiro"; simplesmente, ao contrário de Reis, ele "aceitou de Caeiro, não o essencial e o objetivo, mas o aspecto deduzível e subjetivo da sua atitude"[2].

Assim, enquanto o poeta das odes neoclássicas, tendo partido do objetivismo, procurou equilibrá-lo com a subjetividade (o que nos permitiria definir a poética de Reis como um objetivismo subjetivo), já o poeta das odes futuristas leva o subjetivismo até ao seu excesso, ao objetivá-lo poeticamente (estamos, com a obra de Campos, perante um subjetivismo objetivo). A meio do caminho entre Caeiro e Pessoa "ele mesmo", ambos giram em torno destes dois pólos do poetodrama, com uma atração maior ou menor por cada um deles:

---

(1) *Páginas Íntimas e de Auto-Interpretação*, p. 349. Quanto aos elementos biográficos de Campos, cf. "Carta a A. Casais Monteiro". In: *Páginas de Doutrina Estética*, p. 265 e ss. Nascido em 1890, em Tavira, ele diferencia-se fisicamente de Caeiro e de Reis, sendo "entre branco e moreno", "alto, magro e um pouco tendente a curvar-se", "tipo vagamente de judeu português". Após uma "educação vulgar de liceu" (a que há que acrescentar a aprendizagem do latim com um tio padre, o que o aproxima de Reis), fez estudos universitários na Escócia, sendo engenheiro-naval por Glasgow, mas vive "em inatividade" em Lisboa. De assinalar uma viagem que fez ao Oriente, de onde resultou o poema "Opiário".

(2) *Páginas Íntimas e de Auto-Interpretação, ibidem*.

Campos com tendência a aproximar-se de Pessoa e Reis de Caeiro.

Seria, no entanto, demasiado esquemática uma sistematização das relações entre estes dois heterônimos que as reduzisse a essa oposição diametral: não é nunca, importa não esquecê-lo, de um sistema rígido que o poetodrama releva, mas de um jogo constante e aberto em que as linhas da objetividade e da subjetividade se entrecruzam a cada momento, sem que possa sempre dizer-se onde termina uma e começa a outra.

Como já acontecera com Caeiro e Reis, é antes de mais relativamente às "sensações" que Pessoa define a poesia de Campos. Se para este, da mesma forma que para o seu "mestre", "a sensação é tudo", o que o solicita não é, como Caeiro, "a sensação das coisas tais como são", mas sim "das coisas conforme sentidas".[3] No ato de percepção sensorial o que interessa Campos é o sujeito da sensação e não o seu objeto. E de tal modo este "filho indisciplinado da sensação" — como lhe chama Pessoa[4] — a encara subjetivamente, que as coisas lhe são em última análise indiferentes. Uma vez que "sentir é tudo", "é lógico concluir que o melhor é sentir toda a casta de coisas de todas as maneiras".[5] E Pessoa cita um verso célebre de Campos, que é diversamente glosado em vários dos seus poemas:

> "Sentir tudo de todas as maneiras.
> Viver tudo de todos os lados.
> Ser a mesma coisa de todos os modos possíveis ao mesmo tempo".[6]

> "Sentir tudo de todas as maneiras.
> Ter todas as opiniões.
> Ser sincero contradizendo-se a cada minuto".[7]

> "Sentir tudo de todas as maneiras.
> Sentir tudo excessivamente.
> Porque todas as coisas são em verdade excessivas.
> E toda a realidade é um excesso, uma violência".[8]

Este "excesso" das sensações torna-se, enquanto *leitmotiv* da poesia de Campos, também um "excesso de expressão"[9], dando-nos assim a chave da sua poética:

(3) *Idem, ibidem.*
(4) *Idem,* p. 350. As relações entre a "sensação" e a "disciplina" permitem a Pessoa o estabelecimento de oposições estruturais entre os três heterônimos: "Caeiro tem uma disciplina: as coisas devem ser sentidas tais como são. Ricardo Reis tem outra disciplina diferente: as coisas devem ser sentidas, não só como são, mas também de modo a integrarem-se num certo ideal de medida e regra clássicas. Em Álvaro de Campos as coisas devem ser simplesmente sentidas". *Ibidem.*
(5) *Idem, ibidem.*
(6) *Campos,* p. 303.
(7) *Idem,* p. 306.
(8) *Idem,* p. 374.
(9) Cf. "Ode Triunfal", em que Campos se propõe cantar as máquinas "com um excesso / de expressão de todas as minhas sensações" (p. 260). Cf. a este respeito, *infra,* p. 208.

"*Multipliquei-me para me sentir,
Para me sentir, precisei sentir tudo,
Transbordei, não fiz senão extravasar-me*". [10]

"*Experimentei mais sensações do que todas as sensações
                                                     que senti,
Porque, por mais que sentisse, sempre me faltou que sentir*". [11]

A multiplicidade infinita das sensações decorre da sua contradição mesma:

"*Histeria das sensações — ora estas ora as opostas*" [12].

Tal é o paroxismo sensorial de Campos, que fala ainda das suas "sensações sem nexo" e da

"*Turbulência tranqüila das sensações desencontradas* [13]

A indiferença do poeta perante o objeto das sensações torna-as no entanto para ele convergentes, apesar da sua diversidade e anarquia, enquanto sujeito que as experimenta:

"*Sentir tudo isso — todas essas coisas duma só vez — pela espinha*". [14]

Em relação ao "Sensacionismo" objetivo de Caeiro, Campos não é portanto "menos sensacionista propriamente dito" [15], antes pelo contrário. É mesmo a ele que se aplicou mais perfeitamente, de pleno direito, a designação de "poeta sensacionista", deplorada pelo "mestre", mas de que ostensivamente o discípulo se reclama:

"*Eu, o poeta sensacionista, enviado do Acaso
Às leis irrepreensíveis da Vida*". [16]

É na verdade Campos quem realiza mais conseqüentemente os postulados estético-poéticos do "Sensacionismo". Estes postulados, tais como os resume Pessoa num dos seus apontamentos, podem reduzir-se a três "princípios", por ele enumerados em forma de silogismo:

"*1. Todo o objeto é uma sensação nossa.
2. Toda a arte é a conversão de uma sensação em objeto.
3. Portanto, toda a arte é uma conversão duma sensação numa outra sensação*". [17]

Pessoa desenvolve estes princípios em diversos escritos, com variantes múltiplas. À sensação, no seu aspecto objetivo,

(10) *Campos*, p. 304.
(11) *Idem*, p. 300.
(12) *Idem*, p. 287.
(13) *Idem*, p. 300.
(14) *Idem*, p. 282.
(15) *Páginas Íntimas e de Auto-Interpretação*, p. 349.
(16) *Campos*, p. 306.
(17) *Páginas Íntimas e de Auto-Interpretação*, p. 168.

ele acrescenta a "consciência", seu aspecto subjetivo, como fundamento da "expressão artística" e portanto poética:

"Depois de uma sensação ser concebida como tal — o que dá a emoção artística — essa sensação passa a ser concebida como intelectualizada, o que dá o poder de ela ser expressa. Temos, pois:
(1) A sensação, puramente tal.
(2) A consciência da sensação, que dá a essa sensação um *valor*, e, portanto, um cunho estético.
(3) A consciência dessa consciência da sensação, de onde resulta uma intelectualização de uma intelectualização, isto é, o poder de expressão". [18]

Se a expressão poética emana da consciência das sensações, esta não acede verdadeiramente à arte (à poesia) senão na medida em que se torna consciência de si mesma. [19] Para o Sensacionismo não há pois sensações em estado bruto, mas sim sensações duplamente mediatizadas pela subjetividade do artista, do poeta, na medida em que são simultaneamente *sentidas e expressas*.

Esta expressão varia em função da natureza, da intensidade e da complexidade da sensação em causa: "para o sensacionisra, cada idéia, cada sensação a exprimir tem de ser expressa de uma maneira diferente daquela que exprime outra". [20] Exprimir consiste, por conseqüência, em objetivar a subjetividade: "Toda a arte é criação, e está portanto subordinada ao princípio fundamental de toda a criação: criar um todo objetivo ..." [21]

E assim nos confrontamos de novo com o objetivismo: Campos reencontra Caeiro, após dele se ter afastado. O poeta pode agora escrever:

"*Tenho mais sensações do que quando me sentia eu*". [22]

Ou mais objetivamente ainda:

"*Sou uma sensação sem pessoa correspondente*". [23]

Mas não pode deixar de confessar, subjetivamente, a si mesmo:

"*És importante para ti, porque é a ti que te sentes,
És tudo para ti, porque para ti és o universo,
E o próprio universo e os outros
Satélites da tua subjetividade objetiva*".. [24]

---

(18) *Idem*, p. 192.
(19) Cf. sobre esta concepção da arte como "consciência da consciência", Stephan Lupasco, que no seu estudo sobre a "lógica da estética" se interroga: "Não será todo o acontecimento estético uma consciência da consciência, um conhecimento do conhecimento?" *Logique et Contradiction, op. cit.*, p. 163.
(20) Cf. *Páginas Íntimas e de Auto-Interpretação*, p. 159.
(21) *Idem*, p. 160.
(22) *Campos*, p. 342.
(23) *Idem*, p. 339.
(24) *Idem*, p. 319.

É como toda a propriedade que Campos fala dos "outros satélites da sua subjetividade objetiva". Há com efeito vários Campos, que giram em torno do núcleo sensacionista da sua obra, em órbitas diferentes mas que se intersseccionam. A primeira manifestação poética de Álvaro de Campos é, pode dizer-se, pré-sensacionista, e compõe-se de um único poema, publicado no número inaugural de *Orpheu*: trata-se do célebre "Opiário", supostamente escrito pelo poeta-engenheiro durante a sua viagem ao Oriente, no Canal de Suez. Nele encontramos a expressão de uma espécie de fadiga precoce e antecipada do excesso das sensações, que se manifestará na fase final da sua poesia:

> "É antes do ópio que a minha alma é doente.
> Sentir a vida convalesce e estiola
> E eu vou buscar ao ópio que consola
> Um Oriente ao oriente do Oriente"..25

Esgotados de antemão os limites da sua busca de uma "Índia" da sensibilidade, nos confins de um Oriente em que não fora encontrar, finalmente, senão o que nele era já o Ocidente, não lhe resta mais do que uma última viagem em si mesmo, através do ópio:

> "Fumo, canso. Ah, uma terra onde, enfim,
> Muito a leste não fosse, o oeste já!
> Para que fui visitar a Índia que há
> Se não há Índia senão a alma em mim?".26

A Índia das Descobertas — ai dele! — ficou bem longe na História:

> "Pertenço a um gênero de Portugueses
> Que depois de estar a Índia descoberta
> Ficaram sem trabalho. A morte é certa.
> Tenho pensado nisso muitas vezes"..27

Desiludido da sua experiência oriental, Campos regressa enfim à velha Europa, condenado agora a um sonambulismo poético:

> "Volto à Europa descontente, e em sorte
> De vir a ser um poeta sonambúlico". 28

Cansado das sensações, o poeta não poderá, na verdade, readaptar-se a um qualquer real que não seja *outro*: a sua verdadeira "pátria" é sempre alhures, como para Rimbaud a verdadeira vida estava ausente:

(25) *Idem*, p. 255.
(26) *Idem*, p. 256.
(27) *Idem*, p. 258.
(28) *Idem*, p. 257.

> "*Não posso estar em parte alguma. A minha
> Pátria é onde não estou*".[29]

E tudo desemboca para ele no absurdo, no tédio, na fadiga da própria fadiga (temas retomados mais tarde noutros poemas de Campos):

> "*O absurdo, como uma flor da tal Índia
> Que não vim encontrar na Índia, nasce
> No meu cérebro farto de cansar-se*".[30]

O poeta acaba por não aspirar senão à calma, à ataraxia das sensações, anunciando assim o fracasso do Sensacionismo:

> "*E afinal o que quero é fé, é calma,
> E não ter estas sensações confusas*"..[31]

Este poema premonitório pertence num certo sentido, tanto pela sua "forma do conteúdo" como da "expressão", a um poeta anterior ao verdadeiro heterônimo Álvaro de Campos. Pessoa reconhece-o explicitamente quando afirma que se trata de um poema "antigo" de Campos — "um poema de como o Álvaro de Campos seria antes de ter conhecido Caeiro e ter caído sob a sua influência".[32]

"Opiário" é, visivelmente, ainda subsidiário do decadentismo post-simbolista, que caracteriza também a poesia de Mário de Sá-Carneiro, a quem o poema é aliás dedicado..[33] As imagens, as metáforas, os símbolos, que por vezes se sobrepõem ("Ao toque adormecido da morfina / Perco-me em transparências latejantes / E numa noite cheia de brilhantes / Ergue-se a lua como a minha Sina"[34]), são típicos desta atmosfera poética em que banham por outro lado os poemas "páulicos" de Fernando Pessoa "ele mesmo".

Do ponto de vista versificatório, Campos não tinha ainda optado pelo verso livre: o poema é todo em quadras de decassílabos rimados, mas que "abundam em fugas e dissonâncias", como o próprio Pessoa o reconhece, a propósito duma crítica a outro poeta cuja técnica de versificação é comparada à do "Opiário".[35] As quebras a que Campos submete a regularidade exterior do verso (através sobretudo de *enjambements* ousados e insólitos) prefiguram já certos dos seus

---

(29) *Idem, ibidem*.
(30) *Idem*, p. 259.
(31) *Idem, ibidem*.
(32) "Carta a Casais Monteiro". In: *Páginas de Doutrina Estética*, p. 265.
(33) Pessoa revela na carta a Casais Monteiro precedentemente citada que a idéia de escrever este poema foi por ele sugerida a Sá-Carneiro "para completar o número de páginas" do primeiro número de *Orpheu*.
(34) *Campos*, p. 255.
(35) *Páginas de Doutrina Estética*, p. 238.

sonetos, em que o virtuosismo da utilização desta forma clássica, desarticulando-a do interior, se sucede ao desbordar do versilivrismo, uma vez abrandada a febre futurista.

Um problema se levanta, justamente, acerca do "Futurismo" de Álvaro de Campos: será este um simples avatar do Sensacionismo, ou ao contrário o Sensacionismo "um equivalente português do Futurismo".[36]? Pessoa ora parece reconhecer-se neste movimento poético, chamando a Campos "poeta futurista", ora insiste no que o diferencia das concepções literárias e estéticas de Marinetti, embora em certos textos dele explicitamente se reclame. Assim, num fragmento crítico datado de 1916, ele escreve por exemplo que "o sensacionismo prende-se à atitude enérgica, vibrante, cheia de admiração pela Vida, pela Matéria e pela Força, que tem lá fora representantes como Verhaeren, Marinetti, ...(etc.)"[37] E numa carta dirigida a um editor inglês, em que descreve a gênese do Sensacionismo, Pessoa explica que este descende (além do "simbolismo" francês e do "panteísmo transcendentalista" português) da "baralhada de coisas sem sentido e contraditórias de que o futurismo, o cubismo e outros quejandos são expressões ocasionais".[38] Ele tem entretanto a preocupação de precisar que esta descendência deriva "mais do seu espírito do que de sua letra".[39]

Entretanto, o único texto verdadeiramente futurista de Álvaro de Campos parece ser o "Ultimatum", publicado no primeiro e único número de *Portugal Futurista*, revista da iniciativa dos dois grão-mestres do movimento, Almada Negreiros e Santa-Rita Pintor. Este manifesto, que é uma diatribe violenta contra os "mandarins da Europa", isto é, contra as figuras de proa de quase todas as correntes literárias e artísticas da época, é pelo poeta considerado como "a obra mais inteligente de literatura jamais saída da Grande Guerra".[40] Embora nem aí Campos se reclame abertamente do Futurismo, Pessoa parece admiti-lo implicitamente, nesse texto destinado a servir de prefácio a uma tradução inglesa.

Pelo contrário, num protesto dirigido ao diretor do *Diário de Notícias* por "Álvaro de Campos, engenheiro e poeta sensacionista", a propósito da crítica a um livro de Mário de Sá-Carneiro, ele insiste com toda a força no fato de que "falar em futurismo, quer a propósito do 1.º n.º *Orpheu* quer a propósito do livro do Sr. Sá-Carneiro, é a coisa mais disparatada que se pode imaginar. Nenhum futurista tragaria o Orpheu".[41]

---

(36) Cf. neste sentido Georg Rudolf Lind, *Teoria Poética de Fernando Pessoa*, p. 159 e ss.
(37) *Páginas Íntimas e de Auto-Interpretação*, p. 126.
(38) *Idem*, p. 134.
(39) *Idem, ibidem*.
(40) *Idem*, p. 410.
(41) *Idem*, p. 413.

E como prova disso mesmo cita Campos o "Interseccionismo", que é de todo em todo oposto à estética objetiva, analítica e dinâmica do Futurismo: " . . . Se há cousa que seja típica do Interseccionismo (tal é o nome do movimento português) é a subjetividade excessiva, a síntese levada ao máximo, o exagero da atitude *estática*".⁴² E Campos alude, exemplificativamente, ao "drama estático" *O Marinheiro*. Mas ele acaba por reconhecer, finalmente, que "a (sua) 'Ode Triunfal', no 1°. número do *Orpheu*, é a única cousa que se aproxima do futurismo". Sem deixar de acrescentar: "Mas aproxima-se pelo assunto que me inspirou, não pela realização — e em arte a forma de realizar é que caracteriza e distingue as correntes e as escolhas. Eu, de resto, nem sou interseccionista (ou páulico) nem futurista. Sou eu, apenas eu, preocupado apenas comigo e com as minhas sensações".⁴³

Campos toca aqui com o dedo no único problema pertinente de um ponto de vista poético: é no plano da "forma" (do "conteúdo" e da "expressão") que importa *ler* os seus poemas geralmente apelidados de futuristas ("Ode Triunfal", "Ode Marítima", "Passagem das Horas", etc.), sem começar por querer inseri-los *a priori* num movimento estético que lhes é hipoteticamente extrínseco.

Se quisermos no entanto buscar uma teoria subjacente a estes poemas, ela encontra-se mais intrinsecamente na "estética não-aristotélica", proposta num ensaio assinado pelo próprio Álvaro de Campos. Nele o autor da "Ode Marítima" defende, em oposição à estética clássica (aristotélica), baseada na "idéia de beleza", uma estética fundada sobre a idéia de "força": "Chamo estética aristotélica à que pretende que o fim da arte é a beleza, ou, dizendo melhor, a produção nos outros da mesma impressão que a que nasce da contemplação ou sensação das coisas belas (. . .) Creio poder formular uma estética baseada, não na idéia de beleza, mas na de *força* — tomando, é claro, a palavra força no seu sentido abstrato e científico; porque se fosse no vulgar, tratar-se-ia, de certa maneira, apenas de uma forma disfarçada de beleza". ⁴⁴

As "formas da força" originam-se, para Álvaro de Campos, elas mesmas na "vida": "Como a arte é produzida por entes vivos, sendo pois um produto da vida, as formas da força que se manifestam na arte são as formas da força que se manifestam na vida".⁴⁵ Ora, a "vida" da arte é, essencialmente, a "sensibilidade": "a arte, como é feita por se sentir e para se sentir —

---
(42) *Idem, ibidem.*
(43) *Idem*, p. 414.
(44) "Apontamentos para uma Estética Não-Aristotélica". In: *Páginas de Doutrina Estética*, p. 148.
(45) *Idem*, p. 149.

sem o que seria ciência ou propaganda — baseia-se na sensibilidade. A sensibilidade é pois a *vida* da arte".[46]

Eis-nos assim reconduzidos ao Sensacionismo. Campos procura antes de mais nada definir no seu ensaio os meios de que a arte se serve para comunicar as sensações. O pólo sentir predomina, com efeito, no artista não-aristotélico, sobre o pólo pensar: "... ao passo que o artista aristotélico subordina a sua sensibilidade à inteligência, para poder tornar essa sensibilidade humana e universal, e assim poder *captar* os outros, o artista não-aristotélico subordina tudo à sua sensibilidade, para assim, tornando a sua sensibilidade *abstrata* como a inteligência (sem deixar de ser sensibilidade), *emissora* como a vontade (sem que por isso seja vontade), se tornar *um foco emissor abstrato sensível* que force os outros, queiram eles ou não, a sentir o que ele sentiu".[47]

Esta concepção da arte como "foco emissor" de sensações convém exatamente às grandes odes ditas futuristas de Campos.[48] Tentemos ver como nelas a linguagem poética é sensorialmente irradiante.

A "Ode Triunfal" seria aquela que pelo seu "tema" — diria Campos — mais se aparentaria ao Futurismo: trata-se de um canto à máquina, à vida mecânica e industrial, à "civilização quotidiana" moderna. O poeta (não esqueçamos que se trata de um engenheiro) escreve mergulhado no interior de uma fábrica:

> *"A dolorosa luz das grandes lâmpadas elétricas da fábrica*
> *Tenho febre e escrevo.*
> *Escrevo rangendo os dentes, fera para a beleza disto,*
> *Para a beleza disto totalmente desconhecido dos antigos".*[49]

Estes primeiros versos do poema são desde logo um eco da estética da "força" oposta à da "beleza" clássica. É verdade que Campos fala ainda aqui de "beleza", mas ele próprio mostrara como "a idéia de beleza pode ser uma força", em certos casos: "Quando a 'idéia' de beleza seja uma 'idéia' da sensibilidade, uma *emoção* e não uma idéia, uma disposição sensível do temperamento, essa 'idéia' é uma força. Só quando é uma simples idéia *intelectual* de beleza é que não é uma força".[50] Ora, se prosseguirmos a leitura do poema, depressa se torna visível que o seu verdadeiro alcance não é a beleza das máquinas

---

(46) *Idem*, p. 150.
(47) *Idem*, p. 159.
(48) Segundo Campos, "só houve três verdadeiras manifestações de arte não-aristotélica. A primeira está nos assombrosos poemas de Walt Whitman; a segunda está nos poemas mais que assombrosos do meu mestre Caeiro; a terceira está nas duas odes — a "Ode Triunfal" e a "Ode Marítima" — que publiquei no *Orpheu*". *Idem*, p 163.
(49) *Campos*, p. 260.
(50) "Apontamentos para uma Estética Não-Aristotélica". In: *Páginas de Doutrina Estética*, p. 160.

enquanto tais, mas as sensações que elas provocam, ou melhor ainda, a "expressão" dessas sensações:

> "Ó rodas, ó engrenagens, r-r-r-r-r-r- eterno!
> Forte espasmo retido dos maquinismos em fúria!
> Em fúria fora e dentro de mim,
> Por todos os meus nervos dissecados fora,
> Por todas as papilas fora de tudo com que eu sinto!
> Tenho os lábios secos, ó grandes ruídos modernos,
> De vos ouvir demasiadamente de perto,
> E arde-me a cabeça de vos querer cantar com um excesso
> De expressão de todas as minhas sensações,
> Com um excesso contemporâneo de vós, ó máquinas!".51

Este "excesso de expressão", correspondente ao "excesso" de sensações, caracteriza perfeitamente a poética de Álvaro de Campos. Ele tende para um ajustamento total do significante e do significado, que se manifesta na textura e no ritmo do poema.

Se o poeta escreve:

> "Ah, poder exprimir-me todo como um motor se exprime!" 52,

este *desideratum* poético consuma-se através da realização, no plano sintagmático, da comparação-metáfora que serve de ponto de partida ao desencadear da expressão. E, como um "motor", o verso põe-se em movimento

> "Rugindo, rangendo, ciciando, estrugindo, ferreando"..53

As onomatopéias, as aliterações, as acumulações reiterativas fazem um só corpo com o sentido. E nós experimentamos fisicamente esta mesma

> "Promíscua fúria de ser parte-agente
> Do rodar férreo e cosmopolita
> Dos comboios estrênuos,
> Da faina transportadora-de-cargas dos navios,
> Do giro lúbrico e lento dos guindastes,
> Do tumulto disciplinado das fábricas,
> E do quase silêncio ciciante e monótono das correias de transmissão".54

Os processos retóricos dominantes na poesia de Campos são as figuras que Fontanier designava como "de elocução por dedução", pelas quais o poeta busca "esgotar num certo sentido a expressão", reproduzindo-a "com a mesma forma ou com formas diferentes". 55 As "repetições", as "metáboles", as

(51) *Campos*, p. 260.
(52) *Idem, ibidem*.
(53) *Idem, ibidem*.
(54) *Idem*, pp. 260 e 261.
(55) Cf. *Les Figures du Discours*, Paris, 1968, p. 323. "Quer-se tornar uma idéia principal mais viva, mais luminosa, em que o coração se fixe pela força do sentimento? Crê-se então que *não se exprimiu nunca suficientemente*, e, *para esgotar num certo sentido a sua expressão*, deduz-se ainda de si mesma e reproduz-se com a mesma forma ou com formas diferentes". (Grifo nosso.)

"gradações", nela se encontram abundantemente exemplificadas, nas suas diversas espécies. Elas conjugam-se com as figuras "de elocução por ligação", sobretudo a "disjunção" *(sindéton)* e a "conjunção" *(polissindéton)*, que permitem uma justaposição ao mesmo tempo mais exaustiva e mais cerrada das palavras no interior do verso e do poema, através de uma enumeração falsamente caótica.[56]

A figura central, à volta da qual vêm organizar-se todas as outras, é no entanto a "gradação", na sua dupla forma de "gradação ascendente" e "descendente". Ela constitui, precisamente, o processo mais propício à realização do "excesso de expressão", prosseguido por Campos, pois permite uma acumulação (progressiva e degressiva) dos efeitos poéticos. Atingido o auge da expressão (forma ascendente), o mesmo movimento se produz, mas em sentido inverso (forma descendente), do excesso até ao seu esgotamento no vazio:

> *"Senti demais para poder continuar a sentir.*
> *Esgotou-se-me a alma, ficou só um eco dentro de mim.*
>
> ....
>
> *Dentro de mim há um só vácuo, um deserto, um mar noturno".*[57]

como escreve Campos na "Ode Marítima".

Esta ode é toda ela, pela sua estrutura, o melhor exemplo desse duplo movimento de gradação da expressão poética, numa circularidade que vai do nada ao tudo (ao mais que tudo?) e do tudo ao nada. Tal movimento processa-se a partir de uma metáfora que constitui a mola impulsionadora do poema e de que este é a expansão sintagmática: o "volante" interior do poeta (como o "motor" da "Ode Triunfal"), que o identifica metonimicamente ao próprio navio, símbolo da vida marítima de que a ode é a exaltação.[58] O ritmo do poema não é mais do que a "expressão" do seu "conteúdo", através de uma "forma" que os liga e adequa intimamente: o "volante" constitui o centro regulador de movimento do poema. Assim, este não é de nenhum modo desordenado e caótico, mas pelo contrário rigorosamente

---

(56) Dizemos *falsamente* caótica porque na realidade este "caos" é ordenado em função das gradações internas e da construção estrutural dos poemas. De resto, no seu estudo sobre o que chama a "enumeração caótica", Léo Spitzer mostra como uma série enumerativa "heterogênea" pode ter quer uma função "conjuntiva" quer "disjuntiva", o que põe em causa a pertinência "estilística" do qualificativo. Cf. "La enumeración caótica en la poesía moderna". In: *Lingüística e Historia Literaria*, Madrid, 1961.
(57) *Campos*, pp. 285-286.
(58) Esta mesma metáfora do volante referida ao poeta se encontra em diferentes poemas de Campos: "Todas as rodas, todos os êmbolos da alma" ("Saudação a Walt Whitman", p. 299); "Colhe no giro do teu volante vertiginoso e pesado / Os corpos de todas as filosofias, os tropos de todos os poemas./ Esfrangalha-os e fica só tu, volante abstrato nos ares" ("Passagem das Horas", p. 313); "Meu corpo é um centro de um volante" (p. 377).

orquestrado em função da gradação ascendente e descendente que o comanda.[59]

Vejamos mais de perto, embora num sobrevôo que não pode dar minuciosamente conta de todas as suas modulações rítmicas, como a ode se organiza.

O poeta (o sujeito do poema) está face ao oceano, olhando do porto o horizonte distante. A partir do nada de onde só algo de vago vai emergindo, ele começa a distinguir um navio, lento, a aproximar-se:

> "Sozinho, no cais deserto, a esta manhã de Verão,
> Olho pró lado da barra, olho pró Indefinido,
> Olho e contenta-me ver,
> Pequeno, negro e claro, um paquete entrando". [60]

Mas, ao olhar o navio, é com a "Distância", a "Manhã", o "sentido marítimo" da "Hora", que o poeta se identifica, numa visão que insensivelmente o "volante" interior em si desperta, ao pôr-se em movimento:

> "Olho de longe o paquete, com uma grande independência de alma,
> E dentro de mim um volante começa a girar, lentamente". [61]

A imaginação do poeta destaca-se assim progressivamente, numa gradação cadenciada, do cais marítimo circundante, transpondo-se metafisicamente para um Cais "simbólico", o "Cais Absoluto", o "Grande Cais Anterior", que surge como o arquétipo de todos os cais, de que o cais presente não é, platonicamente, mais do que "uma saudade de pedra":

> "Ah, que essencialidade de mistério e sentido parados
> Em divino êxtase revelador
> Às horas cor de silêncios e angústias
> Não é ponte entre qualquer cais e O Cais!"[62]

É desse Cais misterioso que o poeta se evade para todas as viagens marítimas, com as suas partidas e chegadas de navios, que são a imagem duma circularidade transcendente, "fora do Espaço e do Tempo":

> "Os navios que entram na barra,
> Os navios que saem dos portos,
> Os navios que passam ao longe
> (Suponho-me vendo-os duma praia deserta) —

---

(59) A. Coimbra Martins viu com justeza que a "Ode Marítima" se compõe de "andamentos" como as "sinfonias", na sua análise da estrutura deste poema, que em certos aspectos coincide com a que aqui propomos. Cf. De Castilho a Pessoa *BULLETIN DES ÉTUDES PORTUGAISES*, vol. XXX. Mas já não nos parece coerente com os pressupostos dessa análise quando, a certo momento, fala de um "metrônomo incongruente" a propósito do movimento do volante (do poema). Como aqui mostramos, este movimento é perfeitamente regulado segundo uma gradação circular.
(60) *Campos*, p. 270.
(61) *Idem, ibidem*.
(62) *Idem*, pp. 271-272.

> Todos esses navios abstratos quase na sua ida,
> Todos esses navios comovem-me como se fossem outra coisa
> E não apenas navios, indo e vindo". [63]

À evocação da vida marítima,

> "Toda a vida marítima, tudo na vida marítima!" [64]

o poema ganha agora um ritmo mais rápido, que se traduz na freqüência das anáforas e de outras reiterações verbais. A aceleração do volante acentua-se ainda, a um simples estímulo de um navio apitando no Tejo:

> "Soa no acaso do rio um apito, só um.
> Treme já todo o chão do meu psiquismo,
> Acelera-se cada vez mais o volante dentro de mim". [65]

E, ao progredir para a "Distância", a visão extática do poeta intensifica-se e alarga-se, síncrona com o ritmo do volante interior:

> "O êxtase em mim levanta-se, cresce, avança
> E com um ruído cego de arruaça acentua-se
> O giro vivo do volante". [66]

O momento de *acmê* do poema está próximo:

> "Subitamente, tremulamente, exorbitantemente,
> Com uma oscilação viciosa, vasta, violenta
> Do volante vivo da minha imaginação,
> Rompe, por mim, assobiando, silvando, vertiginando,
> O cio sombrio e sádico da estrídula vida marítima". [67]

A concentração expressiva atinge o seu apogeu: acumulações de onomatopéias, de aliterações, de rimas internas, de assonâncias etc., numa gradação cada vez mais intensa, desbordando de excesso. [68] A partir daqui o poema não é mais do que uma série de imprecações, de gritos, em que marinheiros e piratas se misturam nas violências da vida marítima, numa explosão histérica do próprio volante com que o poeta se identifica, enquanto sujeito e objeto das suas sensações visionárias:

> "Com tal velocidade desmedida, pavorosa,
> A máquina de febre das minhas visões desbordantes
> Gira agora que a minha consciência, volante,
> É apenas um nevoento círculo assobiando no ar". [69]

(63) *Idem*, p. 273.
(64) *Idem, ibidem*.
(65) *Idem*, p. 274.
(66) *Idem*, p. 276.
(67) *Idem*, p. 276.
(68) É interessante notar que, ao referir-se num dos seus escritos ao "excesso" de expressão, Paul Valéry dá precisamente como exemplo a visão de um porto, enquanto "carnaval de sensações", que poderia aplicar-se a certas passagens da "Ode Marítima": "O excesso, o abuso das palavras restituirá a variedade dos momentos e dos elementos, a confusão das pessoas e das coisas, a multiplicidade das máquinas, das manobras e dos atos . . ." *Oeuvres*, Paris, ed. Pléiade, 1960, vol. II, p. 860.
(69) *Campos*, p. 283.

Atingido o espasmo das sensações, algo se quebra no entanto dentro do poeta:

> "*Parte-se em mim qualquer coisa (. . .)*
>
> . . . .
>
> *Decresce sensivelmente a velocidade do volante*" [70]

À medida que o ritmo do volante interior assim abranda, pouco a pouco, a memória da infância acorda no poeta, como uma "leve brisa marítima": dir-se-ia que, se o volante funciona ainda, é agora ao contrário, numa cadência cada vez mais lenta e doce, como a das velhas canções de embalar. Mesmo que o poeta tente acelerá-lo de novo, será em vão. O volante acabará por parar de todo, insensivelmente, como começara:

> "*Com um ligeiro estremecimento,*
> *(T-t--t---t----t-----t ...)*
> *O volante dentro de mim pára*" [71]

E o poema fecha-se num movimento inverso ao do início: é agora um navio que deixa a barra, até desaparecer ao longe, no oceano indefinido:

> "*Primeiro o navio a meio do rio, destacado e nítido,*
> *Depois o navio a caminho da barra, pequeno e preto,*
> *Depois ponto vago no horizonte (ó minha angústia!),*
> *Ponto cada vez mais vago no horizonte ...,*
> *Nada depois (. . .)*". [72]

A ode obedece assim a um movimento de rotação: e a última imagem do poema é, justamente, a de um guindaste que, "como um compasso que gira", traça, diz o poeta,

> *. . . um semicírculo de não sei que emoção*
> *No silêncio comovido da minh'alma . . .*" [73]

Não pudemos, infelizmente, dar aqui mais do que um pálido simulacro da estrutura das odes de Campos, que se caracteriza antes de mais nada por um "poder de construção e de desenvolvimento ordenado", como diz Pessoa acerca da "Ôde Triunfal". [74] Mas ele elogia sobretudo a "Ode Marítima" que é, em seu entender, "uma autêntica maravilha de organização", chegando a ponto de afirmar que "nenhum regimento alemão jamais possuiu a disciplina interior subjacente a esta com-

---

(70) *Idem,* p. 285-286.
(71) *Idem,* p. 293.
(72) *Idem, ibidem.*
(73) *Idem, ibidem.*
(74) *Páginas Íntimas e de Auto-Interpretação* p. 150.

posição". [75] E Pessoa acrescenta que "as mesmas consideraçoes são de aplicar à magnífica 'Saudação a Walt Whitman...'" [76]

A este respeito, pode perguntar-se, no entanto, se há na realidade entre Álvaro de Campos e o poeta americano a identidade perfeita que aquele proclama na ode que lhe dedicou:

> Meu velho Walt, meu grande camarada, evohé!
> Pertenço à tua orgia báquica das sensações em liberdade.
> Sou dos teus, desde a sensação dos meus pés até a náusea em meu sonho
> Olha para mim, tu sabes que eu, Álvaro de Campos, engenheiro,
> Poeta sensacionista,
> Não sou teu discípulo, não sou teu amigo, não sou teu cantor.
> Tu sabes que eu sou Tu e estás contente com isso!" [77]

Para além das afinidades de uma linguagem discursiva e de fôlego amplo, em que as anáforas e as enumerações são igualmente predominantes, podem constatar-se entre os dois poetas diferenças sensíveis, de que aliás Pessoa é perfeitamente consciente, quando escreve: "Álvaro de Campos define-se excelentemente como sendo um Walt Whitman com um poeta grego lá dentro. Há nele toda a pujança da sensação intelectual, emocional e física que caracterizava Whitman; mas nele verificou-se o traço precisamente oposto" [78], que é segundo Pessoa o já referido "poder de construção e de desenvolvimento ordenado de um poema" [79], característico das grandes odes de Campos.

Com efeito, enquanto na poesia whitmaniana as sensações, e a sua expressão, se encontram em estado de força bruta, irreprimível e torrencial, que rebenta todos os diques e se derrama em aluviões por sobre as margens, a poesia de Campos não abandona nunca, mesmo nos momentos de maior intensidade, uma contenção formal em que a consciência, a subjetividade do poeta se objetivam no rigoroso construtivismo do poema. Sob este aspecto, ele aproxima-se do neoclassicismo de Reis, ao qual de outros pontos de vista se opõe: a referência ao "poeta grego" ínsito em Álvaro de Campos é inteiramente pertinente.

Muitos outros traços distintivos poderíamos assinalar entre o poeta da "Ode Triunfal" e o de "Leaves of Grass". [80] O que não é de admirar se considerarmos a diferença de mundividências poéticas que separa um poeta que canta uma ci-

---

(75) *Idem, ibidem.*
(76) *Idem, ibidem.*
(77) *Campos*, p. 295.
(78) *Páginas Íntimas e de Auto-Interpretação*, pp. 149-250.
(79) Cf. *supra*, pág. anterior.
(80) Importa ainda relevar com Pessoa as diferenças existentes entre Whitman e Alberto Caeiro: "Enquanto que Whitman introduz insistentemente significados transcendentais na Natureza, não há nada que possa estar mais afastado da atitude de Caeiro do que isso; é, na verdade, exatamente o oposto à sua atitude". Além disso, e ainda segundo Pessoa, do ponto de vista do significante, "Whitman tem realmente um sentido do ritmo métrico (...) O ritmo de Caeiro é notavelmente ausente". (O que é como vimos discutível.) Cf. *Páginas Íntimas e de Auto-interpretação*, pp. 372 e 374

vilização e um continente ainda jovem e sem história, em que o progresso e a técnica são valores positivos e em fase ascendente, de um poeta que não busca na máquina senão as sensações, evadindo-se assim de uma civilização alienada e em crise.

Esta alienação, Campos ressente-a dramaticamente, tocando o seu próprio fundo, no vazio subseqüente, e inerente já, à orgia da sua imaginação sensorial, como tão bem o exprime a parte final do poema "Passagem das Horas":

> *"Eu que, veloz, voraz, comilão da energia abstrata,*
> *Queria comer, beber, esfolar e arranhar o mundo,*
> *Eu, que só me contentaria com calcar o universo aos pés,*
> *Calcar, calcar, calcar até não sentir . . .*
> *Eu sinto que ficou fora do que imaginei tudo o que quis,*
> *Que embora eu quisesse tudo, tudo me faltou".*[81]

Será essa a outra face da poesia de Campos, que nos dá o reverso, o negativo das próprias sensações. Do excesso de ser, se assim podemos falar, o poeta de novo recai no nada: daí a náusea existencial que agora como uma obsessão o habita e de que o "Opiário" era um pressentimento.

O poema "Tabacaria" pode ser considerado um dos mais significativos deste ciclo. Nele assistimos, como já mostramos, a uma nadificação épica do tudo. [82] Após ter experimentado toda a espécie de crenças, de filosofias, de sistemas, o poeta descobre o seu fracasso, que não é mais do que a sua incapacidade de ser:

> *"Tenho feito filosofias em segredo que nenhum Kant escreveu,*
> *Mas sou, e talvez serei sempre, o da mansarda,*
> *Ainda que não more nela.*
> *Serei sempre o que não nasceu para isso,*
> *Serei sempre só o que tinha qualidades;*
>
> . . . .
>
> *Crer em mim? Não, nem em nada* [83]

Este fracasso, esta incapacidade que nenhuma transcendência metafísica conseguiu nele superar, Campos assume-os num outro poema como a sua própria condição de poeta:

> *"Poesia transcendental, já a fiz também:*
> *Grandes raptos líricos, também já por cá passaram!*
> *A organização de poemas relativos à vastidão de cada assunto resolvido em vários*
> *Também não é novidade.*
> *Tenho vontade de vomitar, e de me vomitar a mim . . .*
> *Tenho uma náusea que, se pudesse comer o universo para despejar na pia, comia-o . . .".* [84]

---

(81) *Campos*, p. 313.
(82) Cf. *supra*, p. 58.
(83) *Campos*, p. 325.
(84) *Idem*, p. 380.

Não tinha ele, em verdade, escrito na "Tabacaria" que

" . . . *a metafísica é uma conseqüência de estar mal disposto*"? 85

É um outro Campos, um Campos doente das próprias sensações, que agora temos diante de nós:

"Coitado do Álvaro de Campos!
Tão isolado na vida! Tão deprimido nas sensações!" 86

Nada mais resta ao poeta, afinal, do que a consolação de ter atingido uma espécie de insensibilidade libertadora:

"Vale a pena sentir para ao menos deixar de sentir". 87

O tom dos poemas passa a ser diferente, mesmo se os processos retóricos permanecem (séries reiterativas, anáforas, gradações). Não é já o paroxismo do excesso que a linguagem atinge, mas um abandono espasmódico, semelhante ao da parte final da "Ode Marítima", e que traduz a incomensurável fadiga do poeta:

"Para mim só um grande, um profundo
E, ah com que felicidade infecundo, cansaço,
Um supremíssimo cansaço,
Íssimo, íssimo, íssimo,
Cansaço". 88

Ou igualmente:

"Eu, eu mesmo . . .
Eu cheio de todos os cansaços
Quantos o mundo pode dar. —
Eu . . .
. . . . .
Mas eu, eu . . .
Eu sou eu,
Eu fico eu,
Eu . . .". 89

As partes terminais destes dois poemas mostram bem como as reiterações seguem aqui uma curva descendente, numa gradação degressiva, até desembocarem no verso final, composto de uma só palavra, como uma última pulsação do "volante" interior do poeta. Há pois uma simples inversão do sentido (da significação e da direção) da estrutura rítmica, que se mantém no essencial.

(85) *Idem*, p. 327.
(86) *Idem*, p. 384.
(87) *Idem*, p. 383.
(88) *Idem*, p. 361.
(89) *Idem*, pp. 364-365.

E eis-nos enfim confrontados à caracterização da linguagem poética de Álvaro de Campos em função do ritmo, relativamente aos dois pólos a que Pessoa a reconduz: a "prosa" e a "poesia". Falando desta, Campos definiu-a ele próprio como "aquela forma de prosa em que o ritmo é artificial".[90] Em que consiste segundo ele esse artifício? Em "criar pausas especiais e antinaturais diversas das que a pontuação define, embora às vezes coincidentes com ela", "pela escrita do texto em linhas separadas, chamadas versos".[91] Este processo dá origem a "dois tipos de sugestões que não existem na prosa — uma sugestão rítmica, de cada verso por si mesmo, como pessoa independente, e uma sugestão acentual, que incide sobre a última palavra do verso, onde se pausa artificialmente, ou sobre a única palavra se há uma só, que assim fica em isolamento que não é itálico".[92]

Trata-se, como se vê, de uma tentativa de autodefinição da poesia de Campos, em que o versilivrismo é essencialmente impregnado pelo ritmo: ritmo no interior do verso e ritmo no encadeamento dos versos entre si, através das pausas métricas. E pudemos já constatar como a forma do ritmo (ao nível da "expressão") corresponde à forma do sentido (ao nível do "conteúdo").

Conhece-se a crítica de Reis a Campos: em seu entender, se este possui "uma grande ciência do ritmo", "o ritmo de que tem a ciência é o ritmo da prosa, e a prosa de que se serve é aquela em que se introduziu, além dos vulgares sinais de pontuação, uma pausa maior e especial, que Campos, com seus pares anteriores e semelhantes, determinou representar graficamente pela linha quebrada no fim, pela linha disposta como o que se chama um verso"[93]. Ora — prossegue Reis — "se Campos, em vez de fazer tal, inventasse um sinal novo de pontuação — digamos o traço vertical (l) — para determinar esta ordem de pausa, ficando nós sabendo que ali se pausava com o mesmo gênero de pausa com que se pausa no fim do verso, não faria obra diferente, nem estabeleceria a confusão que estabeleceu".[94] Isto é, insinua Reis, ele apresentar-se-ia, não como poeta, mas como prosador que no fundo é. A prova disso residiria, para o poeta do equilíbrio neoclássico, em que

---

(90) *Páginas Íntimas e de Auto-Interpretação*, p. 391.
(91) *Idem, ibidem.*
(92) *Idem,* p. 392.
(93) Pessoa observa, num outro texto, que "a pausa de fim de verso é independente do sentido, e é tão nítida como se ali houvesse pontuação". *Páginas de Estética e de Teoria e Crítica Literárias,* p. 77. Esta independência implica freqüentemente um "conflito entre o metro e a sintaxe", que, como o notou Grammont, é sempre resolvido pela vitória do metro. O estudo do conflito entre "pausa métrica" e a "pausa semântica" foi por outro lado desenvolvido por Jean Cohen no seu livro *Structure du Langage Poétique,* p. 57 e ss.
(94) *Páginas Íntimas e de Auto-Interpretação,* p. 397.

Campos ("filho indisciplinado da sensação") não tem uma disciplina do ritmo através da qual a "idéia" seja capaz de "contornar" a emoção: os seus poemas "são um extravasar de emoção"; neles "a idéia serve a emoção, não a domina". [95] Esta imagem do extravasar aplica-se perfeitamente ao "excesso de expressão" das sensações do poeta de "Passagem das Horas" "transbordei, não fiz senão extravasar-me" [96].

Detectamos, no entanto, sob as vagas desbordantes das odes de Campos, uma orquestração rigorosa, que comanda e controla o seu próprio excesso. Nada de uma expressão anárquica e caótica, neste "Whitman com um poeta grego lá dentro". Tudo é ordenado em função da estrutura do sentido e da estrutura rítmica, do verso à estrofe e desta à arquitetura de conjunto do poema. Simplesmente, a "ciência do ritmo" de que fala Reis repercute-se na organização do discurso poético de Campos de tal forma que, fazendo rebentar os coletes e os espartilhos habituais do verso, lhe dá uma respiração e um fôlego em que as pausas sintáticas e as pausas métricas são por vezes indiscerníveis, o que o aparenta a uma prosa ritmada. E na medida em que a estruturação do poema, contrariamente ao que se passa com Reis, não aparece sempre como visível à sua superfície, mas constitui uma mola interior e oculta, o plano sintagmático integra todos os elementos paradigmáticos do discurso, acentuando o caráter "natural" e não "artificial" do seu ritmo — o que constitui para Campos o signo da prosa. Com Caeiro, ele seria portanto um poeta da metonímia, sem que por isso as metáforas deixem de nele proliferar, no próprio "excesso de expressão".

E Campos parece inteiramente definir-se quando deste modo se dirige ao "tema" dos seus próprios poemas, nesta passagem da "Ode Marítima":

> *"Tema de cantos meus, sangue nas veias da minha inteligência,*
> *Vosso seja o laço que me une ao exterior pela estética,*
> *Fornecei-me metáforas, imagens, literatura,*
> *Porque em real verdade, a sério, literalmente,*
> *Minhas sensações são um barco de quilha pró ar,*
> *Minha imaginação uma âncora meio submersa,*
> *Minha ânsia um remo partido,*
> *E a tessitura de meus nervos uma rede a secar na praia!"* [97]

---

(95) *Idem*, p. 395.
(96) *Campos*, p. 304.
(97) *Campos*, p. 274.

Fernando Pessoa "Ele Mesmo" e o Outro

> *"A estranha idéia de estar o mais perto possível de si mesmo, de ser o Mesmo e o Outro"*
>
> PAUL VALÉRY

Quer se fale de Fernando Pessoa "ele mesmo" ou de Fernando Pessoa "ele só", de obra "ortônima" ou "autônima", como o próprio poeta voluvelmente o fez, o que a nós mais nos importa, de um ponto de vista poético, é tomá-lo aqui não na sua identidade biográfica e psicológica privada, mas enquanto encarnação (enquanto "pessoa": máscara, no sentido etimológico) do pólo subjetivo do poetodrama — o que explicaria o recurso, por uma vez, ao seu nome pessoal.[1]

É antes de mais por oposição a Alberto Caeiro, no outro pólo do sistema, que Pessoa se define. Na carta dirigida a A. Casais Monteiro sobre a gênese dos heterônimos, ele mostra como, imediatamente a seguir à aparição em si do seu "mestre", nele se operou um refluxo a si mesmo, ao escrever os poemas de "Chuva Oblíqua": "Foi o regresso de Fernando Pessoa Alberto Caeiro a Fernando Pessoa ele só. Ou melhor, foi a reação de Fernando Pessoa contra a sua inexistência como Alberto

---

(1) Haverá pois para nós dois Fernando Pessoa, que se sobrepõem sem se confundirem: Fernando Antônio Nogueira Pessoa, nascido a 13 de junho de 1888, filho de Joaquim de Seabra Pessoa e de Maria Madalena Nogueira Pessoa, de profissão "correspondente estrangeiro", e Fernando Pessoa, poeta orto--heterônimo, a que o primeiro emprestou (como se empresta uma máscara) a sua biografia; e isso explica que, diferentemente do que se passou com Caeiro, Reis e Campos, não tenha sido necessário a Pessoa reescrevê-la: ela estava já escrita na vida, enquanto dispersão textual de "biografemas", como lhes chamaria Roland Barthes. Cf. *Sade, Fourier, Loyola*, Paris, 1971, p. 14.

Caeiro".[2] Esse regresso supõe assim a mediação de Caeiro na sua própria revelação enquanto poeta, ao mesmo tempo que lhe permite situar-se dentro do poetodrama. Não foi Pessoa ao ponto de afirmar que se sentia "menos real do que os outros"[3] e que só Caeiro o "livrou de sombras e farrapos", dando-lhe "mais inspiração à inspiração e mais alma à alma"?[4] A sua emergência da nebulosa primitiva não teria podido, na verdade, realizar-se senão através da sua inserção no sistema heteronímico.

Uma vez integrado no jogo de atrações e de repulsões deste sistema, Fernando Pessoa "ele mesmo" influencia por seu turno cada um dos poetas que, como Reis e Campos, oscilam entre si e Caeiro, e desdobra-se concomitantemente numa pluralidade de derivações poéticas.

A obra "ortônima" poderia com efeito distribuir-se por vários sub-heterônimos, se esta designação não inculcasse (como é o caso do "semi-heterônimo" Bernardo Soares) uma hierarquia no grau de diferenciação das suas linguagens Melhor será pois tomar Pessoa como o suporte de outros heterônimos virtuais que não chegaram a despegar-se 'd"ele mesmo".

Temos antes de mais o Pessoa "paùlista" e "interseccionista" da época heróica de antes de *Orpheu,* em que o experimentalismo se aliava à teorização estética. Estas tentativas poéticas, que o poeta considerará mais tarde como "insinceras", em carta a Armando Côrtes-Rodrigues[5] encontram-se referidas, já então, à expressão das sensações, como acontecerá com a poesia dos heterônimos.

O "Paùlismo" (nome extraído da palavra inicial do poema "Impressões do Crepúsculo", que dá o tom ao movimento) apresenta-se como um avatar da "corrente cuja primeira manifestação nítida foi o simbolismo", embora constituindo, segundo Pessoa, "um enorme progresso sobre todo o simbolismo e neo-simbolismo de lá fora".[6] Ele pode ser aproximado do decadentismo, pela sua exacerbação dos processos imagísticos que fazem apelo a sensações mórbidas e requintadas[7], transpostas metafórica e simbolicamente:

"Pauis de roçarem ânsias pela minh'alma em ouro...
Dobre longínquo de Outros Sinos... Empalidece o louro
Trigo na cinza do poente... Corre um frio carnal por
  minh'alma...

(2) *Páginas de Doutrina Estética,* p. 264.
(3) *Páginas Íntimas e de Auto-interpretação,* p. 103.
(4) *Idem,* p. 110. Cf. *supra,* p. 78.
(5) *Cartas a Armando Côrtes-Rodrigues,* 2ª ed., Lisboa s.d., p. 75.
(6) *Páginas Íntimas e de Auto-Interpretação,* p. 126.
(7) "Todo o movimento — escreve Pessoa — (é) impregnado pela análise mórbida e acerada das sensações". *Idem.* p. 135.

Tão sempre a mesma, a Hora!... Balouçar de cimos
de palma!...
Silêncio que as folhas fitam em nós... Outono delgado
Dum canto de vaga ave... Azul esquecido em estagnado..." [8]

O que há neste poema de mais sugestivo é a decomposição espectral das impressões crepusculares numa gama complexa de imagens, metáforas e símbolos, correspondentes à sinestesia das sensações. O poeta procede por notações sucessivas, articulando sintagmaticamente os fragmentos versificatórios de forma a criar uma atmosfera de irrealidade estranha, que se torna pouco a pouco obsessiva. Esta técnica poética, aqui demasiado visível, atinge no entanto noutros poemas, para lá do barroquismo rebuscado da expressão, uma grande densidade interna, como em "Hora Absurda", onde se detecta uma metafísica do mistério transcendental, emergindo do absurdo, do tédio e da angústia existencial sempre latentes:

"O que é que me tortura?...Se até a tua face calma
Só me enche de tédios e de ópios de ócios medonhos...
Não sei... Eu sou um doido que estranha a sua própria alma...
Eu fui amado em efígie num país para além dos sonhos...' [9]

Conhecemos já um eco do "Paùlismo", ainda que mais discreto, através do "Opiário" de Álvaro de Campos. A estética paùlica encontrará imitadores entre outros poetas do *Orpheu*, como Armando Côrtes-Rodrigues e Alfredo Guisado, marcando também, mas mais originalmente, certos poemas de Sá-Carneiro. Quanto a Fernando Pessoa, ele tem perfeita consciência das limitações deste post-simbolismo retardado e afirma mesmo rejeitar a "construção viciada" [10] dos poemas que dele decorrem (julgamento que se aplica perfeitamente aos poemas páulicos).

O "Interseccionismo" representa uma tentativa mais elaborada de construção de uma linguagem poética capaz de exprimir a complexidade das sensações visada pelo "Paùlismo". Ele aparece, conseqüentemente, ligado às teorias sensacionistas: Pessoa define-o como "o sensacionismo que toma consciência de cada sensação ser, na realidade, constituída por diversas sensações mescladas". [11] Esta intersecção das sensações é comparável à interpenetração e sobreposição de planos na visão dos objetos que o Cubismo tentou realizar em pintura. Pessoa não deixa de expressamente se lhe referir, quando observa que o "Interseccionismo" procura "aperceber-se da deformação que cada sensação cúbica sofre em resultado

---

(8) *Pessoa*, p. 35.
(9) *Idem*, p. 39.
(10) *Páginas Íntimas e de Auto-Interpretação*, p. 135
(11) *Idem*, p. 187

da deformação dos seus planos".[12] Partindo desta metáfora--modelo do cubo, ele faz corresponder um aspecto das sensações a cada uma das suas faces. Assim, representando-a alfabeticamente de A a F, as sensações cúbicas seriam as seguintes:

> "*a) sensação do universo exterior;*
> *b) sensação do objeto de que se toma consciência naquele momento;*
> *c) idéias objetivas com o mesmo associadas;*
> *d) idéias subjetivas com o mesmo associadas (estado de espírito naquele momento);*
> *e) temperamento e base mental da entidade perceptiva;*
> *f) o fenômeno abstrato da consciência".* [13]

Como imediatamente pode verificar-se, três destas "faces" (de A a C) constituem aspectos objetivos da sensação, enquanto as outras três (de D a F) são os seus aspectos subjetivos. O "Interseccionismo" consiste essencialmente numa interpenetração destes dois planos sensoriais na linguagem poética.[14]

O poema "Chuva Oblíqua" é o melhor exemplo do virtuosismo ao qual chegou Pessoa na aplicação desta técnica. A "intersecção" das sensações toma nele múltiplas formas combinatórias, de que daremos só alguns exemplos.

Pode tratar-se, antes de mais, de uma intersecção de duas sensações (ou percepções) do mesmo tipo, v.g. visuais, como a de um navio atravessando um ponto e a das árvores de uma paisagem:

> "*Liberto em duplo, abandonei-me da paisagem abaixo...*
> *O vulto do cais é a estrada nítida e calma*
> *Que se levanta e se ergue como um muro.*
> *E os navios passam por dentro dos troncos das árvores*
> *Com uma horizontalidade vertical,*
> *E deixam cair amarras na água pelas folhas uma a uma dentro..."* [15]

Pode, por outro lado, a intersecção referir-se a duas sensações de origem diferente, v.g. visuais e auditivas:

---

(12) *Idem.* p. 188. Este texto e os que a seguir são citados parecem pôr em causa a afirmação de G.R. Lind segundo a qual "o Interseccionismo nada tem a ver com a técnica dos cubistas", dado que o que estes pretendiam era "representar simultaneamente as diversas faces de um objeto, as visíveis e as encobertas" e não a sua intersecção. Cf. *Teoria Poética de Fernando Pessoa,* pp. 60-61. Ora, para além do caráter evidentemente metafórico do modelo cubista, quando transposto da pintura para a poesia, parece evidente que a representação simultânea da pluralidade de superfícies de um objeto implica, no plano do quadro, a sua sobreposição pelo menos parcial, e portanto a sua intersecção. Sem ir a ponto de dizer, como o faz João Gaspar Simões, que "Chuva Oblíqua" é "como uma ilustração dum quadro de Picasso ou de Santa--Rita Pintor" *(Vida e Obra de Fernando Pessoa,* I, p. 269), parece-nos que pelo menos a comparação do "Interseccionismo" e do Cubismo é legítima. Cf. no mesmo sentido Oscar Lopes, *História Ilustrada das Grandes Literaturas.* p. 645.

(13) *Páginas Íntimas e de Auto-Interpretação,* pp. 181-182.

(14) Pessoa vai ainda mais longe no seu desenvolvimento teórico do modelo do cubo: ele precisa que "este cubo pode ser observado de três modos: 1) de um lado apenas, de forma que nenhum dos outros seja visível; 2) com um lado de um quadrado mantido paralelo em relação aos olhos, de modo que se vejam dois lados do cubo; 3) com um vértice mantido diante dos olhos, de modo que se vejam três lados". *Idem, ibidem.* Ora, a cada uma destas perspectivas ele fazia corresponder uma atitude estética (a primeira, por exemplo, corresponderia à arte clássica). Infelizmente, o texto foi deixado incompleto por Pessoa.

(15) *Pessoa.* p. 39.

"*... As vidraças da igreja vistas de fora são o som da chuva
ouvido por dentro...*"[16]

Podem, enfim, interseccionar-se não duas ou mais sensações, mas a sensação e o pensamento:

"*... Uma alegria de barcos embandeirados erra
Numa diagonal difusa
Entre mim e o que eu penso...*"[17]

Reencontramos pois, no "Interseccionismo", os tópicos essenciais do "Sensacionismo", de que é afinal uma manifestação "estilística" particular. E é mesmo o seu caráter por vezes demasiado evidente de exercício de "estilo" que o torna, aos olhos de Pessoa, menos autenticamente poético. Ele escreve, nessa medida, na atrás citada carta a Armando Côrtes-Rodrigues: "Não me agarro já à idéia do lançamento do Interseccionismo com ardor ou entusiasmo algum".[18] Na verdade, a fase das provocações literárias parece-lhe já então ultrapassada (e *Orpheu* ainda não fora sequer publicado, pois a carta é de 19 de janeiro de 1915). O que o leva a este comentário de impiedoso desencanto: "Passou de mim a ambição grosseira de brilhar por brilhar, e essoutra, grosseiríssima, e de um plebeísmo artístico insuportável, de querer *épater*".[19] E ao mesmo tempo que salva a poesia dos heterônimos dessa auto-iconoclastia, por neles ter posto "um profundo conceito da vida, divino em todos três, mas em todos gravemente atento à importância misteriosa de existir", condena sem apelo o "Paùlismo" e o "Interseccionismo", por não conterem "uma fundamental idéia metafísica": "E por isso não são sérios os *Pauis* nem o seria o *Manifesto* interseccionista (...) Em qualquer destas composições a minha atitude para com o público é a de um palhaço".[20]

Há que assinalar, entretanto, rastos do "Interseccionismo" não só na linguagem poética de Pessoa "ele mesmo" mas na dos outros heterônimos. E particularmente em Álvaro de Campos, que é o que mais proximamente se situa do pólo subjetivo do poetodrama. Tal é o caso, por exemplo, destes fragmentos do poema "Passagem das Horas":

"*Rua a passear por mim a passear pela rua por mim
Tudo espelhos as lojas de cá dentro das lojas de lá
A velocidade dos carros ao contrário dos espelhos oblíquos das montras*

....

(16) *Idem*, p. 40.
(17) *Idem*, pp. 40-41.
(18) *Cartas a Armando Côrtes-Rodrigues*, p. 73.
(19) *Idem, ibidem*.
(20) *Idem*, pp. 74-75.

*Eu de cabeça pra baixo no centro da minha consciência de mim
Rua sem poder encontrar uma sensação só de cada vez rua
Rua pra trás e pra diante debaixo dos meus pés*

....

Bebedeira da rua e de sentir ver ouvir tudo ao mesmo tempo". [21]

A intersecção das sensações é aqui um elemento do que poderá chamar-se o "simultaneísmo" sensacionista: o poeta não pode experimentar "uma sensação só de cada vez", mas precisa de "sentir (. . .) tudo ao mesmo tempo". A estrutura sintagmática da poesia de Campos absorve assim os processos interseccionistas, fazendo-os desempenhar uma função diferente daquela que têm em Fernando Pessoa "ele mesmo".

Se o "Interseccionismo" não é pois um traço específico do poeta "ortônimo", podemos encontrar ainda outras ramificações suas que se estendem ao conjunto da obra heteronímica. A principal delas é, sem dúvida, o esoterismo, que está sempre subjacente (e é transcendente) à experiência poética de Pessoa. A simbologia própria da linguagem iniciática justifica, no entanto, que lhe reservemos um desenvolvimento à parte, ao estudarmos os ciclos de poemas "Passos na Cruz" e "No túmulo de Christian Rosencreutz", bem como a *Mensagem*, sem por isso deixarmos nunca de pressentir os liames que secretamente os ligam à restante poesia "orto" e "heterônima".

Mas o essencial e típico de Fernando Pessoa "ele mesmo" encontra-se nos poemas que intentava publicar sob o título de *Cancioneiro* [22], os quais se inserem numa tradição lírica que, desde os "Cancioneiros Primitivos", atravessa toda a poesia portuguesa até ao Modernismo.

" 'Cancioneiro' — escreve Pessoa — é, como a mesma palavra o diz, uma coletânea (coleção) de Canções." E o que é que caracteriza poeticamente a Canção? "Canção é, propriamente, todo aquele poema que contém emoção bastante para que pareça ser feito para se cantar, isto é, para nele existir naturalmente o auxílio, ainda que implícito, da música." [23]

Fernando Pessoa parece retomar aqui o ponto de vista de Campos sobre a natureza *cantabile* de toda a poesia lírica: "A

---

(21) *Campos*, p. 312.
(22) Nos diferentes projetos de Pessoa quanto à publicação das suas obras há referências a "Cancioneiro" como devendo englobar "vários livros" (3 ou 5). A edição da *Obra Poética*, organizada por Maria Aliete Galhoz, que aqui utilizamos, reuniu criteriosamente sob este título o conjunto da obra "ortônima", à exceção de *Mensagem*. Mas a responsável da edição admite ela própria também a hipótese segundo a qual "Cancioneiro" não teria talvez agrupado senão uma parte desta obra (aquela a que por vezes o poeta se refere com o título de "Itinerário"). Se considerarmos que "Cancioneiro" deriva de "canção" e que Pessoa desta excluía o "poema longo" e todo aquele que "se serve de uma forma rígida, como, por exemplo, o soneto" (o que é o caso de uma grande parte dos poemas páulicos e interseccionistas, bem como ocultistas), tal hipótese é na verdade provável. Cf. *Páginas Íntimas e de Auto-Interpretação*, p. 428.
(23) *Idem*, p. 427

emoção intensa não cabe na palavra: tem que baixar ao grito ou subir ao canto. E como dizer é falar, e se não pode gritar falando, tem que se cantar falando, e cantar falando é meter a música na fala (...) Por isso os grandes poetas líricos, no grande sentido do adjetivo 'lírico', não são musicáveis. Como o serão, se são musicais?"[24] Ora, se como já vimos para Campos o ritmo na poesia é artificial, também o será a "música" que nela reconhecermos: "Como a música é estranha à fala, mete-se a música na fala dispondo as palavras de modo que contenham uma música que não esteja nelas, que seja pois artificial em relação a elas". Numa palavra, a "música", na poesia, não é música, mas canto: "É isto a poesia, cantar sem música".[25]

Para Ricardo Reis, diferentemente, se "música" existe nas palavras, ela decorre da "idéia" e não, como em Campos, da "emoção": "Diz Campos que a poesia é uma prosa em que o ritmo é artificial. Considera a poesia como uma prosa que envolve música, donde o artifício. Eu, porém, antes diria que a poesia é uma música que se faz com idéias, e por isso com palavras. Considerai que será o fazerdes música com idéias, em vez de com emoções. Com emoções fareis só música. Com emoções que caminham para as idéias, que se agregam idéias para se definir, fareis o canto".[26] E assim Reis chega, por um caminho inverso, a uma idêntica concepção da poesia enquanto "estado cantante" da linguagem, como diria Valéry.[27]

Mas é Fernando Pessoa "ele mesmo" quem de fato harmoniza os dois pontos de vista opostos de Campos e de Reis: nos poemas de *Cancioneiro* há, simultaneamente, uma "música" das emoções e uma "música" das idéias, que se corporizam numa "música" das palavras.

Esta música emerge de uma estrutura rítmica que, partindo das formas métricas mais tradicionais (como o verso hexassilábico e heptassilábico, particularmente maleáveis na poesia portuguesa, em razão da sua acentuação incerta.[28]) e dos sistemas estróficos mais simples (em que predominam a quadra, a quintilha e a sextilha rimadas), neles introduz uma ductilidade que incorpora discretamente todas as conquistas da poesia simbolista e modernista. Ela adapta-se assim perfeitamente à "forma do conteúdo" da poesia de Fernando Pessoa "ele mesmo": se este é, subjetivamente, na metáfora de

---

(24) *Idem*, p. 392.
(25) *Idem, ibidem*.
(26) *Idem*, pp. 392-393. Há uma afinidade flagrante entre a definição de Reis da poesia como "uma música que se faz com idéias" e a frase célebre de Mallarmé: "A Poesia, estando próxima à idéia, é Música, por excelência". *Oeuvres*, Paris, ed. Pléiade, 1970, p. 381.
(27) "Poesia — arte de produzir o estado cantante pelos meios combinados do sentido e dos sons na linguagem articulada". *Cahiers*, 23, p. 527.
(28) Cf. Amorim de Carvalho, *Tratado de Versificação Portuguesa (Teoria Moderna da Versificação)*. Lisboa, s.d., p. 35.

Campos, "um novelo embrulhado para o lado de dentro", uma tal descida à interioridade do poeta implica, justamente, um movimento ondulatório do poema prosseguido através do desenrolar sutil do seu fio rítmico. Mas, uma vez mais, importa não confundir aqui a expressão da subjetividade poética com a subjetividade psicológica do poeta, enquanto exterior ao poema. Este exige, pelo contrário, uma despersonalização do seu autor, ou a sua metamorfose numa "pessoa" *outra*, por assim dizer impessoal: "Fixar um estado de alma, ainda que o não seja, em versos que o traduzem impessoalmente; descrever as emoções que se não sentiram com a própria emoção com que se sentiram — é este o privilégio dos poetas porque, se o não fossem, ninguém os acreditava". E Campos, autor desta reflexão, reporta-a precisamente ao poeta "ortônimo", numa fórmula habitual da identidade dos contrários: "Há poetas que fazem isto conscientemente, como Fernando Pessoa. Há poetas que fazem isto inconscientemente, como Fernando Pessoa". [29]

O subjetivismo de Pessoa "ele mesmo", como pólo oposto, no poetodrama, ao objetivismo de Caeiro, nada tem pois a ver com uma expressão direta das sensações (ou emoções) vividas como no confessionalismo romântico. O poeta cria-se, no sentido próprio do termo, a si mesmo como sujeito fictício de sensações fictícias, mesmo se estas são efetivamente sentidas como tais. [30] É essa a poética do "fingimento", do célebre poema "Autopsicografia":

> "O poeta é um fingidor.
> Finge tão completamente
> Que chega a fingir que é dor
> A dor que deveras sente.
>
> E os que lêem o que escreve
> Na dor lida sentem bem,
> Não as duas que ele teve
> Mas só a que eles não têm".[31]

A "dor" do poeta desliga-se do seu "eu" pessoal, para encarnar no sujeito poético. E ela acaba por tornar-se-lhe mesmo transcendente, passando a fazer um só corpo com o poema. De tal modo que o leitor não sente, finalmente, nem uma nem outra dessas duas dores (a dor sentida e a dor fingida), mas só a "dor lida", que não é também a sua própria dor. A

---

(29) *Páginas Íntimas e de Auto-Interpretação*, p. 428.
(30) Como escreve Carlos Bousoño, "a pessoa que fala no poema, ainda que com uma maior ou menor freqüência (...) coincida duma qualquer forma com o eu empírico do poeta, é pois substantivamente uma 'personagem', uma composição que a fantasia atinge através dos dados da experiência. Isto vê-se com mais clareza no romance e no teatro, mas é verdadeiro também para a poesia lírica". *Teoría de la Expresión Poética*, p. 27.
(31) *Pessoa*, p. 97

escrita-leitura do poema é um ato de pura criação-comunicação de um objeto imaginário por e para um sujeito imaginário.[32] É o que Pessoa, num poema que parece à primeira vista em contradição com a "Autopsicografia", mas se revela antes como o seu contraponto esclarecedor, melhor ainda explicita:

> *"Dizem que finjo ou minto*
> *Tudo que escrevo. Não.*
> *Eu simplesmente sinto*
> *Com a imaginação.*
> *Não uso o coração.*
>
> *Por isso escrevo em meio*
> *Do que não está ao pé,*
> *Livre do meu enleio,*
> *Sério do que não é.*
> *Sentir? Sinta quem lê!"* [33]

O poeta torna-se, para retomarmos a imagem da dor, num certo sentido estranho à dor *escrita*. E não lhe resta assim nada mais do que assumir-se, agora, como o seu próprio leitor, deixando-se penetrar da dor *lida*, como uma música que por ele perpassa:

> *"E esta dor que não tem mágoa,*
> *Esta tristeza intangível*
> *Passa em mim como um som de água*
> *Ouvido num outro nível*
>
> . . . .
>
> *E é como a aragem que nasce*
> *De ouvir música e sentir . . .*
> *Ah, que a emoção em mim passe*
> *Como se a estivesse a ouvir"*.[34]

A música, enquanto metáfora do significado e do significante, da emoção e das palavras, aparece como a forma privilegiada de expressão, ou melhor, de abordagem da margem de inefável que há entre a experiência vivida e a experiência poética:

> *"Qualquer música, ah, qualquer*
> *Logo que me tire da alma*

---

(32) Jorge de Sena relevou oportunamente o fato de a crítica "iludida pelo título, *Autopsicografia*, (. . .) quase nunca ter atentado na ambivalência fundamental do que, sendo 'autopsicográfico', é também, *genericamente*, uma profissão de fé na objetividade da criação artística, uma análise dos binômios poeta--poema e poema-leitor (...)" "O Poeta é um Fingidor", p. 90. Esta observação é de aproximar da de T.S. Eliot, quando este escreve que "se a poesia é uma forma de 'comunicação', o que se comunica é o próprio poema e só a título incidental a experiência e o pensamento que nele foram vertidos. *The Use of Poetry and the Use of Criticism*, trad. espanhola, p. 44.

(33) *Pessoa*, p. 98. É curioso notar que raramente este poema é citado ao lado de "Autopsicografia", embora lhe esteja justaposto, talvez porque os dois primeiros versos neguem aparentemente a poética do fingimento. Mas trata-se, ainda aqui, das duas faces opostas de uma identidade.

(34) *Idem*, p. 84.

> *Esta incerteza que quer*
> *Qualquer impossível calma!*
>
> *Qualquer música — guitarra.*
> *Viola harmônio, realejo . . .*
> *Um canto que se desgarra . . .*
> *Um sonho em que nada vejo . . .*
>
> *Qualquer coisa que não vida!".*[35]

Por vezes, o poema atinge discretamente essa margem, essa fronteira indefinida entre a sua própria "música" e uma "música" exterior a si mesmo, de que o "canto", desgarrando-se, não seria mais do que um eco, acabando por nela se dissolver:

> *"Tão tênue melodia*
> *Que mal sei se ela existe*
> *Ou se é só o crepúsculo,*
> *Os pinhais e eu estar triste.*
>
> *Mas cessa, como uma brisa*
> *Esquece a forma aos seus ais;*
> *E agora não há mais música*
> *Do que a dos pinheirais".* [36]

Este poema intitula-se significativamente "Canção" e poderia, por isso mesmo, ser tomado como um exemplo da maneira poética mais cara a Fernando Pessoa "ele mesmo".

Mas a "canção" não é nunca para ele um simples pretexto a variações ou exercícios de "música" verbal: reencontramos sempre, como dissemos, essa "música" do lado da "forma do conteúdo". [37] Na poesia "ortônima" vêm repercutir-se, na verdade, tanto como em cada um dos restantes heterônimos, os germes temáticos que atrás analisamos. A manifestação das oposições revertendo numa identidade encontra nela um terreno propício, pela própria maleabilidade de estrutura da linguagem poética, que é apta a dar toda a gama e toda a complexidade de relações entre o significante e o significado.

Assim, a antinomia central do Ser e do Não-Ser insinua-se a cada poema. Ela revela-se freqüentemente sob o signo de uma indeterminação ou ambivalência dos termos contrários e contraditórios, que se insere na textura das imagens ou metáforas de que o poema não é mais do que um desenvolvimento

---

(35) *Idem*, p. 78.
(36) *Idem*, p. 43.
(37) Mesmo nas quadras escritas por Pessoa inspirando-se do "cancioneiro popular" — e publicadas por G.R. Lind e J.P. Coelho com o título *Quadras ao Gosto Popular*, Lisboa, 1965 — se pode constatar, sob a aparência de um mero virtuosismo no manejo desta forma poética de tradição oral, uma grande riqueza e complexidade de expressão emocional e conceptual, que vai do amor e dos sentimentos populares até às antinomias temáticas dos heterônimos.

sintagmático natural e quase insensível, de que finalmente emerge um sentido:

> "Bóiam leves, desatentos,
> Meus pensamentos de mágoa,
> Como, no sono dos ventos,
> As algas, cabelos lentos
> Do corpo morto das águas.
>
> ....
>
> Sono de ser, sem remédio,
> Vestígio do que não foi,
> Leve mágoa, breve tédio,
> Não sei se pára, se flui;
> Não sei se existe ou se dói". 38

Há, como pode ver-se, uma correspondência sutil entre estas duas estrofes, a primeira e a última do poema: a contradição inerente ao "Sono de ser... vestígio do que *não foi*" é já anunciada pelo "sono dos ventos" e o "corpo morto das águas", da mesma forma que a indeterminação entre "pára" e "flui" se encontra já no boiar inicial dos "pensamentos de mágoa", que se prolonga na dúvida final do último verso: essa "mágoa" existe em verdade, ou só imaginariamente dói? Na medida em que a continuidade do movimento rítmico absorve, no plano do significante, os elementos metafóricos do significado, transpondo-os semanticamente, através de uma contiguidade insensível, de uma para outra estrofe, pode dizer-se que os acordes da "música" verbal se harmonizam com os da "música" das idéias e das emoções: e o balancear dos dois últimos versos, numa alternativa de sentido e numa alternância de ritmo, reproduzindo a flutuação da abertura do poema, é um exemplo de ajustamento perfeito da "forma da expressão" e da "forma do conteúdo".

Estas breves amostras da poesia de Fernando Pessoa "ele mesmo", que aqui não podemos multiplicar, serão suficientes, julgamos, para uma caracterização da poética do "*Cancioneiro*. Ela encontra-se inteiramente resumida numa das frases lapidares do poeta: "A arte que poetas líricos, às vezes instintivos de todo, têm, é uma *composição musical*" [39]

* * *

De dentro da poesia "ortônima" importa diferenciar um veio autônomo, mas que encontra ramificações nos vários heterônimos: o dos poemas esotéricos, a começar por *Mensagem*. Tentaremos aqui explorar *poeticamente* alguns dos seus

---
(38) *Pessoa*, p. 82.
(39) *Páginas de Estética e de Teoria e Crítica Literárias*, p. 74.

múltiplos filamentos, sem perder no entanto nunca de vista que a experiência poética não é, em Pessoa, mais do que uma "via" iniciática para o "Oculto", transcendente e imanente ao mesmo tempo à poesia. Deliberadamente nos detemos no limiar desse mistério que a linguagem poética duplamente revela e esconde: deste lado da "ladeira", como noutro e análogo sentido o fez, para a poesia mística de San Juan de la Cruz, um Dámaso Alonso.[1]

Mensagem oferece-nos antes de mais, na obra de Pessoa, a peculiaridade de ser o único livro publicado — em português — que dele nos ficou. Pela sua arquitetura extremamente rigorosa e acabada, ele constitui assim um contraponto à natureza fragmentária do conjunto da obra heteronímica.[2]

A intenção, que desde longe o acompanhava, de publicar uma coletânea de poemas de índole "patriótica" — no sentido muito particular (e universal) que Pessoa dá a este termo — conheceu vários avatares, como provam as notas dispersas em que pouco a pouco a foi esboçando.

Já na carta de janeiro de 1915, várias vezes por nós aludida, a Armando Côrtes-Rodrigues, ele escrevia: "... A idéia patriótica, sempre mais ou menos presente nos meus propósitos, avulta agora em mim; e não penso em fazer arte que não medite fazê-lo para erguer alto o nome português através do que eu consiga realizar. É uma conseqüência de encarar a sério a arte e a vida".[3] Mas, prevendo sem dúvida as interpretações estreitamente nacionalistas da sua atitude — o que não deixou, nem deixa hoje ainda, de verificar-se —, Pessoa terá mais tarde o cuidado de explicar a Casais Monteiro, a propósito das perplexidades deste em face da publicação de *Mensagem*: "Sou, de fato, um nacionalista místico, um sebastianista racional. Mas sou, à parte isso e até em contradição com isso, muitas outras coisas".[4]

---

(1) Deixamos a outros, mais indigitados para uma tal abordagem, a análise propriamente esotérica da poesia de Pessoa. Ela tem sido, esparsamente e quase sempre superficialmente, tentada por alguns dos seus comentadores, mas só recentemente lhe foi consagrada uma obra de conjunto, por Dalila L. Pereira da Costa: *O Esoterismo de Fernando Pessoa*, Porto, 1971. Tendo tido conhecimento do livro quando este ensaio já estava escrito, isso nos impede de lhe fazer uma referência mais detalhada, para além de algumas alusões em notas *a posteriori*. Sabemos por outro lado que, mais aprofundadamente, uma leitura e uma exegese iniciática da obra poética de Pessoa é prosseguida pelo poeta austríaco Max Hölzer, cuja transmissão escrita aguardamos com vivo interesse.

(2) A existência de planos sucessivos de publicação dos seus livros mostra, entretanto, que havia em Pessoa uma exigência constante de estruturação orgânica da obra poética que multiplamente se propunha construir. Pode mesmo dizer-se que a fragmentação em que ela foi mantida é a conseqüência negativa (o reverso) dessa ambição suprema que o poeta foi adiando, projeto após projeto. À imagem de Mallarmé, Pessoa concebeu não já apenas um "Livro" mas um "Livro de Livros".

(3) *Cartas a Armando Côrtes-Rodrigues*, p. 74.

(4) "Carta a A. Casais Monteiro". In: *Páginas de Doutrina Estética*, p. 256. Fernando Pessoa teve ocasião de emitir, de fato, várias afirmações contrárias a um qualquer patriotismo ou nacionalismo: "A indiferença para com a Pátria, para com a Religião, para com as chamadas virtudes cívicas e os apetrechos mentais do instinto gregário são não úteis, mas absolutamente deveres do artista". *Páginas Íntimas e de Auto-Interpretação*, p. 162. E não escreve Reis: "Prefiro rosas, meu amor, à pátria", enquanto Álvaro de Campos confessa: "Acho que não faz mal não ligar importância à pátria"?

Nacionalista místico, sebastianista racional: a simples justaposição destes dois substantivos e destes dois adjetivos (e por que não falar, indistintamente, de um nacionalismo sebastianista e de um misticismo racionalista em Pessoa?)[5] bastará para mostrar tudo o que há de falível numa atribuição ao poeta de qualquer posição politicamente comprometida com os movimentos "nacionalistas" (já então no poder). A sua visão "patriótica" é, na realidade, essencialmente esotérica e messiânica, assumindo um simbolismo poeticamente estruturado na Mensagem.[6]

Este livro deveria intitular-se, inicialmente, "Portugal", e teria a natureza de um "poema épico representando as navegações e descobertas dos portugueses como provenientes da guerra entre os velhos e os novos deuses".[7] É-se imediatamente levado a pensar numa réplica de Os Lusíadas, mesmo se o poeta não cita como modelo possível senão a Ilíada. A hipótese não é de excluir, se pensarmos que Pessoa tinha previsto o próximo advento de um "Supra-Camões". Como quer que seja, o gênero épico puro não parece, mais do que o dramático, corresponder ao temperamento de Pessoa. E o projeto processa-se, simultaneamente, pelas vias da poesia lírico-épico-dramática[8], agregando a si outros poemas destinados a vários livros. O poeta dar-lhe-á enfim o título de Mensagem (o mesmo número de letras, observa Pessoa, que o de "Portugal", o que corresponderia a uma conveniência — acidentalmente? — tipográfica) "por não achar a sua obra à altura do nome da pátria".[9]

Como epígrafe à Mensagem Pessoa antepôs a frase latina: *Benedictus Dominus Deus noster qui dedit nobis signum*. Esta citação introduz-nos desde logo na contextura interna do livro: ele situa-se inteiramente no plano dos símbolos.

O alcance deste simbolismo encontra-se indigitado num texto que aparece como fundamental não apenas para a leitura de Mensagem mas do conjunto dos poemas esotéricos de

---

(5) Manuel Antunes refere-se, invertendo os termos, ao "racionalismo místico" do poeta dos heterônimos. Três Poetas do Sagrado. *Brotéria*, LXV, p. 53.

(6) Cf. a este respeito o capítulo "A Aventura Espiritual da Pátria", do livro de Dalila L. Pereira da Costa, op. cit. p. 157 e ss. Mostrando que a "pátria" de Mensagem não é uma pátria histórica mas "trans-histórica", a autora insiste pertinentemente no caráter simbólico e messiânico da "criação mítico-poética" de Pessoa. Por isso mesmo nos parece ambíguo que por outro lado escreva que Pessoa se ergue na Mensagem como o "poeta da sua pátria" (p. 159) e mesmo como "profeta da raça" (p. 189) — grifos nossos — tanto mais que mais adiante mostra que este profetismo poético se integra num outro mais vasto e universal, que é o do Quinto Império (p. 190). E não escreve Pessoa na Mensagem: "As nações todas são mistérios./Cada uma é todo o mundo a sós"? (O.P. p. 9).

(7) Cf. Jorge Nemésio, *A Obra Poética de Fernando Pessoa*, p. 73.

(8) Numa nota sobre a hierarquia iniciática dos gêneros poéticos, Pessoa insere o gênero épico entre o gênero lírico e o dramático (cf. *infra*, p. 158). Mas ele apresenta como grau supremo da poesia a fusão de todos os gêneros numa forma poética que os englobaria e superaria. *Mensagem* parece ser uma tentativa de realização desta poética *pangenérica*: por isso dizemos que ela participa ao mesmo tempo da poesia lírica, épica e dramática. Só nesta medida (parcial) se poderá falar do livro em termos de "epopéia", como o faz Dalila L. Pereira da Costa, op. cit., p. 165.

(9) O.P., p. 687. Esta explicação não esconderá, precisamente, um outro nível de significação, que ultrapassa o plano patriótico?

Pessoa.[10] Tal texto não define propriamente a substância dos símbolos (e pela sua própria natureza intrínseca estes comportam sempre uma margem de indefinível), limitando-se a descrever as "qualidades" ou "condições" exigidas ao "intérprete" para o seu "entendimento". Entendimento que não é expressamente referido ao nível poético (trata-se de uma interpretação esotérica), mas que, no caso de *Mensagem* e dos outros poemas iniciáticos de Pessoa, implicitamente o supõe. Tentemos pois nele penetrar como uma via de acesso à nossa leitura.

Segundo Pessoa, as condições para a exegese dos "símbolos" e dos "rituais (simbólicos)" são cinco: a *simpatia*, que implica que se ponha de lado "a atitude cauta, a irônica, a deslocada"; a *intuição*, que é "aquela espécie de entendimento com que se sente o que está além do símbolo, sem que se veja"; a *inteligência*, cujo fim é o de "relacionar no alto o que está de acordo com a relação que está embaixo", de modo que "a inteligência, de discursiva que naturalmente é, se tornará analógica"; a *compreensão*, isto é, "o conhecimento de outras matérias que permitem que o símbolo seja iluminado por várias luzes, relacionado com vários outros símbolos, pois que, no fundo, é tudo o mesmo".; e, enfim, a última, "menos definível", que Pessoa procura sugerir de uma forma sibilina: "Direi talvez, falando a uns que é a graça, falando a outros que é a mão do Superior Incógnito, falando a terceiros que é o Conhecimento e Conversação do Santo Anjo da Guarda..."[11]

Esta série de "qualidades" corresponde, como é fácil de ver, aos graus de iniciação pelos quais deve passar o "intérprete" dos símbolos, segundo os "rituais" esotéricos.

Mas o que há no texto de mais saliente é o acento posto, por um lado, no que poderemos chamar, com Jean Baruzzi, a "experiência simbólica"[12] — à qual se acede pela "simpatia" pela "intuição" — e, por outro, na "analogia", fundamento e código da leitura dos símbolos — a qual exige a intervenção da "inteligência" e da "compreensão" —, supondo enfim ambas essa "Graça" ou "Conhecimento" de que fala o poeta.

A "experiência simbólica" identifica-se, de fato, na *Mensagem*, com a analogia, enquanto essência da própria ex-

---

(10) Trata-se de um "apontamento solto" de Pessoa, sem data, que foi justamente colocado por Maria Aliete Galhoz antes da *Mensagem*, na sua edição da *Obra Poétca*. Ele dá-nos por assim dizer uma "chave" da leitura simbólica do livro. Nada autoriza, no entanto, a crer que este texto foi escrito somente em função de *Mensagem:* ele liga-se ao âmbito mais largo da poesia esotérica de Pessoa.

(11) *O.P.* p. 5.

(12) "O simbolismo revelar-nos-ia, diretamente talvez, um fato que nenhum outro modo de pensamento nos permitiria atingir. E, assim, não haveria já uma tradução, por um símbolo, de uma *experiência simbólica* (...) O verdadeiro símbolo adere diretamente à experiência. Ele não é uma *figura* dessa experiência. E é bem deste modo que o simbolismo se distingue do alegorismo". *St. Jean de la Croix et le Problème de l' Expérience Mystique*, Paris, 1924, p. 335.

periência poética [13], subentendida por toda a poesia de Pessoa, como estes versos do *Fausto* tão bem o revelam:

> "*Ah, tudo é símbolo e analogia!*
> *O vento que passa, a noite que esfria,*
> *São outra coisa que a noite e o vento —*
> *Sombras de vida e de pensamento.*
>
> *Tudo o que vemos é outra coisa.*
> *A maré vasta, a maré ansiosa,*
> *É o eco de outra maré que está*
> *Onde é real o mundo que há*"

Mensagem não é, no fundo, mais do que uma manifestação sistematicamente elaborada deste simbolismo esotérico.

Estamos, na verdade, perante um livro que obedece, na sua arquitetura interna, a uma estrutura esotérica. Ele divide-se em três partes: "Brasão", "Mar Português" e "O Encoberto". Este esqueleto ternário corresponde sem dúvida, para Pessoa, a uma intencionalidade oculta. [15] O mesmo número aparece com efeito retomado nas suas subdivisões: assim, a terceira parte do livro é dividida, por sua vez, em três partes ("Os Symbolos", "Os Avisos", "Os Tempos"); e a terceira dentre elas, a mais explicitamente profética, é introduzida por um poema dividido ele mesmo em três, onde o poeta alude a três navegantes misteriosos, de que o terceiro, não-identificado, aguarda a ordem de partir... Não se trata, pois, de um simples acaso ou de uma mera preocupação de equilíbrio: o número 3 é reconhecido como central pelo esoterismo.[16] Da mesma forma no que respeita aos números 5, 7 e 12, que dominam as restantes subdivisões do livro.[17]

Vários símbolos esotéricos se manifestam ainda com toda a evidência (mas com uma significação sempre oculta, a um outro nível) na *Mensagem*. Assim, Portugal é simbolizado, num poema dedicado a D. João I, pelo "Templo", de que esse Rei seria o "mestre":

(13) O simbolismo de Pessoa parece pois pôr em causa a diferenciação proposta por André Breton, num texto célebre, entre a "analogia poética" e a "analogia mística" (ou, por extensão, esotérica): "A analogia poética difere essencialmente da analogia mística pelo fato de que não pressupõe de nenhum modo, através da trama do mundo visível, um universo invisível que tende a manifestar-se". (*Signe Ascendant*). Ora este "universo invisível", manifestado pelos símbolos, paira precisamente sobre toda a poesia esotérica de Pessoa.
(14) "*Primeiro Fausto*", "*Primeiro Tema*". In: *O.P.* p. 423.
(15) Esta intencionalidade é atestada por uma nota (na qual figura, precisamente, o projeto do livro *Portugal*) em que Pessoa fala de "3 livros em 3 partes cada". *O.P.*. "Apêndice. Notas e Variantes", p. 692. Cf. no mesmo sentido de uma "forma *simbólica* tripartida", Dalila L. Pereira da Costa, *op. cit.*, p. 166 (grifo nosso).
(16) Cf. por exemplo esta passagem de um dos ritos da Maçonaria (de que Pessoa tomou a defesa na altura da sua proibição em Portugal): "É principalmente no número *três* (. . .), que remonta aos tempos mais recuados, que o sábio observador descobre a origem primitiva de tudo o que toca o pensamento e enriquece a imaginação (. . .)". F.˙. Bouilly, citado por René Guénon, in: *L'Ésotérisme de Dante*, Paris, 1957, p. 19
(17) Deixamos aqui à consideração dos "intérpretes" a estrutura simbólica esotérica de *Mensagem*, em que a presença desses números é visível, no simples esquema gráfico da arrumação dos poemas, segundo as diferentes partes do livro:

> *"Mestre, sem o saber, do Templo*
> *Que Portugal foi feito ser"* [18]

O que se liga à tradição iniciática dos "Templários", ordem religiosa "em dormência", de que Pessoa se insinua próximo.[19] Da mesma forma, o simbolismo rosa-cruciano aparece explicitamente num outro poema:

> *Que symbolo fecundo*
> *Vem na aurora anciosa?*
> *Na Cruz Morta do Mundo*

Mensagem (3 partes)

- 1ª. parte: "Brasão" (5 partes)
  - "Os Campos" (12)
    - "Os Castellos" (7)
    - "O das Quinas" (5)
  - "Os Castelos" (7)
    - "Ulysses"
    - "Viriato"
    - "Conde D. Henrique"
    - "D. Tareja"
    - "Afonso Henriques"
    - "D. Dinis"
    - "D. João I e D. Filipa"
  - "As Quinas" (5)
  - "A Coroa" — um poema de 12 versos
  - "O Tymbre" (3)
    - "Cabeça do Grifo"
    - "Uma asa"
    - "Outra asa"

- 2ª. parte: "Mar Portuguez" — 12 partes

- 3ª. parte: "O Encoberto" (3 partes)
  - I — "Os Symbolos" (5)
    - I. "D. Sebastião"
    - II. "O 5º. Império"
    - III. "O Desejado"
    - IV. "As Ilhas Afortunadas"
    - V. "O Encoberto"
  - II — "Os Avisos" (3)
    - I. "O Bandarra"
    - II. "Antônio Vieira"
    - III. "Terceiro"
  - III — "Os Tempos" (5)
    - I. "Noite" (3 partes)
    - II. "Tormenta"
    - III. "Calma"
    - IV. "Antemanhã"
    - V. "Nevoeiro"

(18) *Pessoa,* p. 10.
(19) Cf. *Infra,* p. 154

A Vida, que é a Rosa.

....

*Que symbolo final
Mostra o sol já disperto?
Na Cruz morta e fatal
A Rosa do Encoberto"* [20]

A alusão ao Sebastianismo mostra como sob este nível de significação "oculta" se vem acolher um outro, mais diretamente implicado pela dimensão "patriótica" do livro. Esta ultrapassa, desde logo, o plano da realidade histórica, elevando-se até ao mito e à profecia:

"Nós, Portugal, o poder ser",

— eis para o poeta a essência da "pátria", enquanto potência que ainda aguarda a sua transformação em ato, passando do Não-Ser ao Ser. E num outro poema vemos, efetivamente, a consumação dessa esperança no Ser, simbolizado por Nun'Álvares Pereira, cuja espada fora ungida pelo rei Arthur:

*"Sperança consumada,
S. Portugal em ser,
Ergue a luz da tua espada
Para a estrada se ver!"* [22]

A identidade do Ser e do Não-Ser, do Nada e do Tudo, é bem a dos mitos que desde "Ulysses", passando pela demanda do Graal e a do Prestes João, se transpõem até ao do "Encoberto", atravessando (mas transcendendo-a) toda a história de Portugal. Esta não é assim mais do que uma série de símbolos, em que deve ler-se no nunca vindo o sempre a vir, como no sonho do "Desejado":

*"Onde quer que, entre sombras e dizeres,
Jazas, remoto, sente-te sonhado,
E ergue-te do fundo de não-seres
Para teu novo fado!"* [23]

A primeira parte de *Mensagem* reporta-se, aparentemente, à definição do espaço e do tempo (mas para logo os situar, enquanto símbolos, além da geografia e da história) que estão na origem da formação da nação portuguesa, através da sua re-

(20) *Pessoa*, p. 23.
(21) *Idem*, p. 26.
(22) *Idem*, p. 13.
(23) *Idem*, p. 22.

presentação emblemática: o "Brasão".[24] Os poemas que o compõem desenham com efeito, heraldicamente, o escudo de Portugal, de que cada um dos cinco elementos (os "Campos", os "Castellos", as "Quinas", a "Coroa" e o "Timbre") corresponde a fatos ou a personagens simbolizando o seu ser oculto. Mas este é mais do que o de uma simples nação, acedendo à universalidade.

> "As nações todas são mistérios.
> Cada uma é todo o mundo a sós".[25]

Portugal é de resto visualizado, desde o primeiro poema de *Mensagem*, como o "rosto" de uma "Europa" que do "Oriente" contempla um "Occidente" profetizado como o "futuro do passado", numa esotérica circularidade do espaço e do tempo:

> "A Europa jaz, posta nos cotovellos:
> De Oriente a Occidente jaz, fitando.
> ....
> Fita, com olhar sphyngico e fatal
> O Occidente, futuro do passado.
> O rosto com que fita é Portugal".[26]

Este olhar "esfíngico" projeta já o destino de Portugal no oceano: é o que na segunda parte do livro ("Mar Portuguez") se vai cumprir, sob o signo duma *possessio maris*.[27] O verdadeiro "Império" português não é o império terrestre; o seu advento exige mesmo que este se tenha destruído enquanto tal:

> "Cumpriu-se o Mar, e o Império se desfez.
> Senhor, falta cumprir-se Portugal!"[28]

Enfim, a terceira parte ("O Encoberto") anuncia profeticamente o regresso de Portugal à sua missão autêntica — a de uma *pax in excelsis* —, reconhecida através dos símbolos do Sebastianismo, forma portuguesa do mito do "Quinto Império":

> "Grécia, Roma, Cristandade,
> Europa — os quatro se vão
> Para onde vae toda edade.
> Quem vem viver a verdade
> Que morreu D. Sebastião?"[29]

---

(24) René Guénon mostra como "as relações (do brasão) com o simbolismo esotérico são bastante estreitas". *Op. cit.* p. 21.
(25) *Pessoa*, p. 9.
(27) Agostinho da Silva assinala que enquanto "Brasão" é a "potência sem o ato" (expressa na divisa *Bellum sine bello*), a ação não poderá situar-se, nas duas outras partes de *Mensagem*, senão no passado ou no futuro: "Quando agir, será no Passado, a segunda parte do Poema, 'Mar Português', e no futuro, a terceira parte, 'O Encoberto' ". *Um Fernando Pessoa*, Lisboa, 1959, p. 17.
(28) *Pessoa*, p. 15.
(29) *Idem*, p. 22.

Se os seus dois primeiros "Avisos" tinham sido o Bandarra e o Pe. Antônio Vieira [30], Pessoa insinua-se como sendo o terceiro (ainda o número três). [31] E o poeta fecha o livro anunciando "Os Tempos", a "Hora" que se aproxima, como o Encoberto, no meio do "nevoeiro" do presente:

> "*Tudo é incerto e derradeiro.*
> *Tudo é disperso, nada é inteiro.*
> *Ó Portugal, hoje és nevoeiro* . . .
>
> *É a Hora!*" [32]

Pode em conclusão notar-se: a estrutura da *Mensagem* manifesta-se dramaticamente como uma *cena* de escrita-leitura, em que a ação e os atores não são outros senão os próprios símbolos, proliferando dialogicamente entre si. Trata-se, no sentido próprio do termo, de uma dramaturgia simbólica, que é mais uma das formas que assume o poemodrama. [33]

O ciclo de poemas mais especificamente esotéricos revela ainda duma forma privilegiada a consubstanciação da experiência simbólica e da experiência poética em Fernando Pessoa. Estes poemas apresentam-se como escritos sob o signo de uma "iniciação" — título aliás de um deles —, obedecendo no seu processo de construção a uma série de "graus" correspondentes aos das ordens ocultas (como os "Templários" e os "Rosa-Cruz"), de que incorporam poeticamente os "rituais (simbólicos)", para empregar a expressão de Pessoa. Essa incorporação não se reduz, contudo, senão numa primeira aparência, aos elementos do significante, a que o poeta teria recorrido a fim de traduzir ou representar as suas concepções ocultistas. Há uma identificação total da linguagem poética e da linguagem iniciática: uma é ao mesmo tempo o significado e o significante da outra. Os símbolos tornam-se a própria matéria dos poemas que os manifestam e de que eles são, também, a manifestação.

Tomemos o poema "Eros e Psique". Ele aparece como a glosa de uma passagem do "Ritual do Grau de Mestre do Átrio na Ordem Templária de Portugal", ao qual Pessoa afirma ter tido acesso [34]: "E assim vêdes, meu Irmão, que as verdades que

---

(30) Sobre o profetismo e o messianismo portugueses, e particularmente do Pe. Antônio Vieira, cf. Raymond Cantel, *Prophétisme et Messianisme dans l'Oeuvre d'Antônio Vieira*, Paris, 1961.
(31) No mesmo sentido Agostinho da Silva, *op. cit.*, p. 23 e Dalila L. Pereira da Costa, *op. cit.*, p. 189.
(32) *Pessoa*, p. 27.
(33) Num estudo sobre o esoterismo, Raymond Abellio insiste justamente sobre o caráter de evocação dramática dos símbolos: ". . . À medida que os símbolos multiplicam os seus valores na consciência objetiva e tecem entre eles uma trama cada vez mais cerrada, esta evocação, torna-se dramática". "*L'Esprit moderne et la Tradition*", pref. a Paul Sérant, *Au Seuil de l'Esotérisme*, Paris, 1952, p. 62.
(34) Numa carta a A. Casais Monteiro, após ter negado qualquer filiação numa ordem iniciática, Pessoa esclarece o sentido desta passagem: "A citação, epígrafe ao meu poema "Eros e Psique", de um trecho (traduzido, pois o Ritual é em Latim) do Ritual do Terceiro Grau da Ordem Templária de Portugal, indica simplesmente — o que é fato — que me foi permitido folhear os Rituais dos três primeiros graus

vos foram dadas no Grau de Neófito, e aquelas que vos foram dadas no Grau de Adepto Menor, são, ainda que opostas, a mesma verdade".[35] Esta versão esotérica da identidade das oposições, germe central da poesia de Pessoa, encontra-se na textura do poema não como uma simples ilustração de um rito mas, precisamente, como a germinação dos elementos do significado e do significante em que ele se desdobra e consubstancia.

A lenda da Princesa que espera ser despertada por um Infante que, finalmente, descobre ser ele essa mesma Princesa, seria suscetível de ler-se, de resto, como uma espécie de iniciação simbólica ao mistério da heteronímia:

"*E vê que ele mesmo era
A Princesa que dormia*". [36]

Assim poderia, na verdade, dizer Pessoa de cada um dos poetas que, sendo "ele mesmo", criou outros. Entretanto, como o Infante do poema,

"*Ele tinha que, tentado,
Vencer o mal e o bem,
Antes que, já libertado,
Deixasse o caminho errado
Pelo que à Princesa vem*". [37]

Essa coexistência oculta dos opostos, que poeticamente se manifesta como um "fingimento", permitir-lhe-á (e só ela) atingir, por um caminho "falso", a verdade (a Princesa) adormecida:

"*E se bem que seja obscuro
Tudo pela estrada fora,
E falso, ele vem seguro,
E, vencendo estrada e muro,
Chega onde em sono ela mora*". [38]

Num outro poema — o tríptico de sonetos intitulado "No Túmulo de Christian Rosencreutz" —, Pessoa glosa um fragmento da *Fama Fraternitatis Roseae Crucis*. A simbologia

---

dessa Ordem, extinta, ou em dormência desde cerca de 1888. Se não estivessem em dormência, eu não citaria o trecho do Ritual, pois não se devem citar (indicando a origem) trechos de Rituais que estão em trabalho". Citado por J. Gaspar Simões in: *Vida e Obra de Fernando Pessoa*, vol. II, p. 233. Importa assinalar que depois da dissolução da Ordem dos Templários, no séc. XIII, o Papa João XXII tinha autorizado a transformação desta Ordem na Ordem de Cristo por D. Dinis, em 1319. Cf. a este respeito Sampaio Bruno, *Os Cavaleiros do Amor*, Lisboa, 1960, p. 165.

(35) *Pessoa*, p. 116.
(36) *Idem*, p. 117.
(37) *Idem*, p. 116.
(38) *Idem*, p. 117. Sobre a interpretação propriamente esotérica deste poema cf. Dalila L. Pereira da Costa, *op. cit.*, pp. 151-152: "Visão última, que é a do êxtase, onde a identidade total se faz na total alteridade".

rosa-cruciana, de que já encontramos ecos na *Mensagem*, é uma das que mais solicita o poeta.[39] Como a publicação por G. R. Lind de um texto inédito (escrito em francês) o revelou, há uma correspondência direta entre certas passagens destes sonetos e a descrição feita por Pessoa dos graus de iniciação dessa Ordem.[40] Mas não podemos, por isso mesmo, aceitar a inferência daquele crítico segundo a qual esse poema é a prova do fato de "Pessoa se nao ter identificado nunca completamente com as doutrinas dos investigadores do oculto", utilizando-as antes como "tentativas de explicação hipotética para esclarecimento da escuridão misteriosa que envolve o mundo e o homem" e extraindo delas "imagens e símbolos atraentes para a representação poética desse mistério".[41]

O último soneto da série, que G. R. Lind invoca como argumento, fornece-nos pelo contrário a prova de que essas "imagens e símbolos" não são simplesmente uma "representação" exterior, mas consubstancial ao "mistério" esotérico:

"Ah, mas aqui, onde irreais erramos,
Dormimos o que somos, e a verdade,
Inda que enfim em sonhos a vejamos,
Vemo-la, porque em sonho, em falsidade.

Sombras buscando corpos, se os achamos
Como sentir a sua realidade?
Com mãos de sombra, Sombras, que tocamos?
Nosso toque é ausência e vacuidade.

Quem desta alma fechada nos liberta?
Sem ver, ouvimos para além da sala
De ser: mas como, aqui, a porta aberta?
....

Calmo na falsa morte a nós exposto,
O Livro ocluso contra o peito posto,
Nosso Pai Roseacruz conhece e cala".[42]

Podem neste soneto detectar-se alguns dos germes disseminados na poesia de Pessoa: a identidade na oposição da verdade e da falsidade, da realidade e do sonho, da presença e da ausência, do corpo e da alma, da vida e da morte — em

---

(39) Pessoa confessava a Sá-Carneiro, numa carta de 1915, em que lhe descrevia como tivera acesso à Teosofia, a perturbação que lhe tinha causado a leitura de um livro inglês sobre "Os Ritos e os mistérios dos Rosa-Cruz". Citado por João Gaspar Simões, *op. cit.*, vol. II, p. 230.
(40) Cf. *Teoria Poética de Fernando Pessoa*, p. 290 e ss. Nesse texto Pessoa escreve que "no primeiro grau desta verdadeira iniciação o candidato tem por tarefa matar (em si) os três assassinos do Mestre, os três elementos que se opõem (nele) à Lei da Natureza". (p. 291). Não poderia ver-se aqui uma figuração simbólica dos três heterônimos (incluindo Fernando Pessoa "ele mesmo") que são discípulos de Caeiro, "o único poeta da Natureza?"
(41) *Idem*, p. 294.
(42) *Pessoa*, pp. 122-123.

suma, do Ser e do Não-Ser — de que o cadáver de Christian Rosencreutz é o símbolo iniciático. E nele se descobre, por outro lado, um dos aspectos pelos quais se manifesta de preferência o esoterismo de Pessoa: um neoplatonismo em que se concilia a dualidade das essências e das aparências, essas "sombras" que surgem com freqüência noutros poemas ortônimos:

> *"Neste mundo em que esquecemos*
> *Somos sombras de quem somos*
> *E os gestos reais que temos*
> *No outro em que, almas, vivemos*
> *São aqui esgares e assomos"* 43

Ou ainda:

> *"Venho de longe e trago no perfil*
> *Em forma nevoenta e afastada,*
> *O perfil de outro ser que desagrada*
> *Ao meu atual recorte humano e vil".*44

A visão platônica do mundo como reminiscência de "outro ser", como "forma nevoenta" da Forma originária (a Idéia ou Arquétipo) é transparente nestes versos, assumindo noutros poemas transposições simbólicas variadas. 45 Ela dá-lhes essa tonalidade poética de irrealidade que também se ressente no soneto a Christian Rosencreutz e que banha as suas imagens e o seu ritmo, manifestando-se portanto numa adequação da "forma da expressão" e da "forma do conteúdo".

Esta interpenetração do platonismo e do esoterismo é confirmada pelo poema "Iniciação", em que o "Mestre" se dirige a um "Neófito", cujo corpo parece adormecido, mas não é mais do que a "sombra das vestes" que escondem o seu verdadeiro ser: a morte é apenas aparência — só a Vida existe:

> *"Não dormes sob os ciprestes*
> *Pois não há sono no mundo.*
>
> . . . .
>
> *O corpo é sombra das vestes*
> *Que cobrem seu ser profundo.*
> *Vem a noite, que é a morte,*
> *E a sombra acabou sem ser.*

---

(43) *Idem*, p. 113.
(44) *Idem*, p. 52
(45) Manuel Antunes, no seu ensaio O Platonismo de Fernando Pessoa (*Brotéria*, LXXVIII, fev. 1964) mostrou o lugar central que o platonismo ocupa na obra do autor de *Mensagem*, constituindo segundo ele um espaço intermediário entre o "gnosticismo ocultista" e o "existencialismo absurdista". Manuel Antunes releva ainda com justeza que o esoterismo foi para Pessoa um dos meios de "conciliação possível das oposições que lhe dividiam o ser"

> Vais na noite só recorte,
> Igual a ti sem querer.
>
> ....
>
> A sombra das tuas vestes
> Ficou entre nós na Sorte.
> Não 'stás morto, entre ciprestes.
>
> ....
>
> Neófito, não há morte". 46

Este poema é, também ele, uma glosa do ritual da Ordem dos Templários, sobretudo na sua parte final: "Não há, porém, vida nem morte: não há, Neófito, senão vida. O que vos sucedeu ao nascer, vos sucederá ao morrer: entrareis na vida". 47

Mas a prova de que o esoterismo se confunde para Pessoa com a essência da própria criação poética podemos encontrá-la num texto em que ele o apresenta como o fundamento (e o sentido último) da sua concepção dos "gêneros" poéticos, equiparados aos "graus" de uma "iniciação":

> "Suponhamos que a finalidade da iniciação é a escrita de grande poesia. O estado do Neófito será a aquisição de elementos culturais com que o poeta terá de lidar ao escrever poesia — sendo, grau por grau e no que parece ser uma analogia exata: 0) gramática, 1) cultura geral, 2) cultura literária em particular.
> O estádio do Adepto será, se continuarmos a utilizar a mesma analogia: 5) a escrita de poesia lírica, 6) a escrita de poesia lírica complexa, 7) a escrita de poesia ordenada, ou poesia lírico-filosófica, como na ode. O estádio do Mestre será, pelo mesmo processo: 8) a escrita de poesia épica, 9) a escrita de poesia dramática, 10) a fusão de toda a poesia, épica e dramática, em algo para além de todas elas". 48

Este texto deverá ser posto em paralelo com a nota, por nós já referida e analisada, em que Pessoa descreve os diferentes "graus da poesia lírica". 49 Mas importa assinalar que o poeta introduz aqui, ao nível do "estádio" de "Mestre", a poesia épica como "grau" intermédio entre a poesia lírica e dramática, para chegar a uma concepção por assim dizer pangenérica da poesia, que ultrapassaria (englobando-os) os gêneros lírico, épico e dramático. Como acima aventamos, poderia pensar-se na *Mensagem* como o protótipo (ou pelo menos como o esboço) desse grau supremo da iniciação poética visionado por Pessoa.

---

(46) *Pessoa*, pp. 93-94. Sobre a interpretação deste poema como a descrição de diferentes graus de uma iniciação cf. G.R. Lind, *op. cit.*, p. 279 e ss., e Dalila L. Pereira da Costa, *op. cit.*, p. 141 e ss.
(47).G.R.Lind, *op. cit.*, p. 281.
(48) *Essay on Initiation*, texto inédito, citado por G.R. Lind, *op. cit.*, p. 275. Seria interessante procurar compreender o sentido, certamente esotérico, da numeração utilizada por Pessoa.
(49) Cf. *supra*, "Introdução", p. 8.

Há que entender no entanto esta transposição da hierarquia iniciática para a poesia num sentido "analógico" — próprio aliás de todo o esoterismo —, e não como uma simples variante literária de um rito. Pessoa tem o cuidado de o precisar, quando escreve:

> "Três comentários ocorrerão ao leitor desta analogia com a literatura. O primeiro é o de que se pode ser poeta sem passar pelos graus de Neófito, pode ser-se Adepto do primeiro grau sem ter adquirido sequer o primeiro grau de Neófito. O segundo é que a progressão apresentada em etapas sucessivas não corresponde ao que habitualmente acontece na vida, seja na dum poeta ou na doutro homem qualquer. O terceiro é o de que uma fusão de toda a poesia, lírica, épica e dramática nalguma coisa que está para além das três, é um feito que ultrapassa o nosso entendimento". [50]

Pessoa desemboca assim, como sempre, no "elemento do mistério", que se perfila no horizonte, cada vez mais próximo mas cada vez mais longínquo, da sua poesia. Haveria para ele um termo final desta hierarquia iniciática, a que o esoterismo poético seria uma via de acesso? É para Pessoa toda a dúvida, que no "Fausto" se repercutia, acerca da existência de um "Ente Supremo", transcendente a todos os entes, ao Ser e ao Não-Ser. Se o poeta parece um instante admiti-lo, é para imediatamente se reportar a uma pluralidade de "entes supremos", a essas "escalas de seres" de que a sua poesia é a metamorfose, através de uma "via alquímica" que lhe permite realizar uma "transmutação da personalidade", fundamento da heteronímia. Tal é pelo menos a última profissão de fé do poeta, numa carta a Casais Monteiro datada de janeiro de 1935, ano da sua morte:

> "Creio na existência de mundos superiores ao nosso e de habitantes desses mundos, em experiências de diversos graus de espiritualidade, subutilizando-se até se chegar a um Ente Supremo, que presumivelmente criou este mundo. Pode ser que haja outros entes, igualmente supremos, que hajam criado outros universos, e que esses universos coexistem com o nosso, interpenetradamente ou não... Dadas estas escalas de seres, não creio na comunicação direta com Deus, mas, segundo a nossa afinação espiritual poderemos ir comunicando com seres cada vez mais altos. Há três caminhos para o oculto: o caminho mágico (incluindo práticas como as do espiritismo, intelectualmente ao nível da bruxaria, que é magia também); o caminho místico, que não tem propriamente perigos, mas é incerto e lento; e o que se chama o caminho alquímico, o mais difícil e o mais perfeito de todos, porque envolve uma transmutação da própria personalidade que a *prepara*, sem grandes riscos, antes com defesas que os outros caminhos não têm". [51]

O poemodrama seria, literalmente, essa operação alquímica [52] pela qual a "personalidade" de Pessoa se transmuda

---

(50) *Essay on Initiation*, op. cit., p. 275.

(51) Citado por João Gaspar Simões, in: *Vida e Obra de Fernando Pessoa*, vol. II, p. 232.

(52) Num texto consagrado a Goethe, Pessoa descreve em detalhe as operações alquímicas: "O processo alquímico é quádruplo: 1) putrefação; 2) albação; 3) rubificação; 4) sublimação. Deixam-se, primeiro, apodrecer as sensações; depois de mortas embranquecem-se com a memória; em seguida rubificam-se com a imaginação; finalmente se sublimam *pela expressão*". *Páginas de Estética e de Teoria e*

num "drama em gente", a sua poesia numa pluralidade de linguagens poéticas, enfim, o poeta numa multiplicidade de poetas: num poetodrama.

Restar-nos-iam ainda, para abarcarmos o conjunto do travejamento deste edifício inacabado mas estruturado que é a obra de Pessoa, os seus poemas ingleses. Nao é, no entanto, intenção nossa abordá-los aqui senão obliquamente, não só porque se situam fora do *corpus* de textos portugueses a que nos ativemos ao longo deste estudo, mas porque a sua análise intertextual imanente exigiria um conhecimento minucioso da língua inglesa, mais ao alcance de outros críticos que sobre eles já se debruçaram.

A formação literária e a obra "inglesas" de Pessoa levantam contudo um problema central, com implicações em toda a sua poesia, e que é o das suas próprias relações com a língua pátria. Dir-se-ia que se a língua "materna" do poeta é o português, o inglês se tornou a sua primeira língua literária, sendo-lhe a aprendizagem do português *escrito* posterior e coincidente com a sua iniciação â literatura nacional. Esta espécie de segundo nascimento para a língua deixará uma marca indelével na sua expressão poética, oferecendo-lhe, como escreve Jorge de Sena, "a possibilidade de usar a língua Portuguesa com a virgindade de quem a contempla pela primeira vez". [2]

Uma tal situação, que de diacrônica se tornou sincrônica. de interioridade e de exterioridade à língua, teve certamente incidências na criação heteronímica: a invenção de uma pluralidade de linguagens, diferentes da do autor na sua "pessoa própria", tornou-se viável desde que o poeta se pôde sentir estrangeiro à sua própria língua, sem deixar de com ela se identificar.

Tendo partido com a idade de 8 anos para a África do Sul, acompanhando a mãe e o padrasto, cônsul em Durban, Fernando Pessoa recebeu uma educação semelhante à britânica, primeiro numa escola católica irlandesa e depois numa *high--school,* onde os prêmios recebidos revelam uma integração linguística acima do normal. Essa educação prolongou-se na

Crítica Literárias, pp. 123-124 (grifo nosso) Poderemos dizer que a poesia é, enquanto "expressão", o caminho alquímico próprio de Fernando Pessoa. Mais do que um "paralelismo" entre poesia e alquimia, como o pretende G. R. Lind (*op. cit.*, p. 272), trata-se de uma verdadeira identificação. E João Gaspar Simões tinha imperfeitamente visto que o "fingimento" dos heterônimos é o "produto" dessa "decomposição" da "alquimia" poética (*op. cit.*, vol. II, p. 247). Imperfeitamente, dado que não se trata de um resultado mas do próprio processo de "transmutação" da "personalidade".

(1) Cf. sobretudo Jorge de Sena, "Fernando Pessoa e a Literatura Inglesa". In: *Estrada Larga*, I, Porto, s.d., e Maria da Encarnação Monteiro, in: *Incidências Inglesas na Poesia de Fernando Pessoa*, Coimbra, 1956. É importante notar que, numa carta a João Gaspar Simões, Pessoa advertia que para compreender o "texto complexo e compacto" dos poemas ingleses, e particularmente dos sonetos, era necessário conhecer realmente bem a língua em que estão escritos, admitindo embora que o conhecimento aprofundado da sua obra em português pudesse suprir essa carência. *Cartas a João Gaspar Simões*, Lisboa, 1952, pp. 66-67.

(2) Cf. ensaio citado, in: *Estrada Larga*, I, p. 194.

leitura de poetas e outros autores ingleses (Milton, Byron, Shelley, Keats, Tennyson) ou de língua inglesa (Edgar Poe e mais tarde Whitman), e nas suas primeiras tentativas literárias, em verso e prosa. De regresso definitivo a Portugal, em 1906, aos dezoito anos, Pessoa não abandonará nunca até à morte o inglês, onde se exprime de preferência nos seus textos críticos e notas íntimas, e em que publicará as suas primeiras e únicas coletâneas de poemas, à exceção de *Mensagem* (as brochuras *Antinous* e *35 Sonnets*, em 1918, e os três volumes de *English Poems*, em 1921[3]), consagrando-se também à tradução de poetas como Poe, Elisabeth B. Browning e Master Therion (aliás Aleister Crowley, mágico inglês com quem manteve contatos estreitos). Mesmo se o português acabou por impor-se-lhe como língua poética e como "pátria" lingüística ("minha pátria é a língua portugues", escreveu um dia Pessoa), o poeta reparti-lo--á, numa fecundação mútua, com o domínio perfeito da sua língua de adoção.

Ora, se como o notou finamente Mallarmé, "as línguas são incompletas, por isso que várias", só o verso remunerando o "defeito das línguas"[4], pode dizer-se que em Pessoa se combinam ambos os meios de preencher as lacunas inerentes à língua: o português e o inglês revezam-se mutuamente, sempre que um deles se revela "incompleto", e isso através da linguagem poética, que se nutre ela própria dessa simbiose de línguas.

Nos *35 Sonnets* Pessoa toma como modelo — à imagem de Ricardo Reis em relação a Horário e à poesia latina — a poesia inglesa da época isabelina, e em primeiro lugar Shakespeare. [5] Ele confessa a Armando Côrtes-Rodrigues que "achou nos Sonetos de Shakespeare uma complexidade que quis reproduzir numa adaptação moderna sem perda de originadade e imposição de individualidade aos sonetos". E acrescenta, significativamente, que "passados tempos *realizou-os*", o que deixa supor que se trataria afinal dos seus próprios sonetos [6]

Reconhecem-se facilmente, a uma leitura dos *35 Sonnets*, os ecos dos germes temáticos dos heterônimos, da mesma forma que estes repercutem muitos dos *leitmotive* dos poemas ingleses.

---

(3) Maria Aliete Galhoz observa justamente numa nota aos "Poemas Ingleses": "Curioso que, na parca publicação que Pessoa fez de si próprio, tenha dado preferência à obras escritas em inglês. Isso parece-nos estar em natural relação com o fato de ter sido o inglês a sua primeira língua literária e tamóém, de sempre projetar uma ressonância européia para a sua obra; o que a pouca expansão do português não podia favorecer". "Notas e Variantes". In: *O.P.* pp. 771-772.

(4) Mallarmé, *Oeuvres*, Ed. Pléiade, pp. 363-364.

(5) A tal ponto que o crítico literário do *Times*, numa recensão com data de 19. IX. 1918, detecta na linguagem dos sonetos um inglês quase "isabelino", falando mesmo de *ultra-shakespearian shakespearianisms*.

(6) *O.P.* p. 771 (grifo nosso). Importa ter em conta, no entanto, a observação de Jorge de Sena segundo a qual os *35 Sonnets* têm mais afinidades com a poesia dos *metaphysical poets* do que com a tradição shakespeariana. " 'Inscriptions' de Fernando Pessoa, algumas notas para a sua compreensão". In: *Estrada Larga*, I, p. 187

E, antes de mais, a problemática da identidade e da alteridade, ligada à do fingimento poético:

> "Whether we write or speak or do but look
> We are ever unapparent. What we are
> Cannot be transfused into word or book.
> Our soul from us is infinitely far".[7]

A identidade não nos é acessível, mesmo ficticiamente, a nós próprios ou aos outros, senão como sonho, sonho de sonhos:

> "We are our dreams of ourselves souls by gleams
> And each to each other dreams of other dreams".[8]

Ou como máscara, máscara de máscaras:

> "The true mask feels no inside to the mask
> But looks out of the mask by co-masked eyes.
>
> ....
>
> And, when a thought would unmask our soul's masking
> Itself goes not unmasked to the unmasking".[9]

Se a linguagem é, precisamente, a revelação de uma impossibilidade de comunicação, de um inefável a que todo o poema parece condenado, nem por isso o poeta deixa de se agarrar às palavras como seu único recurso:

> "Thy words are torture to me, that scarce grieve thee —
> That entire death shall null my entire thought;
> And I feel torture, not that I believe thee,
> But that I cannot disbelieve thee not".[10]

Quanto à realidade, ela não é mais do que aparência — e aparência enganadora enquanto tal — como na concepção platônica do conhecimento de que os sonetos estão impregnados:

> "Appearence even as appearence lies".[11]

De tal modo que só o não-ser dos entes é para o poeta real:

> "Only what in this is not this is real".[12]

O neoplatonismo liga-se, como vimos, às incidências esotéricas da obra de Pessoa. E ao esoterismo se reportam dois

---

(7) *O.P.* p. 607.
(8) *Idem,* p. 610.
(9) *Idem,* p. 610.
(10) *Idem,* p. 609.
(11) *Idem,* p. 607.
(12) *Idem,* p. 618.

outros dos seus poemas ingleses: *Antinous* e *Epithalamium*

Pessoa concebia-os como fazendo parte de "um pequeno livro que percorre o círculo do fenômeno amoroso". "E percorre-o — escreve o poeta — num ciclo a que poderei chamar imperial. Assim, temos: (1) Grécia, *Antinous;* (2) Roma, *Epithalamium;* (3) Cristandade, *Prayer to a Woman's Body;* (4) Império Moderno, *Pan-Eros;* (5) Quinto Império, *Anteros.*"[13] Mesmo se só os dois primeiros poemas foram finalmente escritos, é evidente que o conjunto visava restituir, no plano do erotismo, a visão do Quinto Império que Pessoa tinha desenhado na *Mensagem.*

Este erotismo — cuja ausência tem sido freqüentemente notada na obra portuguesa de Pessoa, à parte raros *intermezzos* — toma em *Antinous* e em *Epithalamium* a forma de "poemas nitidamente obscenos", como o sublinha o próprio poeta. Esta obscenidade, que não deixaria de chocar o puritanismo inglês, é aliás uma transposição do paganismo greco-romano, que deixou rastos mesmo no Cristianismo: "Assim, *Antinous*, que é grego quanto ao sentimento, é romano quanto à colocação histórica. *Epithalamium*, que é romano quanto ao sentimento, que é a bestialidade romana, é, quanto ao assunto, um simples casamento em qualquer país cristão".[14]

A liberdade de tom dos dois poemas revela-se abundantemente na sua línguagem, cujas conotações metafóricas se tornam ousadas:

> "Io! Io! There runs a juice of pleasure s rage
> Through these frames' mesh,
> That now do really ache to strip and wage
> Upon each other's flesh
> The war that fills the womb and puts milk in
> The teats a man did win,
> The battle fought with rage to join and fit
> And not to hurt or hit!"[15]

Inscriptions, enfim, é um conjunto de poemas epigramáticos, à maneira de certas odes de Ricardo Reis, com as quais apresentam afinidades. Mas o que sobretudo os caracteriza e singulariza é a sua natureza de inscrições tumulares, em que "a pessoa que fala *não é, pois, o poeta* mas a figura a quem o poema se refere, da qual é epitáfio", como escreve Jorge de Sena. [16]

---

(13) *Cartas a João Gaspar Simões*, pp. 67-68. Cf. também *O.P.* p. 603.
(14) *Idem*, p. 68.
(15) *O. P.*, p. 644.
(16) Jorge de Sena, "*Inscriptions* de Fernando Pessoa, algumas notas para a sua compreensão" In: *Estrada Larga*, I. p. 188. Nós diríamos que a pessoa que fala é ainda um poeta, mas um poeta *outro*, dado que a figura respectiva se exprime através da forma (dramatizada) do poema.

Eis-nos assim reconduzidos ao processo poético próprio da heteronímia. O sujeito do poema não é o poeta na sua individualidade física e psicológica privada: há uma dupla dramatização do poema e do poeta. E assim, uma vez mais, o poemodrama e o poetodrama se identificam.

Pessoa poderia, como uma qualquer figura das suas *Inscriptions*, retomar à sua conta — "ele mesmo" e o outro — o último desses epitáfios:

> *This covers me, that erst had the blue sky.*
> *This soil treads me, that once I trod. My hand*
> *Put these inscriptions here, half knowing why;*
> *Last, and hence seeing all, of the passing band".* [17]

---

[17] *O.P.* p. 636.

CONCLUSÃO

"No meu princípio está o meu fim"

T. S. ELIOT

Pessoa: *persona*. Máscara(s), pessoa(s). Personagens: coro trágico, estático. Drama sem drama: em poemas, em poetas. Os outros e "ele mesmo", "ele mesmo" e os outros: "Alberto Caeiro, Ricardo Reis, Álvaro de Campos, Fernando Pessoa, e quantos mais haja havido ou por haver".[1] Identidade, alteridade: coincidência dos opostos. Ser e Não-Ser. Descentramento: do sujeito, da linguagem. Linguagem de linguagens: escrevendo-se, lendo-se. Texto plural: polifonia.

Tais foram aqui, para nós, alguns dos marcos de referência que nos guiaram no nosso percurso (no nosso discurso) através da poesia de Pessoa, dos heterônimos. Insensivelmente, fomo-nos embrenhando pelos múltiplos desvios desse labirinto sem fim, dando sucessivamente para outros labirintos. Migração, circularidade, eterno retorno. E eis-nos a repetir a cada passo com o poeta: "não evoluo, VIAJO".[2]

Jamais obra poética se nos revelou assim inesgotável, proteiforme. Podemos tentar agarrá-la por não importa qual ponta, desdobar com paciência os fios da sua teia, desfazer um a um os seus nós, seguir longamente a sua trama: impossível

---
(1) *Páginas Íntimas e de Auto-Interpretação*, p. 94.
(2) "Carta a A. Casais Monteiro". In: *Páginas de Doutrina Estética*, p. 275.

será já determo-nos. E há que recomeçar ainda, procurando uma outra porta de acesso, uma outra porta de saída. Mas, como Sísifo, seremos sempre reenviados à origem.

Perante esta pluralidade, esta infinidade potencial das linguagens, das escritas de Pessoa, uma opção a tomar: a multiplicidade de leituras possíveis. O jogo da leitura: elaboração, sem cessar renovada, de um código que se desdobra numa diversidade de códigos, de um sistema que prolifera em sistemas, de uma estrutura em constante des-estruturação e re--estruturação: "outra", como diria Mallarmé.

Poderíamos assim escrever dos textos poéticos de Pessoa o que Roland Barthes escreve desse "texto ideal" que seria "a imagem de um plural triunfante": "a ele se acede por várias entradas, de que nenhuma pode com segurança ser declarada principal; os códigos que ele mobiliza sucedem-se a perder de vista, não são passíveis de escolha (o sentido não é neles nunca submetido a um princípio de decisão, senão por um lançar de dados); desse texto absolutamente plural podem os sistemas de sentido apoderar-se, mas o seu número não é nunca fechado, tendo por medida o infinito da linguagem".[3]

A tentação é grande, a cada momento, a cada leitura, de julgar ter encontrado uma "chave", fixado um modelo: não é senão um simulacro que temos entre as mãos, uma sombra que nos escapa. Pessoa vai-se-nos furtando, heterônimo após heterônimo, e até enquanto "ele mesmo". Sobretudo enquanto "ele mesmo". Lá onde pensávamos tê-lo finalmente agarrado, já de todo se não encontra: desertou, exilou-se algures (embora estando ainda lá).

A consciência desta dificuldade essencial — mas também desta abertura fecunda, em que todas as abordagens nos são virtualmente permitidas, prometidas — foi-nos surgindo passo a passo, ao longo deste ensaio: o nosso trabalho não era, afinal, mais do que uma espécie de montagem e desmontagem de sucessivos andaimes, destinados a ir desaparecendo um a um até ao fim (sempre provisório), do mesmo modo que os sucessivos planos das "suas" obras, arquitetados por Pessoa, se foram apagando diante dos textos dos heterônimos, acabados ou inacabados que sejam: "livro(s) a vir", para parafrasear Blanchot.

Sendo aqui a nossa perspectiva estrutural (senão delimitadamente estruturalista), era-nos no entanto imprescindível partir, metodologicamente, de um paradigma sistemático (de uma matriz) que nos permitisse reter, como numa rede, a multiplicidade de formas em que a poesia de Pessoa se realiza: esse o

(3) S/Z. p. 12.

sentido do poemodrama, do poetodrama. Julgamos tê-los detectado e reencontrado, com toda a evidência, nas leituras recorrentes dos próprios textos: código de códigos, já inscritos nas respectivas mensagens, que se tratava apenas de descodificar, à luz das metalinguagens críticas dos heterônimos.

O núcleo germinal (a "explicação central" de que fala o poeta) aparecia-nos desde logo visível: a poesia de Pessoa é, reconhecidamente, de "tipo dramático". Mas o drama, onde se situava efetivamente? Não no plano dos gêneros literários tradicionais. Pessoa, precursor nessa medida de uma modernidade que só hoje chega à plena consciência de si mesma, põe-nos justamente em questão, na sua compartimentação habitual, considerando-os como simples graus de iniciação a uma poética pangenérica. O drama havia pois que buscá-lo nos próprios poemas, na própria linguagem poética. O que implicava que o sujeito fosse também ele dramatizado: não um sujeito "pleno", mas plural, na pluralidade das linguagens heteronímicas.

Esta pluralidade importava entretanto prová-la, face à obstinação com que alguns tentam reduzi-la a uma unidade substancial subjacente, em vez de espectralmente a decompor nas suas metamorfoses.[4] Para isso, enveredamos pela via ainda estreita e eriçada de dificuldades, mas que se vai alargando e ramificando, de uma poética que procura definir-se entre uma estilística em crise e uma semiologia em gestação, através do recurso aos métodos e modelos lingüísticos. Preferindo à concepção da linguagem poética como "estilo" (desvio ou violação de uma norma) a de uma *criação da sua própria língua* por cada poeta[5], cremos ter amplamente revelado como os heterônimos se diferenciam entre si através de um diálogo dramático de linguagens, em que a germinação dos significados e dos significantes, ao transpor-se do plano das oposições paradigmáticas para o plano sintagmático do discurso, os vai aglutinando numa "forma própria": forma da "expressão" e forma do "conteúdo". Sem ceder à tentação de uma análise quantitativa, que continua aberta a outras pesquisas, procuramos antes embraiar as estruturas sistemáticas do poemodrama e do poetodrama, através de uma "encenação" em que o jogo dos textos (poéticos e críticos) pudesse livremente (ludicamente) jogar-se, manifestando-se no próprio prazer da nossa leitura escrita.

---

(4) A esses damos a meditar os versos de Pessoa: "Deus não tem unidade, / Como a terei eu?" *O.P.* p. 516.

(5) Mário de Sá-Carneiro, poeta como era, pressentiu-o perfeitamente no que diz respeito a Pessoa, ao escrever-lhe: "O meu amigo vai criando uma nova linguagem, uma nova expressão poética". *Cartas a Fernando Pessoa*, vol. I, p. 63.

Uma armadilha, sobretudo, a evitarmos, na qual julgamos não ter caído: a de sacrificar, ou de reduzir, a poesia à linguística. Intentamos sempre, primacialmente, determinar a especificidade da linguagem de cada heterônimo a partir da sua própria origem poética, fiéis assim à lição de Heidegger: "A poesia não recebe nunca a linguagem como uma matéria a trabalhar que estaria à sua disposição, mas é ao contrário a poesia que começa por tornar possível a linguagem (. . .) Há que compreender pois, inversamente, a essência da linguagem a partir da essência da poesia". [6]

Mas se a linguagem — e antes de mais a linguagem poética — é a "casa do ser" de que fala este filósofo, pode dizer-se que a poesia de Pessoa abre infinitamente essa casa, se é que ela não a faz, mais exatamente, proliferar, através de uma explosão do ser de que a pluralidade de linguagens, como a das "pessoas" constituem os fragmentos:

> "*E como são estilhaços*
> *Do ser, as coisas dispersas,*
> *Quebro a alma em pedaços*
> *E em pessoas diversas*". [7]

A unidade, a identidade tornaram-se com efeito para ele, já não uma casa habitável, mas uma prisão de que procura evadir-se, escapando à obsessão do não-ser que o ameaça e persegue:

> "*Ser um é cadeia*
> *Ser eu é não ser.*
> *Viverei fugindo*
> *Mas vivo a valer*". [8]

Ser vários, ser estrangeiro a si mesmo, exilado — isso significa para o poeta ser em potência infinitamente outro. O ser nunca lhe é dado, no entanto, senão na finitude dos entes, de que permanece prisioneiro:

> *Se quanto sinto é alheio*
> *E de mim sou ausente,*
> *Como é que a alma veio*
> *A acabar-se em ente?*" [9]

Ele terá pois que acomodar-se à diversidade em que pôde repartir-se — os poucos heterônimos a que teve que limitar-se demiurgicamente enquanto poeta —, como o próprio Deus a quem imita o fez com a sua criação:

---

(6) *Approche de Hölderlin* p. 55
(7) *Pessoa*, p. 517.
(8) *Idem*, p. 534
(9) *Idem*, p. 518.

> *"Assim a Deus imito,*
> *Que quando fez o que é*
> *Tirou-lhe o infinito*
> *E a unidade até".* 10

Da mesma forma nós, leitores, perante a pluralidade dos textos e dos autores que se desdobram no horizonte da obra heteronímica, não podemos mais do que projetar alguns olhares sobre esses poemas e esses poetas que assim entre si se refletem, numa sucessão de imagens (de miragens) verdadeiras e ilusórias, como as de um jogo de espelhos paralelos: espaço multiplicado ao infinito das suas escritas e das suas leituras, que teremos de humildemente aprender a percorrer, pelos nossos próprios caminhos desviados e finitos. Mas nós podemos, também nós, repetir de cada vez com o poeta:

> *"Qualquer caminho leva a toda a parte.*
> *Cada ponto é o centro do infinito".* 11

---

(10) *Idem*, p. 518.
(11) Inédito, citado por Jorge Nemésio, in: *A Obra Poética de Fernando Pessoa*, p. 24.

APÊNDICE

Diacronia

A fim de situar a obra de Pessoa nas suas coordenadas biográficas e histórico-culturais, em relação com a "viagem" heteronímica imaginária, propomos aqui uma perspectiva de leitura diacrônica dos seus textos. Não se trata, na verdade, de uma simples cronologia.1 Paralelamente aos "biografemas", inserimos sempre que possível comentários do próprio poeta (não necessariamente sincrônicos com os acontecimentos a que se referem), de modo a permitir ao leitor uma reconstituição, cuja liberdade lhe é deixada, do diálogo dramático entre o texto literário e o texto histórico, que reciprocamente se vão lendo. É neste vaivém intertextual que podem ser apreendidos o *espaço* e o *tempo* poéticos de Pessoa.

1887 — Data suposta do nascimento do heterônimo Ricardo Reis, no Porto: "Não me lembro do dia e mês — dirá Pessoa — mas tenho-os algures". (Um horóscopo feito pelo poeta situa-o entretanto a 19 de setembro, às 4h e 5m da tarde). Portugal, ainda sob o signo da Monarquia, à qual Reis iria manter-se fiel pelo próprio exílio, atravessa então uma crise política larvar: o sistema parlamentar desgasta-se pouco a pouco no "rotativismo", com uma alternância dos partidos "progressista" e "regenerador" no poder, enquanto do exterior a Inglaterra cobiça as colônias portuguesas em África e no interior a agitação republicana, coincidindo com uma vaga anarquista nascente, se propaga pelo país. O poeta Cesário Verde, precursor de Caeiro e do Sensacionismo, acabava de morrer, em 1886, ano que ficara também assinalado pela publicação dos *Sonetos* de Antero de Quental, prefaciados por Oliveira Martins, e do *Anti-Cristo*, de Gomes Leal ("o pior grande poeta que conhecemos"), a quem Pessoa haveria de dedicar mais tarde um poema de ressonância esotérica. Em França, Rimbaud tinha publicado *As Iluminações* e Jean Moréas lançado o seu artigo — *Manifesto sobre o Simbolismo*, a que no ano seguinte se sucedem as *Poesias* de Mallarmé. Em Inglaterra, Walter Pater, cuja influência sobre Pessoa seria visível, dá à estampa os seus

---

(1) As fontes biográficas de que aqui nos servimos são, por um lado, a *Vida e Obra de Fernando Pessoa*, de João Gaspar Simões, completada pelas observações de Eduardo Freitas da Costa, in: *Fernando Pessoa — Notas a uma Biografia Romanceada*, e, por outro, a "cronistoria della vita e delle opere", de Luigi Panarese, in: *Poesie, di Fernando Pessoa*. Cf. "Bibliografia".

Retratos Imaginários, ao mesmo tempo que na Alemanha Nietzsche um dos filósofos que mais se repercutirá sobre o poeta dos heterônimos publica a *Genealogia da Moral*.

1888 — Nascimento em Lisboa, a 13 de junho, de Fernando (Antônio Nogueira) Pessoa, filho de Joaquim de Seabra Pessoa, crítico musical no Teatro de S. Carlos, oriundo de uma família de cristãos-novos ("misto de fidalgos e de judeus") cruzada com ascendência plebéia, e de Maria Madalena Pinheiro Nogueira, filha de um jurisconsulto e conselheiro: "A aldeia em que nasci foi o Largo de S. Carlos, hoje do Diretório, e a casa onde nasci foi aquela onde mais tarde (no segundo andar; eu nasci no quarto) haveria de instalar-se o Diretório Republicano. (Nota: A casa estava condenada a ser notável, mas oxalá o quarto andar dê mais resultado que o segundo)". Nesse mesmo ano, teria segundo Pessoa sido "extinta" ou entrado "em dormência" a Ordem Templária de Portugal, a cujos rituais afirma ter tido acesso.

1889 — Nascimento presumido de Alberto Caeiro, em Lisboa, a 16 de abril (à 1h e 45 m da tarde, segundo o horóscopo de Pessoa). D. Carlos acede ao trono, por morte de D. Luís. Eça de Queirós funda e dirige de Paris a *Revista de Portugal*, por referência à qual Pessoa situará *Orpheu*, em carta a Camilo Pessanha: "(*Orpheu*) é a única revista literária a valer que tem aparecido em Portugal, desde a *Revista de Portugal*, que foi dirigida por Eça de Queirós". Pela mesma época são lançadas em Portugal as revistas simbolistas *Boêmia Nova* e *Insubmissos*.

1890 — Nascimento presumido de Álvaro de Campos, em Tavira, a 15 de outubro (à 1h e 30m da tarde, ainda segundo o horóscopo de Pessoa). *Ultimatum* da Inglaterra, pondo em causa a presença de Portugal em África. Guerra Junqueiro escreve *Finis Patriae*, enquanto Eugênio de Castro, introdutor do Simbolismo, publica *Oaristos* e *Horas*. Em França, Maeterlinck, que influenciará Pessoa, publica *Os Cegos* e Paul Valéry *Narciso*.

1891 — Fracasso da Revolução Republicana de 31 de janeiro, no Porto. Antero de Quental suicida-se: "Os símbolos da época eram o Guerra Junqueiro, que conseguiu plagiar o Hugo sem o plagiar, o Teófilo Braga, que não existia, e o suicídio do Antero". Nascimento de Mário de Sá-Carneiro, que iria tornar-se o amigo mais íntimo de Pessoa, na aventura de *Orpheu*.

1893 — Morte do pai de Fernando Pessoa, com a idade de 43 anos. Nascimento de Almada Negreiros, outro dos futuros companheiros de *Orpheu*. Na Alemanha, Max Nordau publica *A Degenerescência*, cuja leitura marcará profundamente Pessoa, influenciando a sua opinião negativa acerca do Simbolismo. Em França, aparecem os *Versos e Prosas* de Mallarmé.

1894 — O irmão de Fernando Pessoa morre por sua vez; sua mãe conhece o futuro segundo marido. Criação do "primeiro heterônimo" infantil ("um certo *Chevalier de Pas* dos meus seis anos, por quem escrevia cartas dele a mim mesmo"), assim como de "uma outra figura, cujo nome já não me ocorre mas que o tinha estrangeiro também, que era, não sei em quê, um rival do Chevalier de Pas", segundo escreve Pessoa a Adolfo Casais Monteiro. O "nacionalismo literário" encontra por então a sua expressão no "neogarrettismo", teorizado por Alberto de Oliveira em *Palavras Loucas*, ao passo que o Simbolismo se difunde através das obras de Eugênio de Castro: *Silva* e *Belkiss*.

1895 – Enquanto Pessoa escreve o seu primeiro poema, dedicado à sua "querida mamã", esta casa-se, por procuração, com João Miguel Rosa, cônsul em Durban (África do Sul). É prestada nesse ano uma homenagem nacional a João de Deus. Na Inglaterra, Coleridge, um dos primeiros poetas lidos por Pessoa, publica *Animae Poetae*.

1896 – Deixando em Lisboa a sua avó paterna louca e internada num asilo, Pessoa parte com a mãe para Durban. Nascimento de uma primeira meia-irmã. Começo dos estudos do poeta numa escola católica irlandesa. Segundo o testemunho de um condiscípulo, notava-se nele "a preocupação de falar e escrever o inglês o mais academicamente possível", continuando embora a falar em casa o português. Leitura preferida: "em minha infância e primeira adolescência houve para mim, que vivia e era educado em terras inglesas, um livro supremo e envolvente — os *Pickwick Papers*, de Dickens; ainda hoje, e por isso, o leio e releio como se não fizesse mais que lembrar". (Resposta a um inquérito de Antônio Sérgio e João Osório de Oliveira.)

1899 – Pessoa inscreve-se na High School de Durban, onde recebe o *Form Prize*. Um novo "heterônimo" aparece: Alexandre Search, em nome do qual, como acontecera com o Chevalier de Pas, Pessoa escreve cartas a si mesmo.

1900 – Morte de Eça de Queirós e de Antônio Nobre. Acerca deste último, Pessoa escreverá: "De Antônio Nobre partem todas as palavras com sentido lusitano que de então para cá têm sido pronunciadas (...) Mas ele foi o primeiro a pôr em europeu este sentimento português das almas e das coisas (...)". Gomes Leal publica *Fim do Mundo*.

1901 – Enquanto termina os preparatórios da High School, Pessoa começa a escrever poemas em inglês. Faz entretanto uma viagem de férias a Portugal, com a mãe e o padrasto, que transportam consigo o corpo de uma meia-irmã morta. Em Lisboa, conhece uma tia que escrevia sonetos "com o cunho absoluto do séc. XVIII" (arcadismo). Por essa altura sai uma nova edição do *Livro de Cesário Verde*. Este poeta foi, segundo Pessoa, "o primeiro a *ver* na poesia portuguesa, a visão mais clara das coisas e da sua autêntica presença que é possível encontrar na literatura moderna".

1902 – Regresso de Fernando Pessoa a Durban. Inscrição na Commercial School. Escreve um dos seus primeiros poemas em português, presumivelmente inspirado pela irmã morta ("Quando ela passa"). Gomes Leal publica nesse ano *A Mulher de Luto* (poema ocultista). Nascimento de Antônio Botto, que se tornará uma das figuras poéticas prediletas de Pessoa, à qual consagrará diversos ensaios.

1904 – Pessoa recebe o *Queen Victoria Memorial Prize*, pelas suas provas de admissão à Universidade do Cabo, fazendo ainda um outro exame de Letras e de Filosofia (*Arts*). Leituras em inglês: Milton, Byron, Shelley, Keats, Tennyson, Carlile e Poe. Escreve poemas e textos em prosa nessa mesma língua.

1905 – Regresso definitivo de Fernando Pessoa a Lisboa, com a intenção de se inscrever no Curso Superior de Letras. Ao mesmo tempo que prossegue com as suas leituras inglesas, entre as quais Shakespeare e Wordsworth, lê Cesário Verde e toma contato com a poesia portuguesa da época, através de um tio-avô, o General Henrique Rosa, que é ele mesmo um poeta ocasional e que lhe apresenta Camilo Pessanha. Pessoa lê também por essa época poetas franceses, em particular Baudelaire, consagrando-se igualmente à leitura de filósofos gregos e alemães. (Nietzsche, Schopenhauer). O ano é marcado, em Portugal, pela publicação das *Prosas Bárbaras*, de Eça de Queirós, enquanto no estrangeiro se assiste à exposição do "Fauvismo" (Matisse, Derain, Dufy), bem como, no domínio científico, aos primeiros trabalhos de Einstein sobre a Relatividade, à qual Álvaro de Campos irá comparar a sua "estética não-aristotélica".

1906 – Pessoa inscreve-se no Curso Superior de Letras, que cedo abandona, em seguida a uma greve de estudantes contra a ditadura de João Franco, instaurada nesse ano. Teixeira de Pascoaes, criador do "Saudosismo", publica *Vida Etérea*, de que Pessoa saúda mais tarde "o vôo puro e a espiritualidade indomada".

1907 – Com o regresso do padrasto e da mãe a Durban, Pessoa fica pela primeira vez dela verdadeiramente separado. Postos de parte os estudos universitários, volta-se então para um projeto editorial, montando em Lisboa uma tipografia, com o dinheiro herdado por morte da tia-avó louca. A empresa, que intitulou "Ibis" (nome por que era ele mesmo tratado pelas crianças em família), abre rapidamente falência. Entretanto, Pessoa começara a escrever um diário em inglês, logo interrompido, onde nota: ". . . Senti de novo um desses sintomas que cada vez se tornam mais claros e sempre mais horríveis em mim: uma vertigem moral. Na vertigem física há um rodopiar do mundo externo em relação a nós; na vertigem moral, um rodopiar do mundo interior (. . .) Não tenho ninguém em quem confiar. A minha família não entende nada. Não posso incomodar os meus amigos com estas coisas; não tenho realmente verdadeiros amigos íntimos, e mesmo aqueles a quem posso dar esse nome, no sentido em que geralmente se emprega essa palavra, não são íntimos no sentido em que eu entendo a intimidade (. . .) Amantes ou namoradas é coisa que não tenho; e é outro dos meus ideais, embora só encontre, por mais que procure, no íntimo desse ideal, vacuidade, e nada mais. Impossível, como eu o sonho! Ai de mim!" (citado e traduzido por João Gaspar Simões, *V. O. de F. P.*).

1908 – Num país em agitação e em crise, que culmina com o assassinato de D. Carlos e do príncipe herdeiro, Pessoa escolhe uma vida discreta, mas livre, de "correspondente estrangeiro", trabalhando para várias casas comerciais, sem obrigações fixas, nem horários: "Profissão: a designação mais própria será 'tradutor', a mais exata a de 'correspondente estrangeiro em casas comerciais'. O ser poeta e escritor não constitui profissão, mas vocação". Começa a escrever os primeiros fragmentos do *Fausto*. Em França, manifestam-se por então os pintores cubistas (Picasso, Braque), que influenciarão mais tarde o grupo de *Orpheu*. "Quanto às influências por nós recebidas do movimento moderno que compreende o Cubismo e o Futurismo, devem-se mais a sugestões que deles recebemos do que à substância das suas obras propriamente ditas. Intelectualizamos os seus processos. (. . .) Fomos influenciados, não pela sua literatura — se é que têm algo que com literatura se pareça —

mas pelos seus quadros (...)". Pela mesma altura, Valéry Larbaud publica as *Poesias de A-O Barnaboth*. Na Rússia, as *Poesias* de Khlebnikov constituem o esboço de uma revolução poética e lingüística.

1909 —Enquanto toda a Europa literária vibra com o primeiro manifesto futurista de Marinetti, e Guillaume Apollinaire começa a ser conhecido em França, Fernando Pessoa sofre ainda a atração da poesia simbolista, que no entanto três anos depois achará "sempre próxima da mera esquisitice e extravagância, do puro delírio às vezes, constantemente imperfeita e deselevada da altura a que, em um ou outro verso, em raríssimas poesias, intermitentemente atinge".

1910 —Eclosão em Lisboa da Revolução Republicana do 5 de outubro. Teófilo Braga, positivista convicto (daí a citada afirmação de Pessoa de que "não existia" ...) ascende da história da literatura à presidência do Governo Provisório da República. Pessoa ironiza a este respeito: "Somos o país das duas ortografias. Da gente que entre nós sabe escrever, parte escreve em ortografia latina, a outra parte na ortografia do Governo Provisório. A maioria, porém, não sabe ler nem escrever. Assim as letras são a sombra dos fatos, e lemos mais na leitura do que esperávamos". E acerca do novo regime escreve: "O fato essencial é este: Portugal é metade monárquico, metade republicano. Em Portugal presente, pois, o problema institucional é inteiramente insolúvel. De direito, de qualquer espécie de direito, não pode haver República, não pode haver Monarquia, em Portugal". Para Pessoa, a "revolução" falhara ao não abolir o "preconceito da ordem" e ao não instaurar a "indisciplina" e a "anarquia portuguesa": "Somos incapazes de revolta e de agitação. Quando fizemos uma 'revolução' foi para implantar uma coisa igual ao que já estava. Manchamos essa revolução com a brandura com que tratamos os vencidos. E não nos resultou uma guerra civil, que nos despertasse; não nos resultou uma anarquia, uma perturbação das consciências. Ficamos miseramente os mesmos disciplinados que éramos". Afastado da efervescência política, Pessoa segue com curiosidade os acontecimentos. E interessa-se sobretudo pela criação, no Porto, da revista *Águia*, dirigida por um grupo de republicanos, à frente dos quais estão Teixeira de Pascoaes e Álvaro Pinto. Em breve aí irá colaborar.

1911 —Pessoa é encarregado de traduzir para português uma *Antologia de Autores Universais*, dirigida por um editor americano fixado em Lisboa. Recusa contudo uma proposta deste editor de o acompanhar ao transferir-se para a Inglaterra. Teixeira de Pascoaes publica *Marânus*. Em Paris, o Cubismo afirma-se cada vez mais, triunfando no Salão desse ano. Guillaume Apollinaire publica *Bestiário ou Cortejo de Orfeu*.

1912 —Tendo passado a viver com uma tia, Pessoa virá a participar nas sessões "semi-espíritas" por ela organizadas. Literariamente, torna-se um colaborador da revista *Águia*, agora órgão do movimento da "Renascença Portuguesa", fundado no Porto. Nela publica um artigo sobre "A Nova Poesia Portuguesa Sociologicamente considerada", em que profetiza, a partir de uma análise comparativa da poesia portuguesa da época e dos grandes períodos literários da Inglaterra e da França, uma renascença poética e civilizacional ("o supra-Portugal de amanhã"), de que o signo próximo seria o aparecimento de um "Supra-Camões". Num segundo artigo, "Reincidindo...", Pessoa vai ainda mais longe: "Supra-Camões? A frase é humilde e acanhada. A analogia impõe mais. Diga-se 'de um

Shakespeare, e dê-se por testemunha o raciocínio, já que não é citáve futuro". As suas profecias dão origem a uma polêmica com o prof Adolfo Coelho, nas páginas do jornal *República*, que organizara precisamente um inquérito sobre a existência ou não de uma "renascença literária" em Portugal. Pessoa insiste com um novo ensaio sobr "A Nova Poesia Portuguesa no seu aspecto psicológico", em que busca definir a "estética" das correntes poéticas em voga, e sobretudo do Saudosismo, pela tripla caracterização do "vago", da "sutileza" e da "complexidade", que se aplica de resto à sua própria poesia a vir, em particular aos poemas "páulicos". Já então a sua reação contra o Simbolismo se faz sentir, em seguida a uma leitura da *Degenerescência* de Max Nordau: "Absolutamente subjetivo é o Simbolismo: daí o seu desiquilíbrio, daí o seu caráter degenerativo, há muito notado por Nordau". Ora "o grande poeta proximamente vindouro(. . .)realizará o máximo equilíbrio da subjetividade e da objetividade". Pessoa inicia a sua correspondência com Sá-Carneiro, que publica nesse ano as novelas *Amizade* e *Princípio*. De Paris, onde abre uma Exposição Futurista, ele põe Pessoa a corrente do Futurismo e do Cubismo, que conhecia so bretudo através do pintor "futurista" português Santa-Rita Pintor Desenha-se na mente de Pessoa o primeiro perfil do heterônimo Ricardo Reis: "Aí por 1912, salvo erro (que nunca pode ser grande), veio-me a idéia escrever uns poemas de índole pagã. Esbocei umas coisas em verso irregular (não no estilo Álvaro de Campos, mas num estilo de meia re gularidade), e abandonei o caso. Esboçara-se, contudo, numa penumbra mal urdida, um vago retrato da pessoa que estava a fazer aquilo. (Tinha nascido, sem que eu soubesse, o Ricardo Reis)".

1913 – Pessoa escreve durante algumas semanas um diário, em que nota, em detalhe e num estilo telegráfico, os mais pequenos incidentes da sua vida cotidiana. Prossegue a sua correspondência com Sá-Carneiro, a quem confessa: "Afinal estou em crer que em plena altura, pelo menos quanto a sentimento artístico, há em Portugal só nós dois". É a época do lançamento do Paúlismo, que Pessoa considera "um enorme progresso sobre todo o simbolismo e neo-simbolismo de lá fora". O poema "Paúis" entusiasma com efeito Sá-Carneiro: "Quanto aos Paúis . . . acho-os simplesmente uma coisa maravilhosa; uma das coisas mais geniais que de você conheço". Pessoa escreve entretanto "Hora Absurda", ao mesmo tempo que o Sensacionismo entra em gestação. Mas paralelamente a poesia inglesa não é abandonada: data de então o poema *Epithalamium*. Por outro lado, Pessoa publica "Na Floresta do Alheamento", *Águia*, e escreve *O Marinheiro*, enquanto vai elaborando o projeto de uma série de livros, entre os quais *Cancioneiro*, *Gládio* (primeiro germe de *Mensagem*) e *Fausto* — tragédia subjetiva. Em Lisboa Almada Negreiros faz uma exposição de caricaturas, acerca da qual Pessoa escreve um artigo, confessando no entanto ao artista, no momento de com ele travar conhecimento: "Olhe, meu amigo, vou falar--lhe francamente. Eu não fui ver a sua exposição, e não percebo nada de arte . . ." No estrangeiro, o ano é assinalado pela afirmação da filosofia fenomenológica de Husserl, pela apresentação da *Sagração da Primavera* de Stravinsky e pelo começo da publicação de *Em Busca do Tempo Perdido* de Proust. Na Rússia, Alexandre Blok publica *A Rosa e a Cruz* e na Alemanha Trakl as suas *Poesias*.

1914 – Desencadeamento da Grande Guerra. Mário de Sá-Carneiro vê-se forçado a abandonar Paris. De regresso a Portugal, demora-se algum tempo em Barcelona, donde comunica a Pessoa ter descoberto uma "catedral páulica", a *Sagrada Família*, de Gandí. Pessoa acaba justamente de :

publicar "Paúis", sob o título de *Impressões do Crepúsculo*, na revista *A Renascença*, de Lisboa. Já com a *Renascença Portuguesa*, do Porto, a ruptura torna-se iminente, pela manifesta distância que se vai cavando entre as suas novas experiências poéticas e a poesia saudosista e nacionalista da *Águia*, de que os expoentes são Teixeira de Pascoaes e Afonso Lopes Vieira. "... A mera análise comparada dos estados psíquicos que produzem, uns o 'saudosismo' e o 'lusitanismo', outros obra literária no gênero da minha e da (por exemplo) do Mário de Sá-Carneiro, me dá como radical e inevitável incompatibilidade de aqueles para com estes" — escreve a Álvaro Pinto, anunciando o termo da sua colaboração na revista. É para o Sensacionismo e o Futurismo que se volta agora Pessoa. Compõe então a "Ode Triunfal", a respeito da qual Sá-Carneiro lhe escreve: "... Você acaba de escrever a obra-prima do Futurismo. Porque, apesar de talvez não pura, escolarmente futurista — o conjunto da ode é absolutamente futurista. Meu amigo, pelo menos a partir de agora o Marinetti é um grande homem..." Pessoa acabava também de escrever "Chuva Oblíqua", esboçando assim o Interseccionismo, de que planeia publicar mesmo uma antologia, com textos de Álvaro de Campos, Fernando Pessoa "ele mesmo", Mário de Sá-Carneiro, Armando Côrtes-Rodrigues e Alfredo Guisado. Mas a gestação dos heterônimos está já em curso. O aparecimento de Alberto Caeiro consuma-se a 8 de março (ou 13 de março?) por repentina eclosão: "... Acerquei-me de uma cômoda alta, e, tomando um papel, comecei a escrever, de pé, como escrevo sempre que posso. E escrevi trinta e tantos poemas a fio, numa espécie de êxtase cuja natureza não conseguirei definir. Foi o dia triunfal da minha vida, e nunca poderei ter outro assim. Abri com um título. *O Guardador de Rebanhos*. E o que se seguiu foi o aparecimento de alguém em mim, a quem dei logo o nome de Alberto Caeiro". A seguir a Caeiro, é a vez de Ricardo Reis e de Álvaro de Campos, ambos seus discípulos, mas em derivações opostas "Se algum dia eu puder publicar a discussão estética entre Ricardo Reis e Álvaro de Campos, verá como eles são diferentes, e como eu não sou nada na matéria" — escreve a Casais Monteiro.

1915 — Pessoa atravessa uma crise "espiritual", que é ao mesmo tempo uma crise de "sinceridade" poética. Numa carta a Armando Côrtes-Rodrigues, confessa-lhe a sua concepção de uma "missão religiosa" da arte e o seu repúdio das manifestações literárias em que se tinha empenhado (como o Interseccionismo e o Paùlismo) e que seriam segundo ele "insinceras" e feitas para "pasmar": "por isso não são sérios os *Paúis*, nem o seria o *Manifesto* interseccionista de que uma vez lhe li trechos desconexos. Em qualquer destas composições a minha atitude para com o público é a de um palhaço". Dessas manifestações distingue no entanto Pessoa os textos de Caeiro-Reis-Campos: o que eu chamo de literatura sincera não é aquela análoga à do Alberto Caeiro, do Ricardo Reis ou do Álvaro de Campos.... Isso é sentido na *pessoa de outro;* é escrito *dramaticamente*, mas é sincero (no meu grave sentido da palavra) como é sincero o que diz o Rei Lear, que não é Shakespeare, mas uma criação dele". Fernando Pessoa e os seus companheiros estão entretanto já implicados no lançamento de *Orpheu* (abril de 1915). Sob a direção apenas formal de Luís de Montalvor (para Portugal) e de Ronald de Carvalho (para o Brasil), nele colaboram Mário de Sá-Carneiro, Fernando Pessoa (com o "Opiário" e a "Ode Triunfal", de Álvaro de Campos, e "O Marinheiro"), Alfredo Guisado, Almada Negreiros e Armando Côrtes-Rodrigues: "— O que quer *Orpheu?* — Criar uma arte cosmopolita no tempo e no espaço. A nossa época é aquela em que todos os países, mais materialmente do que nunca, e pela primeira vez intelectualmente, existem todos dentro de cada um, em que a Ásia, a

América, a África e a Oceania são a Europa, e existem todas na Europa". Reação escandalizada da imprensa de Lisboa: "Literatura de manicômio":"Os bardos do *Orpheu* são doidos sem juízo"; "Os poetas do *Orpheu* e os alienistas", etc. Incidências políticas: os Republicanos acusam *Orpheu* de estar ligado ao "Integralismo" monárquico, os monárquicos recusam com veemência tal insinuação. O segundo número da revista (julho de 1915) leva ao cúmulo o escândalo, com a publicação dos poemas de Ângelo de Lima, internado por paranóia em Rilhafoles, e de uma "novela vertígica" de Raul Leal, além da inserção da colaboração plástica de Santa-Rita Pintor. Pessoa participa nela com os poemas "Chuva Oblíqua" e "Ode Marítima". Um incidente político, desta vez mais grave, marcará as seqüelas de *Orpheu*: ele é provocado por uma carta de Álvaro de Campos ao jornal *A Capital*, em que este visa indiretamente Afonso Costa, Presidente do Conselho, a propósito do Futurismo. Os colaboradores de *Orpheu:* incluindo Sá-Carneiro, temendo as conseqüências, repudiam a carta de Álvaro de Campos, e Pessoa é o único a enfrentar a campanha de que é vítima. Antônio Ferro, futuro Secretário Nacional da Informação, e Alfredo Guisado, futuro subdiretor do jornal *República*, afastam-se do grupo. Sá-Carneiro, por seu lado, parte para Paris, mas por outras razões: a fatura de *Orpheu*, ainda por pagar, é enviada pela tipografia a seu pai. De longe, ele propõe de novo a Pessoa a preparação de um terceiro número da revista, mas, após ter recebido uma admoestação paterna, pede-lhe para suspender a sua impressão já começada. *Orpheu*, "frustrado de cima", tem os dias contados. Mas, como dirá mais tarde Pessoa: "*Orpheu* acabou. *Orpheu* continua". Ele prosseguirá através de outras revistas, em que o impenitente "indisciplinador de almas" tentará ir provocando essa "anarquia portuguesa", que entretanto tinha propugnado como único meio de fazer sair Portugal da crise, numa série de crônicas de *O Jornal*, até sua colaboração vir a ser interrompida... Nesse mesmo ano Pessoa escreve *Antinous* e inicia-se no esoterismo, ao fazer a tradução de um *Compêndio de Teosofia*, de C. W. Leadbeater. O seu "mestre" Caeiro morre, mas para nele ressuscitar ainda várias vezes.

1916 — Pessoa manifesta a intenção de se instalar em Lisboa como "astrólogo". Numa carta à tia espírita, afirma ter experimentado fenômenos de "mediunidade", que se traduzem numa "escrita automática", sobretudo de números, aos quais atribui uma significação cabalística, falando-lhe ainda de uma "visão astral" e de uma "visão etérica", que relevariam da iniciação de um "Mestre desconhecido". A "mediunidade" permitira--lhe, segundo ele, "sentir" de longe a "crise" que levara Sá-Carneiro ao suicídio, em 26 de abril desse ano. Com efeito, uma última carta de Fernando Pessoa, não terminada a tempo, parece manifestar um pressentimento da inevitabilidade do que estava em vias de consumar-se. "Morre jovem o que os Deuses amam", dirá ele em memória do amigo, num texto publicado mais tarde na revista *Athena*. Pessoa pensa um momento fazer reviver *Orpheu*, publicando nele os seus poemas ingleses, mas a frustração "de cima", de que Sá-Carneiro tinha tido a premonição, impende sobre esse terceiro número, de que só o projeto quedará. A sua colaboração reparte-se agora por revistas como *Exílio* e *Centauro*, enquanto segue de perto a agitação dos outros. Uma exposição do pintor cubista Amadeo de Souza Cardoso abre então em Lisboa, apresentada por um manifesto de Almada Negreiros: ". . . Quando um Português, genialmente do séc. XX, desce da Europa, condoído da pátria entrevada, para lhe dar o Parto da sua Inteligência, a indiferença espartilhada da família portuguesa ainda não deslaça as mãos de cima da barriga. Pois, Senhores, a Exposição de Amadeo de Souza Cardoso, na Liga Naval de Lisboa, é o documento conciso da Raça Portuguesa no século XX".

Opinião de Pessoa sobre o Cubismo e o Futurismo: "O cubismo, o futurismo e escolas afins constituem aplicações errôneas de intuições fundamentalmente certas. O erro reside no fato de tentarem resolver o problema de que suspeitam em termos de arte tridimensional; o seu erro fundamental reside em atribuírem às sensações uma realidade externa, que, de fato, possuem, mas não no sentido que os futuristas e outros julgam. Os futuristas são algo de absurdo, como gregos que pretendessem ser modernos e analíticos". Por essa mesma altura eclodia na Suíça o movimento "Dada", Maiakóvski publicava na Rússia *A flauta das vértebras* e, em Buenos Aires, Vicente Huidobro lançava o "Criacionismo". Portugal, esse, assistia ao novo escândalo de Almada Negreiros, com o "Manifesto anti-Dantas": "Portugal, que com todos estes senhores conseguiu a classificação do país mais atrasado da Europa e de todo o Mundo! O país mais selvagem de todas as Áfricas! O exílio dos degredados e dos indiferentes! A África reclusa dos europeus! O entulho das desvantagens e dos sobejos!"

1917 — Enquanto um corpo expedicionário português parte para a frente francesa, exibem-se em Lisboa os bailados russos, exatamente no ano em que estala em Petrogrado a Revolução de Outubro. Almada Negreiros persiste na sua propaganda "futurista", com uma conferência em que declara: "Foi sem dúvida a República Portuguesa que provou conscientemente a todos os cérebros a ruína da nossa raça, mas o dever revolucionário da República teve o seu limite na impotência da criação. Hoje é a geração portuguesa do século XX quem dispõe de toda a força criadora e construtiva para o nascimento de uma *nova pátria inteiramente portuguesa e inteiramente atual* prescindindo em absoluto de todas as épocas precedentes". Paralelamente, Almada publica com Santa-Rita Pintor a revista *Portugal Futurista*, de que saiu apenas um número, onde Álvaro de Campos colabora ao lado de Guillaume Apolinaire e de Blaise Cendrars, com o seu *Ultimatum* aos "mandarins da Europa", atacando violentamente escritores como Barrès, Bourget, Kipling, Shaw, H. G. Wells, Chesterton, Yeats, Maeterlinck, e políticos como Lloyd Georg e Briand, bem como o imperador Guilherme II, etc. ... Para fazer sair a Europa da decadência, propõe a abolição dos "dogmas" da "personalidade", da "individualidade" e do "objetismo pessoal", o que daria como "resultado final", em arte, "a substituição da expressão de uma época, por trinta ou quarenta poetas, por a sua expressão por (por ex.) dois poetas cada um com quinze a vinte personalidades, cada uma das quais seja uma Média entre correntes sociais do momento". E Campos proclama: "Se eu soubesse o Método, seria eu-próprio toda essa geração!"

1918 — Em Lisboa, Sidônio Pais, chefe militar monárquico que tinha tomado no ano precedente o poder, é vítima de um atentado mortal: Pessoa escreverá mais tarde um poema à sua memória, em que o trata por "Presidente-Rei", encarnação momentânea de D. Sebastião. Publica nesse ano a primeira edição de *Antinous* ("Proto-Antinous") e os *35 Sonnets*. No estrangeiro, Tristan Tzara lança o *Manifesto Dada* e Guillaume Apollinaire os seus *Caligramas*. Pirandello publica *A cada um a sua Verdade*.

1919 — Morte do padrasto de Fernando Pessoa em Pretória. Numa carta (não enviada) a dois psiquiatras franceses, o poeta escreve: "Do ponto de vista psiquiátrico, sou um histeroneurastênico, mas, felizmente, a minha neuropsicose é bastante fraca: o elemento neurastênico domina o elemento histérico, e isso faz com que não apresente traços históricos exteriores ... Viram já sem dúvida onde reside o meu ponto fraco(...) Não tenho concentração que não seja intelectual, isto é, no raciocínio... Assim, é somente pela aplicação centrífuga desta vontade centrípeta que consigo ordinariamente agir com continuidade". Escreve ainda poesias assinadas por Alberto Caeiro ("Poemas Inconjuntos"), apesar da morte presumida deste em 1915. Ricardo Reis exila-se Além--Atlântico: "Reis vive no Brasil desde 1919, pois se expatriou espontaneamente por ser monárquico". A "monarquia do Norte" acabava com efeito de fracassar, ao mesmo tempo que a agitação anarco--sindicalista se desenvolve no país. Pessoa publica "Como organizar Portugal" e "A Opinião Pública", In: *Ação*, órgão do "Núcleo de Ação Nacional", defendendo a teoria de "equilíbrio das forças de progresso e de resistência ao progresso". No exterior, há a salientar a publicação dos *Cantos* de Ezra Pound de *Guerra* de Ungaretti e de *Variedade* de Paul Valéry.

1920 A mãe de Pessoa regressa a Lisboa, indo de novo o poeta viver com ela durante algum tempo ("Poderei eu confiar em minha mãe? Como eu desejaria tê-la junto de mim!" — tinha escrito Pessoa no seu diário de adolescente). Data deste ano a única ligação amorosa conhecida de Pessoa, com uma empregada de escritório, Ofélia, a quem escreve banais cartas de namoro, acabando no entanto por com ela romper: ". . . porque, na verdade, a única solução é essa — o não prolongarmos mais uma situação que não tem a justificação do amor, nem de uma parte nem da outra (...) O meu destino pertence a outra Lei, de cuja existência a Ofélia nem sabe, e está subordinado cada vez mais à obediência de Mestres que não permitem nem perdoam". Pessoa quer a partir de agora consagrar-se inteiramente à sua obra. Traça o plano de um "poema épico representando as navegações e descobertas dos portugueses como provenientes da guerra entre os velhos e novos deuses — Hyperion e Apolo, etc.", que contitui um esboço de *Mensagem*. Escreve *Inscriptions* e um jornal inglês publica o seu poema "Meantime".

Publica-se nesse ano o livro *Clepsidra*, de Camilo Pessanha, cujos poemas eram sobretudo conhecidos até aí oralmente, por recitações do poeta. Fernando Pessoa tinha tido o privilégio de o escutar uma vez, em presença do General Henrique Rosa, como ele o recorda numa carta escrita para Macau em 1915, convidando-o a colaborar no *Orpheu*. Acerca da possível influência de Pessanha sobre Sá-Carneiro e sobre ele mesmo, escreverá mais tarde a João Gaspar Simões: "Quero referir-me simplesmente à influência que o Pessanha pudesse ter tido sobre o Sá--Carneiro. Não teve nenhuma. Sobre mim teve, porque tudo tem influência sobre mim; mas é conveniente não ver influência de Pessanha em tudo quanto, de versos meus, relembre o Pessanha. Tenho elementos próprios naturalmente semelhantes a certos elementos próprios do Pessanha; e certas influências poéticas inglesas, que sofri muito antes de saber sequer da existência do Pessanha, atuam no mesmo sentido que ele".

1921 – Publicação de *English Poems* (I, II e III) por uma casa de edições criada por Pessoa ("Olisipo"). Almada Negreiros publica *A Invenção do Dia Claro*. Um grupo de membros da *Renascença Portuguesa* funda em Lisboa a revista *Seara Nova* (Antônio Sérgio, Raul Proença, Aquilino Ribeiro, Jaime Cortesão), enquanto a crise do regime republicano se acentua e os "integralistas" começam a manifestar veleidades de tomar o poder. No momento em que na U.R.S.S. o "stalinismo" se instala, e

Khlebnikov publica *Noite antes dos Soviets*, é fundado o "Partido Comunista português", que da mesma forma que o pequeno "Partido Socialista" existente não consegue impor-se perante o movimento anarco-sindicalista. Na Itália, Pirandello publica *Seis Personagens à procura do Autor*.

1922 — Pessoa publica, na revista *Contemporânea*, que dirige com José Pacheco, a novela *O Banqueiro Anarquista*, cujo protagonista defende a compatibilidade teórica e prática das suas idéias anarquistas com a sua condição de capitalista, numa perfeita identidade dos contrários. Nessa mesma revista insere um ensaio sobre Antônio Botto (que acabara de publicar *Canções)*, com o título "Antônio Botto e o Ideal Estético em Portugal", procurando estabelecer um nexo entre a homossexualidade do poeta e o seu estetismo helênico: "Como (...) o esteta canta a beleza sem preocupação ética, segue que a cantará onde mais a encontre, e não onde sugestões externas à estética, como a sugestão sexual, o façam procurá-la. Como se guia, pois, só pela beleza, o esteta canta de preferência o corpo masculino, por ser o corpo humano que mais elementos de beleza, dos poucos que há, pode acumular". A propósito deste ensaio, Pessoa entra em polêmica com Álvaro Maia; o heterônimo Álvaro de Campos intervém escrevendo ironicamente a José Pacheco: "Diga ao Fernando Pessoa que não tenha razão". 1922 é o ano da "Semana da Arte Moderna", no Brasil. Joyce publica *Ulisses*.

1923 — A propósito do ensaio de Pessoa sobre Antônio Botto desencadeia-se uma violenta polêmica em que se vê implicado o escritor Raul Leal, que tinha respondido a uma intervenção de Álvaro Maia com uma brochura em que se faz apologista da "luxúria" e da "pederastia", "obras divinas" *(Sodoma Divinizada)*. Atacado por uma liga fascista de estudantes" de Lisboa, acusado de loucura, Raul Leal é objeto de uma campanha "moral" e política: a sua brochura é, sob a pressão daquele movimento, apreendida por ordem do Governador Civil, ao mesmo tempo que as *Canções* de Botto. Álvaro de Campos publica então dois folhetos, "Aviso por Causa da Moral" e "Sobre um Manifesto de Estudantes", em que denuncia a cumplicidade, na repressão da sexualidade e da loucura, das autoridades (republicanas) e da imprensa (monárquica). Fazia-se, nessa época, a experiência de um governo dirigido por Álvaro de Castro, com a colaboração de elementos do *Seara Nova*, nomeadamente de Antônio Sérgio. Mas a República tropeça de crise em crise. A este respeito, Pessoa concede uma entrevista à *Revista Portuguesa* em que vê o futuro de Portugal como um espelho em que a "Europa" (no sentido da "Grécia" e do "Universo") se reconhece sem desse espelho se lembrar. Portugal seria, para Pessoa, simultaneamente ele-mesmo e todas as nações. Quanto à Europa poética, ela era nesse ano ilustrada por *A Terra Desolada*, de T. S. Eliot, *Claridade da Terra*, de André Breton, *Sonetos a Orpheu*, de R. M. Rilke, *Moscou dos Cabarés de Essenine* (que em breve se suicidaria, seguido de Maiakóvski) e, mais proximamente, *Presagios*, de Pedro Salinas. Título este premonitório: nesse ano tem lugar o "Pronunciamento" de Primo de Rivera.

1924 — Morte do General Henrique Rosa. Pessoa dirige com Ruy Vaz a revista *Athena*, que define deste modo: "Figura *Athena* a harmonia do concreto e do abstrato. A arte suprema é o resultado da harmonia entre a particularidade da emoção e do entendimento, que são do homem e do tempo, e a universalidade da razão, que, para ser de todos homens e tempos, é de homem, e de tempo, nenhum. O produto assim formado terá vida, como concreto; organização, como abstrato. Isto estabeleceu Aristóteles, uma vez para sempre, naquela sua frase que é toda a estética: um poema, disse, é um animal". Em *Athena* publica Pessoa o ensaio "O que é a Metafísica", de Álvaro de Campos (que polemiza com Fernando Pessoa "ele mesmo"), e os "Apontamentos para uma Estética não-Aristotélica", que o poeta da "Ode Marítima" compara às geometrias não-euclidianas e às teorias de Einstein sobre a Relatividade. A Física está na verdade na ordem do dia: Louis de Broglie tinha desenvolvido no ano precedente os princípios da mecânica ondulatória e é agora a vez de Heisemberg definir o princípio da indeterminação. Li terariamente, assiste-se em França à publicação do "Manifesto do Surrealismo" de André Breton.

1925 — Morte da mãe de Fernando Pessoa. Fim da revista *Athena*. O regime republicano aproxima-se do seu termo, com a demissão de Teixeira Gomes, escritor e diplomata um momento alçado à Presidência da República, à qual prefere um exílio de esteta. O seu sucessor, Bernardino Machado, será o último chefe de Estado republicano. Neste contexto, é publicado um livro estranho: *A Invasão dos Judeus*, de Mário Saa, que defende a tese de uma tentativa de domínio de Portugal pelos Judeus, o que se manifestaria, em particular, na origem hebraica dos membros de *Orpheu* e sobretudo de Fernando Pessoa ("espírito dramático, qualidade da raça"). Almada Negreiros, uma vez passada a época das provocações futuristas, publica *Nome de Guerra*. Na mesma época, o chileno Vicente Huidobro escreve os seus manifestos contra o Futurismo, enquanto na Itália Marinetti se prepara para colaborar com o fascismo de Mussolini no poder. Na U.R.S.S. Trotski cai em desgraça É publicado *O Processo* de Kafka. Antonin Artaud: *O Umbigo dos Limbos*; René Crevel: *O meu Corpo e Eu*.

1926 — Em 28 de maio, um golpe militar põe fim à 1.ª República e instaura a ditadura. Nesse mesmo dia, Pessoa dá uma entrevista ao *Jornal do Comércio e das Colônias*, em que demonstra que não sendo Portugal nem uma potência militar, nem econômica, nem cultural, não pode ser senão uma potência criadora de civilização, através da construção do "Quinto Império", cuja encarnação portuguesa seria o Sebastianismo. A propósito das colônias, declara: "Para o destino que presumo que será o de Portugal, as colônias não são precisas (...) Não sendo uma necessidade, são contudo uma vantagem". Pessoa dirige então, com o seu cunhado, coronel Caetano Dias, a *Revista de Comércio e de Contabilidade*, em que publica artigos sobre temas sócio-econômicos. Registra também a patente de invenção de um "Anuário ou indicador sintético, por nomes e outras quaisquer classificações, consultável em qualquer língua". Camilo Pessanha morre nesse ano, do mesmo modo que Rilke na Alemanha. Marinetti entra na Academia: "Lá chegam todos" — escreverá Pessoa num poema intitulado "Marinetti, acadêmico".

1927 — Fracasso de uma revolta republicana. Em Coimbra começa a publicar-se a revista *Presença*, onde o poeta José Régio, um dos diretores, se refere a Pessoa como o "mestre" da "geração modernista"; aí passará dentro em pouco a colaborar. Numa crítica aos *Poemas* de Luís de Montalvor, Pessoa escreve: "Há duas espécies de poetas — os que pensam o que sentem, e os que sentem o que pensam. A terceira espécie apenas pensa ou sente, e não escreve versos, sendo por isso que não existe". Heidegger publica *O Ser e o Tempo*. Milozs os seus *Poemas* e Antonin Artaud *O Pesa Nervos*.

1928 — Salazar é nomeado ministro das Finanças. Ao publicar o manifesto "O Interregno, Defesa e Justificação da Ditadura Militar em Portugal", Pessoa tem o cuidado de precisar que ele não comporta "explícita ou implicitamente qualquer defesa dos atos particulares da Ditadura Militar presente". Num artigo saído em *Notícias Ilustradas*, ataca por seu turno o "provincianismo português". A revista *Presença* insere textos de Sá-Carneiro e de Almada Negreiros. Este publica o livro *Deseja-se Mulher*. Em França, André Breton difunde "O Surrealismo e a Pintura". Em Espanha, a "geração de 27" começa a afirmar-se: *Cântico*, de Jorge Guillén, e *Romanceiro Cigano*, de Federico Garcia Lorca.

1929 — Novas cartas de Pessoa a Ofélia, em que lhe reafirma duvidar que os seus projetos literários possam conciliar-se com o casamento. Empreende, com Antônio Botto, a publicação de uma *Antologia de Poetas Portugueses Modernos*: "Portugal poético, como nação independente, adormeceu com Gil Vicente e metade de Camões, e despertou só com Antero. O intervalo foi alheio. Em Antero, porém, como em Cesário e outros poucos do tempo, se há influências estranhas, há uso próprio dessas influências (...) Assim, o ser poeta português moderno no sentido em que entendemos 'moderno' coincide — excetos os nossos primitivos — com o ser poeta português". Resposta a um inquérito sobre o fado: "O Fado é o cansaço da alma forte, o olhar de desprezo de Portugal ao Deus em que creu e que o abandonou. No Fado os Deuses regressos legítimos e longínquos. É esse o segundo sentido da figura de El-Rei D. Sebastião". Almada Negreiros publica *S.O.S.* e José Régio *Biografia*. João Gaspar Simões, membro da *Presença*, inclui no seu livro *Temas* o primeiro estudo crítico sobre Pessoa. Jorge Luís Borges publica nesse ano os seus *Cadernos de S. Martin* e Henri Michaux *As minhas propriedades*. O formalismo literário é condenado na U.R.S.S.

1930 — Pessoa é implicado na aventura do mágico inglês Aleister Crowley, desaparecido misteriosamente durante uma sua visita a Portugal. Período fecundo de criação poética: poemas de Caeiro, Reis, Campos e Pessoa "ele mesmo". Continuação de um estreito contato com a *Presença*, mas desentendimento com Miguel Torga, dissidente do grupo. Em França, Breton e Eluard publicam *A Imaculada Conceição*; em Itália, Ungaretti o *Sentimento do Tempo;* e, na Áustria, Robert Musil *O Homem sem Qualidades*.

1931 — Pessoa assina a tradução do "Hino a Pã", de Mestre Tberion, aliás Aleister Crowley, publicada na *Presença*. A propósito do livro de João Gaspar Simões *O Mistério da Poesia*, que inseria um estudo sobre a sua poesia, Pessoa observa que este "peca só por se basear, como verdadeiro, em dados que são falsos por eu, artisticamente, não saber senão mentir". Quanto ao recurso de Simões ao "freudismo" (que lhe teria feito "passes hipnóticos") eis a opinião de Pessoa: "O freudismo é um sistema imperfeito, estreito e utilíssimo. É imperfeito se julgamos que nos vai dar a chave, que nenhum sistema nos pode dar, da complexidade indefinida da alma humana. É estreito se julgamos, por ele, que tudo se reduz à sexualidade, pois nada se reduz a uma coisa só, nem sequer na vida intra-atômica. É utilíssimo porque chamou a atenção dos psicólogos para três elementos importantíssimos na vida da alma, e portanto na interpretação dela: 1.º) o subconsciente (...); 2.º) a sexualidade (...); 3.º) o que poderei chamar, em linguagem minha, a *transalação*, ou seja a conversão de certos elementos psíquicos (não só sexuais) em outros (...)". Ling publica nessa altura os *Ensaios de Psicologia Analítica;* Valéry:

Olhares sobre o Mundo Atual; Tristan Tzara: *O Homem Aproximativo;* Pasternak: *Salvo-Conduto.*

1932 — Candidatura mal sucedida de Pessoa a um lugar de Conservador de um Museu Bibliográfico, em Cascais. Prefácio ao livro de poemas *Alma Errante,* do judeu russo Eliezer Kamenezky, em que refuta a idéia da origem hebraica da Fraternidade dos Rosa-Cruz e da Maçonaria, reivindicando as suas raízes cristãs (Templários). Publica 'Iniciação" na *Presença,* onde entra em polêmica com Adolfo Casai Monteiro acerca de um prefácio ao livro *Acrônios,* de Luís Pedro, em que Pessoa, opondo a evolução das "formas poéticas" ao não-progresso da poesia, fala do "estádio rítmico" da poesia moderna, como sendo caracterizado por uma "prosa com frases artificiais". Pessoa reconhece, não sem um ar de malícia, ter sido vítima de um "lapso de redação" ... A João Gaspar Simões anuncia o seu projeto (sempre provisório) de publicar *Portugal* e *Cancioneiro,* assim como o aparecimento possível de outros heterônimos, incluindo um "astrólogo". Análise de "O Caso Mental Português", em *Fama,* dirigida por Augusto Ferreira Gomes, em que a mentalidade das "elites" políticas e intelectuais é assim escalpelizada: "O nosso escol político não tem idéias exceto sobre política, e as que tem sobre política são servilmente plagiadas do estrangeiro — aceitas, não porque sejam boas, mas porque são francesas, ou italianas, ou russas, ou o que quer que seja. O nosso escol literário é ainda pior: nem sobre literatura tem idéias. Seria trágico, à força de deixar de ser cômico, o resultado de uma investigação sobre, por exemplo, as idéias dos nossos poetas célebres. Já não quero que se submetesse qualquer deles ao enxovalho de lhe perguntar o que é a filosofia de Kant ou a teoria da evolução. Bastaria submetê-lo ao enxovalho maior de lhe perguntar o que é ritmo". Nesse ano, a Europa é marcada pela ascensão de Hitler ao poder, na Alemanha, enquanto Karl Jaspers elabora a sua *Filosofia.* Em França, Céline publica *Viagem até ao Fim da Noite* e Paul Éluard, *A Vida Imediata.*

1933 — Pessoa sofre de uma crise profunda de neurastenia. Intensa criação poética, sobretudo de Fernando Pessoa "ortônimo". Ao mesmo tempo, copia o original de *Indícios de Oiro,* de Mário de Sá-Carneiro, a fim de ser editado por *Presença.* Novo estudo sobre Antônio Botto, a propósito do livro *Antônio,* em que analisa as relações entre a moral e a criação literária. Consolidação do regime do "Estado Novo": Constituição de 1933. *A Anti-Cabeça,* de Tristan Tzara.

1934 — Ensaio sobre o "Kubla Kahn", de Coleridge *(O Homem de Porlock),* onde Pessoa desenvolve uma poética do Sonho. Num prefácio ao livro *O Quinto Império,* de Augusto Ferreira Gomes, baseando-se nas profecias do Bandarra, afirma que o "esquema português" parte "do Império espiritual da Grécia, origem do que espiritualmente somos. E, sendo esse o Primeiro Império, o Segundo é o de Roma. O Terceiro o da Cristandade, e o Quarto o da Europa — isto é, da Europa laica de depois da Renascença. Aqui o Quinto Império terá de ser outro que o inglês, porque terá de ser de outra ordem. Nós o atribuímos a Portugal, para quem o esperamos". O mito do Quinto Império aparece em Pessoa associado ao do Sebastianismo, acerca do qual já em 1914 escrevera a Sampaio Bruno, autor de *O Encoberto* 'Sinto que me atrai o misterioso, e porventura importantíssimo, fenômeno nacional chamado o Sebastianismo". É em *Mensagem,* agora finalmente publicada, que poeticamente ele se manifesta. Com este livro concorre Pessoa ao "Prêmio

Antero de Quental", do Secretariado de Propaganda Nacional, obtendo um prêmio da "categoria *b*", sob pretexto de que o seu livro não atinge o número de páginas previstas para o da "categoria *a*", que é atribuído a *Romaria*, do Padre Vasco Reis. Acerca deste, Pessoa escreverá um artigo de elogio irônico. *Presença* critica Pessoa pela prioridade dada à publicação de *Mensagem*, considerada como não-significativa da sua obra, com o que aliás ele mesmo aparentemente convirá, numa carta a Casais Monteiro, mas justificando-se, de um modo sibilino, por razões circunstanciais, coincidentes, no entanto, em seu entender: "com um dos momentos críticos (no sentido original da palavra) da remodelação do subconsciente nacional". O que tudo "fora exatamente talhado, com Esquadria e Compasso, pelo Grande Arquiteto".

1935 —Morte de Fernando Pessoa, a 30 de novembro, no Hospital de São Luís dos Franceses, em Lisboa. Os seus últimos escritos publicados foram um artigo contra o projeto de lei de um deputado proibindo as associações secretas e visando especialmente a "Maçonaria", de que Pessoa põe em evidência o caráter iniciático; uma crítica ao livro *Ciúme* de Antônio Botto; e alguns breves apontamentos, como "Nós, os do Orpheu" e "Nota ao Acaso", in *Sudoeste*. Neste último, Pessoa escreve: "O poeta superior diz o que efetivamente sente. O poeta médio diz o que decide sentir. O poeta inferior diz o que julga que deve sentir. Nada disto tem que ver com a sinceridade (. . .) O meu mestre Caeiro foi o único poeta inteiramente sincero do mundo". A 30 de março, Pessoa tinha redigido uma "Nota biográfica", em que se definia a si mesmo no plano político, religioso, patriótico, social, etc., só a sua "posição iniciática" permanecendo por enquanto oculta, não tendo esta parte do texto sido ainda publicada. A sua conclusão é o melhor fecho possível a esta diacronia da sua vida e da sua obra, deixando-as no entanto em aberto: "Ter sempre na memória o mártir Jacques de Molay, Grão-Mestre dos Templários, e combater, sempre e em toda a parte, os seus três assassinos — a Ignorância, o Fanatismo e a Tirania".

BIBLIOGRAFIA

I. FONTES BIBLIOGRÁFICAS DE BASE:

BORDALO, Álvaro. Bibliografia de Fernando Pessoa. *Gazeta do Bibliógrafo*, 2. ed., n. 4, Porto, Portucale, jul.-dez., 1950.
COELHO, Jacinto do Prado. "Bibliografia." In: *Diversidade e Unidade em Fernando Pessoa*, 1. ed., Lisboa, Ocidente, 1949; 2. ed., Lisboa, Verbo, 1963.
GALHOZ, Maria Aliete Dores. "Bibliografia." In: F.P., *Obra Poética*, 1. ed., Rio de Janeiro, Aguilar, 1960; 3. ed., 1969.
GUIBERT, Armand. "Bibliographie de langue française." In: *Fernando Pessoa*, Paris, Seghers, 1960 [col. "Poètes d'Aujourd'hui"].
MONTEIRO, Adolfo Casais. "Bibliografia." In: *Estudos sobre a Poesia de Fernando Pessoa*, Rio de Janeiro, Agir, 1958.
MONTEIRO, Maria da Encarnação. "Bibliografia." In: *Incidências Inglesas na Poesia de Fernando Pessoa*, Coimbra, 1956.
NEMÉSIO, Jorge. *A Obra Poética de Fernando Pessoa — Estruturas das Futuras Edições*. Bahia, Progresso, 1958.
PANARESE, Luigi. "Bibliografia." In: *Poesie di Fernando Pessoa*, Milão, Lerici, 1967.
SIMÕES, João Gaspar. *Vida e Obra de Fernando Pessoa — História de uma Geração*. Lisboa, Bertrand, 1951. 2 v.

II. OBRAS DE FERNANDO PESSOA:

1. *Publicadas durante a vida do autor*:

a) Livros e coletâneas de poesia:

35 Sonnets, by Fernando Pessoa, Lisboa, Monteiro e Co., 1918.

Antinous, a poem by Fernando Pessoa, Lisboa, 1918. Versão definitiva em: *English Poems* I-II.
English Poems I-II; *Antinous, Inscriptions*, Lisboa, 1921.
English Poems III; (*Epithalamium*), Lisboa, 1921.
Mensagem, Lisboa. Parceria Antônio Pereira, 1934.

b) Opúsculos e manifestos:

Ultimatum de Álvaro de Campos, sensacionista, Lisboa, Typ. Monteiro. 1917. Edição do autor fora do comércio.
Aviso por Causa da Moral, manifesto de Álvaro de Campos, Lisboa, Typ. Anuário Comercial, datado de "Europa 1923", 1923.
Sobre um Manifesto de Estudantes, manifesto de F.P., Lisboa, Typ. Anuário Comercial, 1923.
Interregno — Defesa e Justificação da Ditadura Militar em Portugal, opúsculo de P.F., Lisboa, 1928.
A Maçonaria vista por Fernando Pessoa, opúsculo difundido por editores desconhecidos, Lisboa, 1935.

2. Publicadas depois da morte de Pessoa:

a) Livros e coletâneas de Poesia:

Obras Completas de Fernando Pessoa, Lisboa, Atica, [col. "Poesia"].
I. *Poesias de Fernando Pessoa*, nota explicativa de João Gaspar Simões e Luís de Montalvor, 1942; II. *Poesia de Álvaro de Campos*, notas de João Gaspar Simões e Luís de Montalvor, 1944; III. *Poemas de Alberto Caeiro*, notas e apêndice de João Gaspar Simões e Luís de Montalvor, 1946; IV. *Odes de Ricardo Reis*, nota de João Gaspar Simões e Luís de Montalvor, 1946; V. *Mensagem*, ed. e notas de João Gaspar Simões e Luís de Montalvor, 1945; VI. *Poemas Dramáticos* I, notas de Eduardo Freitas da Costa, 1952; VII. *Poesias Inéditas* (1930-1935) de Fernando Pessoa, nota de introdução de Vitorino Nemésio e advertência e critério de Jorge Nemésio; VIII. *Poesias Inéditas* (1919-1930) de Fernando Pessoa, nota e critério de Jorge Nemésio, 1956; IX. *Quadras ao Gosto Popular*, pref. e notas de Jacinto do Prado Coelho, 1955.

Obra Poética, Rio de Janeiro, Aguilar, 1960; organização e notas de Maria Aliete Dores Galhoz (edição utilizada aqui); 2. ed., 1965; 3. ed., 1969.
A Memória do Presidente-Rei Sidônio Pais, Lisboa, Inquérito, 1940. Nota biográfica do autor e nota explicativa de Álvaro Bordalo.
Poemas Inéditos, Lisboa, Inquérito, 1953. Destinados ao 3.º número de *Orpheu*, pref. de Adolfo Casais Monteiro e retrato de Rodrigues Castañé.
Poesia de Fernando Pessoa, Lisboa, Confluência, 1942; Rio de Janeiro, Agir, 1957. 2 v. Antologia, pref. e notas de Adolfo Casais Monteiro.
Seis Poemas Inéditos de F.P. e seus Heterônimos: Ricardo Reis e Vicente Guedes, em Jorge Nemésio; *Os Inéditos de Fernando Pessoa e os Critérios do Dr. Gaspar Simões*, Enos, 1957.

Importa assinalar ainda as coletâneas de poemas publicadas em Porto por Petrus, de que a ausência de um critério crítico válido limita contudo o interesse editorial:

Poemas Ocultistas, Porto, s/d. Seleção e glosa de Petrus.

O Encoberto, Porto, Tipografia Mendonça, s/d.

Distância Constelada, Porto, Parnaso, Jardim de Poesia, s/d.

Elogio da Indisciplina e Poemas Insubmissos, Porto, C.E.P. s/d.

Regresso do Sebastianismo, Porto, s/d.

b) Coletâneas de textos em prosa, ensaios, artigos e notas:

A Nova Poesia Portuguesa, Lisboa, Inquérito, 1944; 2. ed., s/d. Com "Uma Réplica ao Dr. Adolfo Coelho", Fernando Pessoa, pref. de Álvaro Ribeiro.

Páginas de Doutrina Estética, Fernando Pessoa, Lisboa, Inquérito, 1946. Seleção, pref. e notas de Jorge de Sena.

O Preconceito da Ordem, Fernando Pessoa, Porto, Portucale, Cadernos das Nove Musas, 1949. Com uma nota de Álvaro Bordalo.

A Nossa Crise. Seus Aspectos Político, Moral e Intelectual, Porto, Portucale, Cadernos das Nove Musas, 1950. Com uma nota de Álvaro Bordalo.

O "Orpheu" e a Literatura Portuguesa, Fernando Pessoa, Lisboa, 1952. Apresentado e traduzido por Tomás Kim.

O Banqueiro Anarquista e outros Contos de Raciocínio, Fernando Pessoa, Lisboa, Lux, 1964.

Páginas de Estética e de Teoria e Crítica Literárias, Fernando Pessoa, Lisboa, Atica, s/d. Textos estabelecidos e prefaciados por Georg Rudolf Lind e Jacinto do Prado Coelho.

Páginas Íntimas e de Auto-Interpretação, Fernando Pessoa, Lisboa, Atica, s/d. (1966). Textos estabelecidos e prefaciados por Georg Rudolf Lind e Jacinto do Prado Coelho.

Textos Filosóficos, Fernando Pessoa I e II, Lisboa, Atica, s/d. (1968). Estabelecidos e prefaciados por Antônio de Pina Coelho.

Assinalar também as coletâneas publicadas por Petrus, nas condições críticas defeituosas já indicadas:

Livro do Desassossego, páginas escolhidas, Porto, Arte e Cultura, s/d.

Análise da Vida Mental Portuguesa, Porto, Ed. Cultura, s/d. [col. "Universo"].

Apreciações Literárias, Porto, Ed. Cultura, s/d. Seleção e notas de Petrus [col. "Arcádia"].

Nas Encruzilhadas do Mundo e do Tempo, Porto, s/d.

Crônicas Intemporais, Porto, C.E.P., s/d. Seleção e comentário de Petrus [col. "Tendências"].

Elogio da Indisciplina e Poemas Insubmissos, Porto, C.E.P., s/d.

Exórdio em prol da Filantropia e da Educação Física, Porto, Ed. Cultura, s/d.

Hyram, Porto, C.E.P., s/d. Notas e posfácio de Petrus [col. "Tendências"].

Defesa da Maçonaria, Porto, C.E.P., s/d.

Sociologia do Comércio, Porto, C.E.P., s/d. [col. "Antologia"].

Ensaios Políticos, Porto, "Ed. Acrópole", C.E.P., s/d.
Apologia do Paganismo, Porto, Ed. Cultura, s/d.
Regresso ao Sebastianismo, Porto, s/d.

c) Correspondência:

Cartas de Amor, em Carlos Queirós, *Homenagem a Fernando Pessoa*, Coimbra, 1936.
Vinte Cartas de Fernando Pessoa, em Rev. *Ocidente*, n. XXIV, Lisboa, 1944. Notas do destinatário Álvaro Pinto.
Cartas de Fernando Pessoa a Armando Côrtes-Rodrigues, Lisboa, Confluência, 1945; 2.ed., Inquérito, s/d. Introdução de Joel Serrão.
Cartas de Fernando Pessoa a João Gaspar Simões, Lisboa, Europa-América, 1957. Introdução, apêndice e notas de João Gaspar Simões.

III. TRADUÇÕES DE OBRAS DE FERNANDO PESSOA:

1. *Em francês:*

Quatre Poèmes, trad. por Pierre Hourcade em "Brève Introduction à F.P", *Cahiers du Sud*, Marselha, jan. 1933.
Elle Chante, trad. por Armand Guibert em "Note sur Fernando Pessoa", *La Tunisie Française*, Túnis, 15 fev. 1942.
Bureau de Tabas, trad. por Adolf Casais Monteiro e Pierre Hourcade, seguido do texto português, pref. de A.C. Monteiro, Lisboa, Inquérito, 1952.
Bureau de Tabacs e dois outros poemas, trad. por Armand Guibert "Fernando Pessoa ou l'Homme Quadruple", *Exils*, 1952.
"Fragments de l'*Ode Maritime*", trad. por Armand Guibert em *Arts,* Paris, 13 jul. 1955.
Bureau de Tabacs et autres poèmes, Paris, Ed. Caractères, 1955 [col. "Planètes"]. Pref. e trad. de Armand Guibert.
Ode Maritime, Paris, Pierre Seghers, 1955 [col. "Autour du Monde"]. Pref. e trad. de Armand Guibert.
Trois poèmes de Fernando Pessoa, trad. por Armand Guibert em *Planètes,* n. 2, Paris, 1955.
Trois Poèmes, trad. por Armand Guibert em *Le Journal des Poètes,* Bruxelas, mar. 1956.
Deux Poèmes de Fernando Pessoa, trad. por Armand Guibert em "Note sur F.P.", *Two Cities* n. 2, Paris, 15 jul. 1959.
F.P.: Poèmes de la Mer, quatro poemas de *Mensagem* trad., com uma nota, por J.B. Aquarone em *Arc,* Aix-en-Provence, jan. 1959.
Fernando Pessoa, Paris, Pierre Seghers, 1960 [col. "Poètes d'Aujourd'hui"]. Apresentação, seleção, tradução e bibliografia por Armand Guibert.
Le Gardeur de Troupeaux et les autres poèmes d'Alberto Caeiro, Paris, Gallimard, 1960. Trad. e pref. de Armand Guibert. *Ode Triomphale et autres poèmes d'Álvaro de Campos,* Paris, P.J. Oswald, 1961. Trad. e pref. de Armand Guibert.
F.P.: Le Gardeur de Troupeaux, trad. por Philippe Jaccotet em N.R.F. n. 104, ago. 1961.

Présentation de huit poèmes de Fernando Pessoa, trad. por Armand Guibert em *Un demi-siècle de poésie*, Bruxelas, La Maison du Poète, s/d.
Poesias d'Álvaro de Campos, Paris, Gallimard, 1969. Trad. e pref. de Armand Guibert (texto bilíngüe).
Quatre Poètes Portugais, Paris, P.U.F. e Fundação Gulbenkian, 1970. Seleção, tradução e apresentação por Sophia de Mello Breyner.
Anthologie de la Poésie Portugaise du XIIe au XXe siècle, Paris, Gallimard, 1971. Seleção, pref. e notas de Isabel Meyrelles.

2. Em espanhol:

Poesías (selección), trad. e nota preliminar de Joaquín d'Entrambasaguas em Supl. n. 6 de *Cuadernos de Literatura Contemporánea*, Madri, Consejo Superior d'Investigaciones Científicas, 1946.
Poemas de Alberto Caeiro, Madri, Rialp, 1957 [col. "Adonais']. Seleção, trad. e notas de Angel Crespo.
Poemas, Buenos Aires, Compañía General Fabril, 1961. Seleção, trad. e pref. por Rudolfo Alonso.
Antología, México, Universidade Autónoma, 1962. Seleção, trad. e pref. de Octavio Paz.

3. Em italiano:

La Poesia di Fernando Pessoa, ensaio e tradução por Luca Frediani em *Estudos Italianos em Portugal*, Lisboa, Istituto Italiano di Cultura in Portogallo, 1955-56.
Pagine di letteratura portoghese, Milão, Nuova Academia, 1955. Antologia por P.A. Jannini.
Tre sonetti di Fernando Pessoa, trad. por Luigi Panarese em *Quartiere* n. 3, Florença, s/d.
Poesie, di Fernando Pessoa, Milão, Lerici, 1967. Crônica da vida e da obra, bibliografia e notas de Luigi Panarese.

4. Em inglês:

Portuguese Poems and Translation, Lisboa, 1947. 2 poemas de Fernando Pessoa trad. por Leonard S. Downes.
Portuguese Essays, Américo Costa Ramalho, poemas de Fernando Pessoa trad. por Miss Jean R. Long e Mr. J.L. Agneta.

5. Em alemão:

Schein und Sein in Leben und Dichtung des Fernando Pessoa, por Francesco Tanzer, em *Dienene Rundschau*, Frankfurt am Main, Zweits/dritts Helf, 1956.
Poesie, por Georg Rudolf Lind, Frankfurt am Main, Surkamp Verlag, 1962.
Dichtungen, por Georg Rudolf Lind, Frankfurt am Main, S. Fischer Verlag, 1965.

6. *Em polonês*:

A coleção "Poètes Universitaires" consagrou o seu 3º volume à poesia de Fernando Pessoa, com um estudo de Andrea Wilez.

7. *Tradução em português dos poemas ingleses de F.P.*:

Alguns dos "35 Sonetos" de Fernando Pessoa, São Paulo, Clube de Poesia, 1954. Trad. de Adolfo Casais Monteiro e Jorge de Sena.

IV. ESTUDOS CRÍTICOS SOBRE FERNANDO PESSOA:

1. *Em português*:

a) Livros e monografias:

ALMEIDA, Luís Pedro Moutinho de. *Algumas Notas Biográficas sobre Fernando Pessoa*. Setúbal, 1954.

ALMEIDA, Luís Pedro Moutinho de. "Fernando Pessoa e a Magia." In: Supl. do *Boletim da Academia Portuguesa de Ex-Libris*, Lisboa, 1954.

ANDRADE, João Pedro de. *A Poesia da Moderníssima Geração*. Porto, Livraria Latina Editora, 1943.

ANTUNES, Manuel. "Três Poetas do Sagrado: Pascoaes, Pessoa Régio." In: *Do Espírito e do Tempo*, Lisboa, 1960.

BARAHONA, Maria Alzira. *Para um Estudo da Expressão do Tempo no Romance Português Contemporâneo*. Lisboa, Publicações do Centro de Estudos Filológicos, 1968.

BERARDINELLI, Cleonice. *Poesia e Poética de Fernando Pessoa*. Tese copiografada. Rio de Janeiro, Faculdade Nacional de Filosofia, 1958.

CARPINTEIRO, Maria da Graça. *A Novela Poética de Mário de Sá-Carneiro*. Lisboa, Publicações do Centro de Estudos Filológicos, 1960.

CARNEIRO, Mário de Sá-. "Cartas a Fernando Pessoa". In: *Obras Completas*, Lisboa, Atica, 1958, v. 2.

CIDADE, Hernâni. *Tendências do Lirismo Contemporâneo*. 2.ed., Lisboa, 1939.

CIDADE, Hernâni. *O Conceito de Poesia como Expressão de Cultura*. 2.ed., Coimbra, 1957.

CIDADE, Hernâni. *Portugal Histórico-Cultural*. Bahia, Progresso, 1958.

COELHO, Jacinto do Prado. *Diversidade e Unidade em Fernando Pessoa*. 1.ed., Lisboa, Ocidente, 1949; 2.ed., Lisboa, Verbo, 1963.

COELHO, Jacinto do. "A Obsessão temática em Fernando Pessoa". In: *Estrada Larga* I, Porto, s/d.; retomado em *Problemática da História Literária*, Lisboa, 1961.

COELHO, Jacinto do. "Sobre algumas variantes da *Mensagem*". In: *Homenaje: Filología e Historia Literaria*, Haia, Instituto de Estudos Hispânicos, Portugueses e Ibero-Americanos da Univ. de Utrecht, 1966.

COELHO, Jacinto do Prado. "Tópicos para uma Leitura Crítica". In: F.P., *Páginas de Estética e de Teoria e Crítica Literárias*, ed. cit.

COELHO, Jacinto do. "Fernando Pessoa, Pensador Múltiplo". In: F.P., *Páginas Íntimas e de Auto-Interpretação*, ed. cit.

COSTA, Augusto da. *Portugal, Vasto Império*. Lisboa, 1934.

COSTA, Eduardo Freitas da. *Fernando Pessoa — Notas a uma Biografia Romanceada*. Lisboa, Guimarães Ed., 1951.

GALHOZ, Maria Aliete. "Fernando Pessoa, Encontro de Poesia". In: F.P., *Obra Poética*, ed. cit.

GALHOZ, Maria Aliete. "O Momento Poético do *Orpheu*". Reedição do n. 1 de *Orpheu*, Lisboa, Atica, 1959.

GUERRA, Maria Luísa. "Sobre o Conceito de Opacidade em Fernando Pessoa". Supl. de *Ocidente*, Lisboa, 1962.

GUERRA, Maria Luísa. *Ensaios sobre Álvaro de Campos*. 1969. v. I.

KUJAWSKI, Gilberto de Melo. *Fernando Pessoa, o Outro*. São Paulo, Conselho Estadual de Cultura, 1967.

LAPA, Manuel Rodrigues. *Estilística da Língua Portuguesa*. Lisboa, 1945; 6.ed., Rio de Janeiro, Livraria Acadêmica, 1970.

LEY, Charles David. *A Inglaterra e os Escritores Portugueses*. Lisboa, Seara Nova, 1939.

LIND, Georg Rudolf. Reflexões acerca da Estética de Fernando Pessoa". In: F.P., *Páginas de Estética e de Teoria e Crítica Literárias*, ed. cit.

LIND, Georg Rudolf. "O Relativismo Criador de Fernando Pessoa". In: F.P., *Páginas Íntimas e de Auto-Interpretação*, ed. cit.

LIND, Georg Rudolf. *Teoria Poética de Fernando Pessoa*. Porto, Inova, 1970.

LOPES, Óscar. "Fernando Pessoa, um Momento de Consciência". In: *Estrada Larga* I, Porto, s/d.

LOPES, Óscar & SARAIVA, A.J. *História da Literatura Portuguesa*. Porto, Porto Editora, s/d.

LOPES, Óscar. "Fernando Pessoa". In: *História Ilustrada das Grandes Literaturas*. Lisboa, Estúdios Cor, s/d.

MARGARIDO, Alfredo. *Teixeira de Pascoaes, A Obra e o Homem*. Lisboa, Arcádia, 1961.

MEIER, Harri. *Ensaios de Filologia Românica*. Lisboa, 1948.

MOISÉS, Massaud. *Fernando Pessoa — Aspectos da sua Problemática*. São Paulo, 1958.

MONTEIRO, Adolfo Casais. *Considerações Pessoais*. Coimbra, 1936.

MONTEIRO, Adolfo Casais. *Fernando Pessoa e a Crítica*. Lisboa, Inquérito, 1952.

MONTEIRO, Adolfo Casais. *Fernando Pessoa, o Insincero Verídico*. Lisboa, 1954.

MONTEIRO, Adolfo Casais. *Estudos sobre a Poesia de Fernando Pessoa*. Rio de Janeiro, Agir, 1958.

MONTEIRO, Adolfo Casais. "Dedução Biográfica e Verdade Poética (a propósito de F.P.)." In: *Estrada Larga* I, Porto. s/d.

MONTEIRO, Adolfo Casais. "Fernando Pessoa entre o Passado e o Presente". In: *Estrada Larga* I, Porto, s/d.

MONTEIRO, Maria da Encarnação. *Incidências Inglesas na Obra de Fernando Pessoa*. Coimbra, 1956.

NEMÉSIO, Jorge. *Os Inéditos de Fernando Pessoa e os Critérios do Dr. Gaspar Simões.* Lisboa, Enos, 1957.

NEMÉSIO, Jorge. *A Obra Poética de Fernando Pessoa, Estrutura das Futuras Edições.* Bahia, Progresso, 1958.

NEMÉSIO, Vitorino. *Conhecimento de Poesia.* Bahia, Progresso, 1958.

OLIVEIRA, José Osório de. *Visão Incompleta de Meio Século de Literatura Portuguesa.* Lisboa, Portugália, 1950.

PEREIRA, Maria Helena da Rocha. "Reflexos Horacianos nas Odes de Correia Garção e Fernando Pessoa (Ricardo Reis)". Supl. de *Portucale*, Porto, 1958.

PEREIRA DA COSTA, Dalila L. *O Esoterismo de Fernando Pessoa.* Porto, 1971.

QUADROS, Antônio. *Modernos de Ontem e de Hoje.* Lisboa, Portugália, 1947.

QUADROS, Antônio. *Fernando Pessoa, A Obra e o Homem.* Lisboa, Arcádia, 1960.

QUEIRÓS, Carlos. *Homenagem a Fernando Pessoa.* Coimbra, 1936.

RAMALHO, Américo da Costa. *A Propósito de Fernando Pessoa.* Coimbra, 1961.

RÉGIO, José. *Pequena História da Moderna Poesia Portuguesa.* Lisboa, 1941.

ROSA, Pradelino. *Uma Interpretação de Fernando Pessoa.* Fac. de Filosofia, Univ. do Rio Grande do Sul, 1969.

RIBEIRO, Álvaro. "Fernando Pessoa, Poeta e Filósofo". Pref. a F.P. *A Nova Poesia Portuguesa*, ed. cit.

SAA, Mário. *A Invasão dos Judeus.* Lisboa, 1925.

SACRAMENTO, Mário. *Fernando Pessoa, Poeta da Hora Absurda.* Lisboa, Contraponto, 1959.

SENA, Jorge de. Pref. a *Páginas de Doutrina Estética.* Ed. cit.

SENA, Jorge de. *Da Poesia Portuguesa.* Lisboa, Atica, 1959.

SENA, Jorge de. *O Poeta é um Fingidor.* Lisboa, Atica, 1961.

SENA, Jorge de. "Fernando Pessoa e a Literatura Inglesa". In: *Estrada Larga* I, Porto, s/d.

SENA, Jorge de. " 'Inscriptions' de F.P. — algumas notas para a sua compreensão". In: *Estrada Larga* I, Porto, s/d.

SERRÃO, Joel. "Simples Introdução" a *Cartas a Armando Côrtes-Rodrigues.* Ed. cit.

SILVA, Agostinho da. *Um Fernando Pessoa.* Lisboa, Guimarães Ed., 1958; Porto Alegre, 1959.

SIMÕES, João Gaspar. "Fernando Pessoa". In: *Temas*, Coimbra, 1929.

SIMÕES, João Gaspar. "Fernando Pessoa e as Vozes da Inocência". In: *O Mistério da Poesia*, Coimbra, 1931.

SIMÕES, João Gaspar. *Novos Temas.* Lisboa, 1938.

SIMÕES, João Gaspar. *Vida e Obra de Fernando Pessoa — História de uma Geração.* Lisboa, Bertrand, 1951. 2 v.

SIMÕES, João Gaspar. "Introdução" a *Cartas de F.P. a J.G. Simões.* Ed. cit.

SIMÕES, João Gaspar. *Liberdade do Espírito.* Porto, s/d.

SPINA, Segismundo. *Itinerário de Fernando Pessoa*. São Paulo, Comunicação no "II Colóquio Internacional de Estudos Luso-Brasileiros", set. 1954.

TALEGRE, Mar. *Três Poetas Europeus (Camões, Boccage, Pessoa)*. Lisboa, Sá da Costa, 1947.

TOURINHO, Eduardo. *Os Últimos Dias de Oscar Wilde e outros estudos*. Bahia, 1938.

UVA, Alberto. "A Presença de Whitman em Álvaro de Campos". In: *Estrada Larga* I, Porto, s/d.

VERNEX, Jorge. *A Maçonaria e Fernando Pessoa*. Porto, Além, 1953.

b) Artigos e ensaios em revistas e jornais:

AMADO, Teresa. Sinceridade e "Fingimento" em Fernando Pessoa. In: *Boletim do Gabinete Português de Leitura* n. 15, Porto Alegre, 1969.

ANTUNES, Alfredo. Fernando Pessoa e o Problema do Ser. *Revista Portuguesa de Filosofia*, n. 2, v. XVIII, abr.-jun. 1962.

ANTUNES, Manuel. A Poesia Modernista: de *Orpheu* a *Altitude*. *Brotéria*, v. XXXI, out. 1940.

ANTUNES, Manuel. O Platonismo de Fernando Pessoa. *Brotéria*, v. LXXVIII, 1964.

BERARDINELLI, Cleonice. Observações sobre a Língua Poética de Fernando Pessoa. *Ibérida* n. 1, Rio de Janeiro, 1959.

BERARDINELLI, Cleonice. A Presença da Ausência em Fernando Pessoa. *Ocidente*, v. LIX, Lisboa, 1960.

CASTILHO, Guilherme de. Alberto Caeiro, Ensaio de Compreensão Poética. *Presença* n. 48, jul. 1936.

COELHO, Jacinto do Prado. Reflexões sobre a Crítica Literária: a Lição de Fernando Pessoa. *Diário Popular*, Lisboa, 15 out. 1947.

COELHO, Jacinto do Prado. Notas à Edição Ática das *Odes* de Ricardo Reis. In: *Boletim da Sociedade de Língua Portuguesa* III, 1952.

COELHO, Jacinto do Prado. O Nacionalismo Utópico de Fernando Pessoa. *Colóquio* n. 31, 1964.

COELHO, Jacinto do Prado. Fernando Pessoa e Teixeira de Pascoaes: Poetas da Ambigüidade. *Artes e Letras, O Primeiro de Janeiro*, Porto, 11 ago. 1965.

CORREIA, Manuel Tânger. Mallarmé e Fernando Pessoa perante *O Corvo* de E.A. Poe. *Ocidente*, LXV, 1963.

COSTA, Augusto. Fernando Pessoa, Escritor e Poeta Nacionalista. Suplemento Literário do *Diário de Lisboa*, 15, 22 e 29 set. e 6 out. 1938.

COSTA, Eduardo Freitas da. O Sebastianismo Racional e Fernando Pessoa. *Revista de Literatura* n. 21-22, Ano XI, Madri, jan.-jun. 1957.

GALHOZ, Maria Aliete Dores. Fernando Pessoa morreu há trinta anos. *Flama* n. 825, Ano XXX, 26 nov. 1965.

GALHOZ, Maria Aliete Dores. Heteronímia, um Espelho de Mágica para a Sedução do Encontro Poético. *Colóquio* n. 23, 1963.

Hesse, Rainer. As Metáforas Cênicas na Obra de Fernando Pessoa. *Ocidente*, LXVIII, 1965.

L..C. Fernando Pessoa Tradutor e Astrólogo. In: *Boletim da Academia de Ex-Libris* n. 10, jan. 1959.

Leal, Raul. Fernando Pessoa, Precursor do Quinto Império. *Presença* n. 48, jul. 1936.

Lind, Georg Rudolf. Traduzindo Fernando Pessoa. *Ocidente* n. 288 v. LXII, abr. 1962.

Lind, Georg Rudolf. Notas sobre o *Fausto* de Fernando Pessoa. *Colóquio* n. 37, fev. 1966.

Lind, Georg Rudolf. Elementos Ocultistas na Poesia de Fernando Pessoa. *Colóquio* n. 37, fev. 1966.

Lisboa, Henriqueta. "Fernando Pessoa." In: *Convivium Poético*, Belo Horizonte, 1955.

Lopes Filho, Napoleão. Luz Crítica sobre um Poema de Fernando Pessoa: "Tabacaria". *Cuadernos Hispano-Americanos* n. 133, jan. 1961, e *Ocidente* n. 281, v. LXI, set. 1961.

Lopes, Óscar. A propósito de Fernando Pessoa. *Vértice* n. 90, fev. 1951.

Lourenço, Eduardo. Presença ou a Contra-Revolução do Modernismo Português. *A Revista do Livro* n. 23-24, 1961.

Margarido, Alfredo. A Influência de Lautréamont em Fernando Pessoa. *Diário de Lisboa*, 10 mar. 1960.

Margarido, Alfredo. Ainda Fernando Pessoa e Lautréamont. *Diário de Lisboa*, 3 mar. 1960.

Margarido, Alfredo. Fernando Pessoa e os Poetas Espanhóis. *Diário de Lisboa*, 14 abr. 1960.

Margarido, Alfredo. Worthsworth e Fernando Pessoa. *Diário de Lisboa*, 15 set. 1960.

Martins, Antônio Coimbra. De Castilho a Pessoa. In: *Bulletin des Études Portugaises*, XXX.

Matos, Maria Vitalina Leal de. A Inquietação — um Motivo Fundamental da Vivência do Tempo em Fernando Pessoa. In: *Boletim do Gabinete Português de Leitura* n. 15, Porto Alegre, 1969.

Mendes, João. Fernando Pessoa e seus Heterônimos. *Brotéria*, XLVII, 1948.

Monteiro, Adolfo Casais. Teoria da Impersonalidade: Fernando Pessoa e T.S. Eliot. *O Tempo e o Modo* n. 68, fev. 1969.

Namorado, Egídio. Uma Leitura de Fernando Pessoa. *Vértice* n. 291, XXII, 1957.

Nemésio, Vitorino. O Sincero Fingido. *Diário Popular*, Lisboa, 26 dez. 1945.

Nemésio, Vitorino. A Geração do *Orpheu*. *Diário Popular*, Lisboa, 26 abr. 1950.

Nemésio, Vitorino. Alguns Porquês e Senões de *Mensagem*. *Diário Popular*, Lisboa, 11 out. 1950.

Neves, João Alves das. Fernando Pessoa e o Nacionalismo. *Anhembi* n. 44, set. 1961.

Neves, João Alves das. Fernando Pessoa e o Mago Crowley. *O Estado de São Paulo* n. 322, 1963.

NUNES, Benedito. Fernando Pessoa, Poeta Metafísico. *Jornal do Brasil*, 9-16 set. 1956.

PEREIRA, Maria Helena da Rocha. Sobre uma Ode de Ricardo Reis. *Praça Nova* n. 7, dez. 1962.

QUADROS, Antônio. Poesia, Drama e Metamorfose em Fernando Pessoa. *Jornal de Letras e Artes*, n. 1, Ano I, 4 out. 1961.

QUINTANILHA, F.E.G. Fernando Pessoa e o *Livro do Desassossego*. *Ocidente* n. 366, LXXV, 1968.

RAMALHO, Américo da Costa. O Globo Mundo em sua Mão. *Colóquio* n. 17, fev. 1962.

RÉGIO, José. Da Geração Modernista. *Presença* n. 3, 8 abr. 1927.

RÉGIO, José. Fernando Pessoa e Mário de Sá-Carneiro. *O Primeiro de Janeiro*, Porto, 13 abr. 1946.

RODITI, Eduard. A Máscara Inglesa de Fernando Pessoa. *Lusíada* n. 6, v. II, dez. 1954.

RODITI, Eduard. Fernando Pessoa, Forasteiro entre os Poetas Ingleses. *Ocidente*, LXVI, 1964.

SACRAMENTO, Mário. Introdução às Condições negativas duma Reconciliação com Fernando Pessoa. *Vértice* n. 108, v. XII, ago. 1962.

SAMPAIO, Nuno de. O Tema da Complexidade nas *Poesias* de Álvaro de Campos. *Rumo*, Ano III, v. VII, mar. 1960.

SARAIVA, Arnaldo. Fernando Pessoa e o Brasil. *Jornal de Letras e Artes* n. 255, Ano VI, out. 1966.

SENA, Jorge de. Carta ao Poeta. *O Primeiro de Janeiro*, Porto, 9 ago. 1944.

SENA, Jorge de. Meio Século de Literatura Portuguesa. *Tetracórnio*, Lisboa, fev. 1955.

SERRÃO, Joel. Esquema de um Ensaio sobre a Poesia do *Orpheu* e da *Presença*. *Afinidades* n. 19-20, out.-nov. 1944.

SERRÃO, Joel. Nota sobre Fernando Pessoa Pré-Místico. *Mundo Literário* n. 49, 1947.

SERRÃO, Joel. A Vivência do Tédio na Poesia de Fernando Pessoa. *Cultura e Arte, Comércio do Porto*, 28 mar., 25 abr., 9 maio, 23, maio 1961.

SEVERINO, Alexandrino Emílio. Algo de novo acerca de Fernando Pessoa. *Colóquio* n. 38, 1966.

SIMÕES, João Gaspar. O Poeta Intemporal. *Diário de Lisboa*, 6 dez. 1935.

SIMÕES, João Gaspar. O Mistério da Correspondência de Mário de Sá-Carneiro e Fernando Pessoa. *Diário Popular*, Lisboa, 11 mar. 1949.

SIMÕES, João Gaspar. Fernando Pessoa e o Mito do Quinto Império. *Vértice*, v. IX, 1950.

SIMÕES, João Gaspar. O Ocultismo de Fernando Pessoa. *O Estado de São Paulo*, n. 406, 14 nov. 1964.

SOARES, Fernando Luso. Notas para a Criação da novela policiária em Fernando Pessoa. *Investigação* n. 1, maio 1953.

VALADARES, M. J. Elementos para uma Patografia de Fernando Pessoa. *Praça Nova* n. 7, dez. 1962.

VASCONCELOS, Taborda. Antropografia de Fernando Pessoa. *Ocidente*, LXXV, nov. 1968.

2. *Em línguas estrangeiras*:

a) Francês:

AQUARONE, J.B. Note sur F.P. *Poèmes de la Mer*. Ed. cit. 1959.

BRECHON, Robert. Fernando Pessoa et ses personnages. *Critique*, abr. 1968.

BOREL, Jacques. Fernando Pessoa ou le Poète Pulvérisé. *Critique*, dez. 1962.

BOSQUET, Alain. "Fernando Pessoa ou les Délices du Doute". In: *Verbe et Vertige*, Paris, 1961.

GALHOZ, Maria Aliete Dores. Fernando Pessoa ou Rencontre de Poésie. Supl. do *Bulletin des Études Portugaises* n. 23, Lisboa, 1961. Nova série.

GUIBERT, Armand. *Fernando Pessoa ou l'Homme Quadruple*. Ed. cit., 1952.

GUIBERT, Armand. *Notes sur Fernando Pessoa*. Ed. cit., 1955.

GUIBERT, Armand. *Fernando Pessoa, Poète masqué*. Ed. cit., 1956.

GUIBERT, Armand. *F. P. Poètes d'Aujourd'hui*. Paris, Seghers, 1960.

GUIBERT, Armand. Fernando Pessoa ou le Poète Multiplié. *Preuves* n. 75, Paris, maio 1957.

HOURCADE, Pierre. Rencontre avec Fernando Pessoa. *Contacts* n. 3, Paris, 1930.

HOURCADE, Pierre. *Brève Introduction à Fernando Pessoa*. Ed. cit., 1933.

HOURCADE, Pierre. À propos de Fernando Pessoa. Supl. do *Bulletin des Études Portugaises et de l'Institut Français au Portugal*, Lisboa, 1952.

HOURCADE, Pierre. Chronique de Poésie. In: *Bulletin des Études Portugaises et de l'Institut Français au Portugal*, XIX, 1955-56.

JAKOBSON, Roman & STEGAGNO PICCHIO, Luciana. Les Oxymores Dialectiques de Fernando Pessoa. *Langages*, Paris, Didier-Larousse, dez. 1968.

MITRANI, Nora. Une Note par Nora Mitrani suivie de Fragments de la *Lettre de F.P. à Casais Monteiro sur les hétéronymes* et de deux poèmes. *Le Surréalisme, même* n. 2, Paris, 1957.

MONTEIRO, Adolfo Casais. Introduction à la Poésie de Fernando Pessoa. In: Supl. do *Bulletin des Études Portugaises* II, 1938.

TAVERNIER, René. Pessoa ou le Poète en Quatre. *Preuves*, fev. 1961.

b) *Espanhol*:

ENTRAMBASAGUAS, Joaquín d'. La Lírica de Fernando Pessoa. *Revista de Literatura* n. 11-12, v. VI, Madri, 1954.

ENTRAMBASAGUAS, Joaquín d'. *Fernando Pessoa y su Creación Poética*. Madri, 1955.

FERNANDEZ MOLINA, Antonio. Fernando Pessoa en la Moderna Poesía Portuguesa. *Acento Cultural*, Madri, jan. 1959.

GIL, Ildefonso Manuel. *Ensayos sobre Literatura Portuguesa*. Saragoça, 1948.
PAZ, Octavio. "El Desconocido de Si Mismo". In: *Cuadrivio*, México, 1965.

c) *Italiano*:

PANARESE, Luigi. "Cronistoria della Vita e delle Opere". In: *Poesie, di Fernando Pessoa*, Milão, Lerici, 1967.
PICCOLO, Francesco. *Storia della Letteratura Portoghese*. Milão, Nuova Academia, 1961.
ROSSI, Giuseppe Carlo. *Storia della Letteratura Portoghese*. Florença, Sansoni, 1953.
STECAGNO PICCHIO, Luciana. Pessoa, Uno e Quattro. *Strumenti Critici* n. 4, v. I, out. 1967.
TRABUCHI, Antonio. *La Parola Interdetta, Poeti Surrealisti Portoghesi*. Turim, Einaudi, 1971.

d) *Inglês*:

LEY, Charles David. Modern Portuguese Poetry. *The Poetry Review*, set.-out. 1928.
LEY, Charles David. Portuguese Poetry 1900-1941. *The Anglo-Portuguese News*, 18 out. 1941.
LEY, Charles David. A Modern Poet. *The Anglo-Portuguese News*, 5 nov. 1942.
PARKER, John M. *Three Twenthieth-Century Portuguese Poets*. Joanesburgo, 1960.
RAMALHO, Américo da Costa. "Fernando Pessoa. Portugal Greatest Modern Poet". In: *Portuguese Essays*, Lisboa, s/d.
RODITI, Eduard. The Several Names of Fernando Pessoa. *Poetry*. Chicago, out. 1955.

e) *Alemão*:

BEAU, Albin Eduard. Über die Bruchstücke zu einem Faust des portugiesechen Dichters Fernando Pessoa. *Goethe*, v. XVII, Weimar, 1955.
LINNARTZ, Bruno. Alberto Caero als Antipode Fernando Pessoa. *Romanisches Jahrbuch*, v. XVII.
LIND, Georg Rudolf. "Nachwort von..." In: F.P., *Poesie*, 1962.
LIND, Georg Rudolf & ULRICH, Suerbaum. Dichten in fremden Sprachen. Zu bisher unversöffentlichen englischen Gedichten Fernando Pessoa. *Poetica*, Heft 2, Zweiten Bandes, München-Allach, Wilhelm Fink Verlag, 1968.
RODITI, Eduard. "Schein und Sein in Leben und Dichtung des Fernando Pessoa". *Die Neue Rundschau* II-III, Frankfurt am Main, 1956.

V. *Obras e textos Teóricos e Críticos Consultados*:

1. *Lingüística e Semiologia*:

BARTHES, Roland. *Essais Critiques*. Paris, Seuil, 1964.
BARTHES, Roland. *Le Degré Zéro de l'Écriture*, seguido de *Éléments de Sémiologie*. Paris, Gonthier, 1968.
BARTHES, Roland. "Poème, Drame, Roman". In: *Théorie d'Ensemble*, Paris, Seuil, 1969.
BARTHES, Roland. *S/Z*. Paris, Seuil, 1970.
BARTHES, Roland. *Sade, Fourier, Loyola*. Seuil, Paris, 1971.
BENVENISTE, Émile. *Problèmes de Linguistique Générale*. Paris, Gallimard, 1968.
BENVENISTE, Émile. L'Appareil formel de l'énonciation. *Langages*, n. 17, mar. 1968.
DERRIDA, Jacques. *De la Grammatologie*. Paris, Minuit, 1967. [Trad. bras. *Da Gramatologia*, Ed. Perspectiva, 1973.]
GREIMAS, A.J. *Sémantique Structurale*. Paris, Larousse, 1969.
HJELMSLEV, Louis. *Prolégomènes à une Théorie du Langage*. Paris, Minuit, 1968.
JAKOBSON, Roman. *Essais de Linguistique Générale*. Paris, Minuit, 1963.
KRISTEVA, Julia. Σημειωτκή. *Recherches pour une Sémanalyse*. Paris, Seuil, 1969. [Trad. bras. *Introdução à Semanálise*, São Paulo, Ed. Perspectiva, 1974.]
SAUSSURE, Ferdinand de. *Cours de Linguistique Générale*. Paris, Payot, 1967.
SPITZER, Léo. *Linguística e Historia Literaria*. Madri, Gredos, 1961.
Thèses du Cercle de Prague. *Change*, 3, 1969.

2. *Poética, Estilística e Teoria da Literatura*:

ALONSO, Dámaso. *Poesía Española, Ensayo de Métodos y Límites Estilísticos*. Madri, Gredos, 1957.
BLANCHOT, Maurice. *L'Espace Littéraire*. Paris, Gallimard, 1968. [col. "Idées"].
BOUSOÑO, Carlos. *Teoría de la Expresión Poética*. Madri, Gredos, 1966.
CARVALHO, Amorim de. *Tratado de Metrificação Portuguesa*. Lisboa, Portugália, s/d.
COHEN, Jean. *Structure du Langage Poétique*. Paris, Flammarion, 1966.
DEGUY, Michel. Vers une Théorie de la Métaphore Généralisée. *Critique* n. 296, out. 1969.
ECO, Umberto. *L'Oeuvre Ouverte*. Paris, Seuil, 1955. [Trad. bras. *Obra Aberta*, São Paulo, Ed. Perspectiva, 1968.]
ELIOT, T. S. *On Poetry and Poets*. Londres, Faber and Faber, 1969.
FONTANIER. *Les Figures du Discours*. Paris, Flammarion, 1968. Com introdução de Gérard Genette.
FRIEDRICH, Hugo. *Die Struktur der Modernen Lyrik*. Hamburgo, 1956.
GENETTE, Gérard. *Figures II*. Paris, Seuil, 1969.

GUILLÉN, Jorge. *Poesía y Lenguaje*. Madri, Alianza Editorial, 1969.
HEIDEGGER, Martin. *Approche de Hölderlin*. Paris, Gallimard, 1962.
KAYSER, Wolfgang. *Análise e Interpretação da Obra Literária*. Coimbra, Armênio Amado, 1963.
LOPES, Óscar. *Ler e Depois*. Porto, Inova, s/d.
MAETERLINCK, Maurice. In: Roger Bodard "Poètes d'Aujourd'hui". Paris, Seghers, 196?
RICHARD, Jean-Pierre. "Participação ao debate sobre 'Le Stylisticien Face à la Critique' ". In: *Chemins Actuels de la Critique*, Paris, Plon, 1967.
RIFATERRE, Michel. *Essais de Stylistique Structurale*. Paris, 1970. Apresentação e tradução de Daniel Delas.
TODOROV, Tzvetan, *Théorie de la Littérature*. Paris, Seuil, 1965. Textos dos formalistas russos, introdução, com pref. de Roman Jakobson.
TODOROV, Tzvetan. Les Études du Style. *Poétique*, 2, 1970.

3. *Textos filosóficos referentes à Poética*:

DERRIDA, Jacques. La Mythologie Blanche (la Métaphore dans le Texte Philosophique). *Poétique*, 5, 1971.
HEIDEGGER, Martin. *Introduction à la Métaphysique*. Paris, Gallimard, 1967.
HEIDEGGER, Martin. *Questions I*. Paris, Gallimard, 1968.
HEIDEGGER, Martin. *Chemins qui ne mènent Nulle Part*. Paris, Gallimard, 1968.
LUPASCO, Stephan. *Logique et Contradiction*. Paris, 1947.
NIETZSCHE, Friedrich. *La Naissance de la Tragédie*. Paris, Gonthier, 1964.
WAHL, Jean. *Poésie, Pensée, Perception*. Paris, Calman-Lévy, 1948.

4. *Esoterismo, misticismo e experiência poética*:

ABELLIO, Raymond. "L'Esprit Moderne et la Tradition", em Paul Seraut, *Au Seuil de l'Esotérisme*, Paris, 1955.
AMBELAIN, Robert. *Templiers et Rose-Croix*. Paris, 196?.
BARUZZI, Jean. *St. Jean de la Croix et le Problème de l'Expérience Mystique*. Paris, 1924.
BRETON, André. *Signe Ascendant*. Paris, Gallimard, 1969.
GUENON, René. *L'Ésotérisme de Dante*. Paris, Gallimard, 1957.

Obras do Autor

Poesia:

A vida toda, Porto, 1961.
Os sinais e a origem, Lisboa, Portugália Editora, 1967.
Tempo táctil, Lisboa, Portugália Editora, 1972.

Antologia:

Incluído em:
Poesia portuguesa do após-guerra, Lisboa, Editora Ulisseia, 1966.
Líricas portuguesas, IV série, Lisboa, Portugália Editora, 1969.
Poésie Ibérique de combat, Paris, P.J. Oswald, 1965.
Poètes portugais, Paris, Esprit, 1966.

Ensaio:

"Roland Barthes, escritor: do desejo ao prazer da escrita" — prefácio à tradução portuguesa de *Mitologias*, Lisboa, Edições 70, 1973.

"Le retour d'Orphée" — prefácio a *Le retour des dieux*, manifestes du modernisme portugais, Paris, Editions Champ Libre, 1973.

Tese:

Analyse structurale des hétéronymes de Fernando Pessoa: du poémodrame au poétodrame. Thèse pour le Doctorat de Troisième Cycle, présentée à l'Ecole Pratique des Hautes Etudes (VI section). Directeur de thèse: Roland Barthes. Paris, 1971.

CRÍTICA LITERÁRIA NA PERSPECTIVA

TEXTO/CONTEXTO – Anatol Rosenfeld (D007)
KAFKA: PRÓ E CONTRA – Günther Anders (D012)
A ARTE NO HORIZONTE DO PROVÁVEL – Haroldo de Campos (D016)
O DORSO DO TIGRE – Benedito Nunes (D017)
CRÍTICA E VERDADE – Roland Barthes (D024)
SIGNOS EM ROTAÇÃO – Octavio Paz (D048)
AS FORMAS DO FALSO – Walnice N. Galvão (D051)
FIGURAS – Gérard Genette (D057)
FORMALISMO E FUTURISMO – Krystyna Pomorska (D060)
O ESCORPIÃO ENCALACRADO – Davi Arrigucci Junior (D078)
O CAMINHO CRÍTICO – Northrop Frye (D079)
FALÊNCIA DA CRÍTICA – Leyla Perrone Moisés (D081)
OS SIGNOS E A CRÍTICA – Cesare Segre (D083)
FÓRMULA E FÁBULA – Willi Bolle (D086)
AS PALAVRAS SOB AS PALAVRAS – J. Starobinski (D097)
METÁFORA E MONTAGEM – Modesto Carone (D102)
REPERTÓRIO – Michel Butor (D103)
VALISE DE CRONÓPIO – Julio Cortázar (D104)
A METÁFORA CRÍTICA – João Alexandre Barbosa (D105)
ENSAIOS CRÍTICOS E FILOSÓFICOS – Ramón Xirau (D107)
ESCRITO SOBRE UM CORPO – Severo Sarduy (D122)
O DISCURSO ENGENHOSO – Antonio José Saraiva (D124)
CONJUNÇÕES E DISJUNÇÕES – Octavio Paz (D130)
A OPERAÇÃO DO TEXTO – Haroldo de Campos (D134)
POESIA-EXPERIÊNCIA – Mario Faustino (D136)
BORGES::UMA POÉTICA DA LEITURA – Emir Rodríguez Monegal (D140)
COBRA DE VIDRO – Sérgio Buarque de Holanda (D156)
O REALISMO MARAVILHOSO – Irlemar Chiampi (D160)
TENTATIVAS DE MOTILOGIA – Sérgio Buarque de Holanda (D161)
O LÍRICO E O TRÁGICO EM LEOPARDI – Helena Parente Cunha (D171)
MITO E HERÓI NO MODERNO TEATRO BRASILEIRO – Anatol Rosenfeld (D179)
POESIA COM COISAS – Marta Peixoto (D181)
A NARRATIVA DE HUGO DE CARVALHO RAMOS – Albertina Vicentini (D196)
AS ILUSÕES DA MODERNIDADE – João Alexandre Barbosa (D198)
O HETEROTEXTO PESSOANO – José Augusto Seabra (D204)

O MENINO NA LITERATURA BRASILEIRA – Vânia Maria Resende (D207)
A VORAGEM DO OLHAR – Regina Lúcia Pontieri (D214)
GUIMARÃES ROSA: AS PARAGENS MÁGICAS – Irene J. Gilberto Simões (D216)
BORGES &GUIMARÃES – Vera Mascarenhas de Campos (D218)
A LINGUAGEM LIBERADA – Kathrin Holzermayr Rosenfield (D221)
COLÔMBIA ESPELHO AMÉRICA – Edvaldo Pereira Lima (D222)
TUTAMÉIA: ENGENHO E ARTE – Vera Novis (D223)
ANALOGIA DO DISSIMILAR – Irene A. Machado (D226)
O POÉTICO: MAGIA E ILUMINAÇÃO - Álvaro Cardoso Gomes (D228)
O BILDUNGSROMAN FEMININO: QUATRO EXEMPLOS BRASILEIROS – Cristina Ferreira Pinto (D233)
O SUPER-HOMEM DE MASSA – Umberto Eco (D238)
BORGES E A CABALA – Saúl Sosnowski (D240)
MIMESIS – E. Auerbach (E002)
MORFOLOGIA DO MACUNAÍMA – Haroldo de Campos (E019)
FERNANDO PESSOA OU O POETODRAMA – José Augusto Seabra (E024)
UMA POÉTICA PARA ANTONIO MACHADO – Ricardo Gullón (E049)
AMÉRICA LATINA EM SUA LITERATURA – Unesco (E052)
POÉTICA EM AÇÃO – Roman Jakobson (E092)
ACOPLAGEM NO ESPAÇO – Oswaldino Marques (E110)
O PRAZER DO TEXTO – Roland Barthes (EL02)
RUPTURA DOS GÊNEROS NA LITERATURA LATINO-AMERICANA – Haroldo de Campos (EL06)
PROJEÇÕES: RÚSSIA/BRASIL/ITÁLIA – Boris Schnaiderman (EL12)
O TEXTO ESTRANHO – Lucrécia D'Aléssio Ferrara (EL18)
DUAS LEITURAS SEMIÓTICAS – Eduardo Peñuela Cañizal (EL21)
OSWALD CANIBAL – Benedito Nunes (EL26)
MÁRIO DE ANDRADE/BORGES – Emir Rodríguez Monegal (EL27)
A PROSA VANGUARDISTA NA LITERATURA BRASILEIRA: OSWALD DE ANDRADE – Kenneth D. Jackson (EL29)
ESTRUTURALISMO: RUSSOS x FRANCESES – N. I. Balachov (EL30)
MITO – K. K. Ruthven (EL42)
O MODERNISMO – Org. Affonso Ávila (ST01)
MANEIRISMO – Arnold Hauser (ST02)
O ROMANTISMO – Org. J. Guinsburg (ST03)
DO ROCOCÓ AO CUBISMO – Wylie Sypher (ST04)
O SIMBOLISMO – Anna Balakian (ST05)
O GROTESCO – Wolfgang Kayser (ST06)
RENASCENÇA E BARROCO – Heinrich Wölfflin (ST07)
ESTUDOS SOBRE O BARROCO – Helmut Hatzfeld (ST08)
PANAROMA DO FINNEGANS WAKE – James Joyce (Org. Augusto e Haroldo de Campos) (SIG1)
KA – V. Khlébnikov (Tradução do russo e Notas de Aurora F. Bernardini) (SIG5)
DOSTOIÉVSKI: PROSA POESIA – Boris Schnaiderman (SIG8)
DEUS E O DIABO NO FAUSTO DE GOETHE – Haroldo de Campos (SIG9)
A FILHA DO CAPITÃO E O JOGO DAS EPÍGRAFES – Puchkin/Helena S. Nazario (T003)
TEXTOS CRÍTICOS – Augusto Meyer (Org. João Alexandre Barbosa) (T004)
O DIBUK – Sch. An-Ski (Org. J. Guinsburg) (T005)
PANORAMA DO MOVIMENTO SIMBOLISTA BRASILEIRO – Andrade Muricy - 2 vols. (T006)
ENSAIOS – Thomas Mann (T007)
CAMINHOS DO DECADENTISMO FRANCÊS – Fulvia M. L. Moretto (Org.) (T009)